»ACH, DAS KLAVIER IN DEN FÜNFTEN STOCK, BITTE!«

PRO

VOR EINIGEN JAHREN stand mal in einer Zeitung ein ziemlich schlechter Witz über zwei Möbelpacker, die ein Klavier in den dritten oder vierten Stock schleppen, um dann festzustellen, dass sie sich im Haus geirrt haben.

Ich saß mit zwei Kollegen bei Hefeweizen vor einer Kneipe, als ich den beiden kopfschüttelnd aus der Zeitung vorlas.

»Ist das nicht ein selten blöder Witz?«, fragte ich.

Keiner antwortete. Der eine Kollege nahm schnell einen Schluck Bier, der andere räusperte sich. Beide schauten betreten zur Seite. Erst begriff ich nicht, dann ging mir ein Licht auf.

»Das ist nicht euer Ernst!«, sagte ich, bevor ich loslachte.

»Wir waren sogar in der falschen Straße«, gab der eine dann zähneknirschend zu.

»Das glaube ich nicht«, sagte ich und: Das kannst du ja wieder keinem erzählen, dachte ich.

Ein Gedanke, den ich sehr oft hatte, in meinem Job als Möbelpacker. Immer wieder: Das kannst du keinem erzählen. Bis ich merkte, dass man das doch kann. Man kann alles erzählen und das wollte ich schließlich tun. Wenn du schon den Leuten ihren Kram hinterherschleppst, dann mach wenigstens etwas draus, habe ich gedacht. Also habe ich angefangen zu schreiben.

Diskret natürlich, schließlich hätte ich auch keine Lust, dass mir heute einer den Schreibtischinhalt verpackt und morgen darüber was in der Zeitung steht. Also habe ich beim Schreiben verfremdet und zwar so sehr, dass ich mich an einigen Stellen fast selbst nicht wiedererkenne. Wer also meint, es werde an irgendeinem Punkt in diesem Buch über ihn gesprochen, der irrt. Er ist nicht gemeint. Es gibt zu viele, die ihm gleichen. Die Menschen halten sich gern für sehr individuell und Individualität wird ja in unserer Gesellschaft groß geschrieben, aber na ja, ich habe da meine eigenen Erfahrungen.

Wenn ich ein Ehepaar in ein Haus einziehe, in dessen Garage die Vormieter noch ihre Möbel zwischenlagern, die haargenauso aussehen wie die, die wir ins Haus schleppen, dann erscheint mir mein Job gern mal absurd und sinnlos. Wiedererkennen kann sich in solch einer Szene nicht nur einer. Das können Hunderte. Und wenn einer ein neues Leben in, sagen wir Australien anfangen will und dann seinen ganzen Krempel für Tausende von Euros dorthin schiffen lässt: geschenkt.

Wenn ich über einen weltfremden Pianisten schreiben würde, der außer Musik rein gar nichts draufhat, dann könnten sich darin auch sehr viele wiederfinden. Mit Pianisten habe ich sowieso ein Problem. Können noch nicht mal ihr eigenes Instrument tragen. Überhaupt scheint mir das Klavier die Metapher schlechthin für die Zweiklassengesellschaft zu sein: Die einen spielen Klavier, die anderen tragen Klaviere. Nach der Revolution darf jeder nur das Instrument spielen, das er auch selbst tragen kann.

Ich trage selten Klaviere. Eigentlich nie. Ich drücke mich, wo immer es geht, weil ich meine Grenzen kenne. Leute, die ihre Grenzen nicht kennen wollen, schleppen Klaviere und sind dann irgendwann routiniert dabei. Bis sie sich den Rücken mit Konzertflügeln ruinieren.

Ich habe auch noch nie ein Klavier fünf Stockwerke hochgeschleppt. Ist nicht mein Ding. Das können andere machen. Es gibt ja immer welche, die sich beweisen wollen. Je mehr Frauen bei einem Umzug vor Ort sind, desto stärker werden oft die Möbelpacker. Auch nicht mein Ding. Wie peinlich! Einmal habe ich eine leichte Waschmaschine von der Ladekante gezogen, um sie allein nach oben in den zweiten Stock zu bringen. Mir war eben gerade so. Da fragte mich lachend ein Kollege: »Was machst du denn da? Es sind doch gar keine Weiber hier, die du beeindrucken kannst.«

»Wenn hier Frauen wären, würde ich das nicht machen«, sagte ich. Ich bin ja nicht bescheuert.

Einmal hatten wir einen Umzug mit Klavier in den vierten Stock. Es gab einen Fahrstuhl, in den das Klavier hineinpasste, also haben wir uns gefreut. Allerdings war die neue Wohnung des Kunden zweigeschossig. Sie wissen schon: moderner Ausbau des Dachgeschosses. Der Fahrstuhl fuhr aber nur bis in die vierte Etage und natürlich sagte der Kunde irgendwann: »Ach, das Klavier in den fünften Stock, bitte!«

Ich hätte das Klavier an dem Tag wirklich lieber über das geräumige Altbautreppenhaus vier Stockwerke hochgeschleppt als nur einen einzigen Stock über die enge steile Treppe, die sich in der Wohnung befand und auch noch auf einem Absatz um die Kurve ging. Es war schwierig, es war kräftezehrend, es war entsetzlich. Es war zum Pianistenhassen.

Gitarristen sind sowieso viel cooler oder haben Sie schon mal auf einer Strandparty einen erlebt, der mal eben so aus einer Laune heraus tolle Musik spielt, weil er zufällig sein Klavier dabeihat? Elfenbeinturmbewohner, das sind sie, die Pianisten.

Ich kann mein Instrument übrigens auch selbst tragen. Schreibmaschine, Laptop, Notizblock, was auch immer. Ich kann schreiben, wann ich will. Pianisten brauchen ja oft erst jemanden, der ihnen ihr Instrument bringt. Das wäre nichts für mich.

Wenn ich was zu erzählen habe, dann schreibe ich gern, wo ich will und wann ich will.

Über den Job des Möbelpackers habe ich was zu erzählen.

Also los!

Kapitel 1

DAS ÄLTESTE GEWERBE DER WELT

»Das war meine erste Lektion in den Möbeln: Wer Arbeit sucht, der halte sich am Samstag bereit oder gehe einfach gleich los.«

Mein erster Umzug fand in einer hochsensiblen Phase meines Lebens statt: Meine Mutter war mit mir schwanger. Eine vorgeburtliche Prägung verursachte das allerdings nicht und so dauerte es noch ein Vierteljahrhundert, bis ich in den Möbeln landete.

Auch dass ich als kleiner Junge bei einem Umzug meiner Familie von den starken Männern fasziniert war (ich imitierte sogar den leicht verdrehten Gang des, wie ich dachte, Stärksten von ihnen, der mit unserem alten Dreisitzersofa auf der Schulter den langen Weg zum Lkw hinabging), weckte in mir nicht den Wunsch, später einmal, wenn ich groß bin, Möbelpacker zu werden.

Niemand nimmt sich vor, eines Tages Möbelpacker zu werden. Man gerät da einfach irgendwie rein. Man braucht Arbeit, weil man Geld braucht, es fällt einem nichts Besseres ein und plötzlich ist man Möbelpacker.

Man sieht neuen Kollegen schnell an, wie lange sie bleiben werden. Viele machen nur einen Tag mit, manche schleppen sich ein paar Wochen da durch, dann ist Schluss. Ein paar, aber das sind nur wenige, bringen sich als Möbler durch das Studium, ein paar brechen das Studium ab und bleiben. Die meisten Studenten sieht man nach dem ersten Tag nicht wieder, aber das sind dann die, die einem später als Kunden erzählen, dass sie »das« in ihrer Studienzeit ja auch gemacht hätten. Au Backe! Zeit, die Frühstückspause zu beenden und wieder an die Arbeit zu gehen.

Möbelpacken kann jeder, gar keine Frage. Aber irgendwie dann doch nicht. Das Dabeibleiben, das kann nicht jeder. Dazu muss man wohl ein ganz bestimmter Typ sein. Welcher Typ das ist, das habe ich nie herausgefunden, zu viele verschiedene Charaktere treiben sich in der Branche herum, aber es scheint so zu sein wie bei den Junkies: Einmal Junkie, immer Junkie. Natürlich gibt es Ausnahmen, aber die zählen ja nie.

Als Kind war ich manchmal mächtig erstaunt, wenn mir eine Illusion geraubt wurde, wenn mir gezeigt wurde, dass die Welt gar nicht so beschaffen war, wie ich bisher geglaubt hatte.

Ich hatte mir, zum Beispiel, vor dem Einschlafen oft vorgestellt, wie ich Höhlen und Gänge in der Wand zum Zimmer meiner Schwester baute. Bis ich eines Abends im Bett liegend ihre Stimme hinter der Wand vernahm. Ich konnte nicht begreifen, wie ich sie durch die dicke Wand hören konnte, aber dann fand ich heraus, dass die Wand gar nicht so dick war wie der Abstand zwischen unseren Zimmertüren draußen auf dem Flur. Kein bisschen, die Wand war in Wirklichkeit fast japanisch dünn. Bisher hatte mir der Türenabstand als Maßstab gedient, jetzt musste ich umdenken.

Genauso draußen im Garten: Da war der Rasen und darunter gesunder Mutterboden, Lehm und all die Gesteinsschichten bis zum Erdkern, alles so geordnet und unberührt, wie ich es in dem *WAS IST WAS*-Band *Unsere Erde* meines großen Bruders gelesen hatte.

Und dann wurde zum Garagenbau der Rasen aufgerissen. Nichts war da mit gesundem Mutterboden. Bauschutt lag unter dem Gras, Müll so weit man sehen konnte, und überall verliefen Rohre und Leitungen. Das Grün war nur Fassade. Ich musste wieder umdenken.

Mit den Möbeln verhielt es sich später genauso. Ich war immer gern auf ihnen herumgeklettert. Mein Kleiderschrank stand fest wie ein Fels, ich hätte ihn niemals auch nur einen Millimeter verrücken können. Vom Heizkörper an der Wand aus habe ich ihn erklommen, um dann von ihm herunterzuspringen. Das Ding stand da und da gehörte es hin, so war die Welt eingerichtet. Man hängte Kleider hinein oder kletterte darauf herum. Und dann kommen irgendwann zwei Männer und tragen diese Wahrheit aus meinem Weltbild hinaus. Einfach so, als gäbe es keine Physik. Mit ähnlich offenem Mund wie ich müssen die Menschen im Mittelalter dagestanden haben, als jemand behauptete, die Fixsterne seien gar nicht »fix«.

Und mit allen anderen Möbeln in unserem Zuhause war es das Gleiche. Die fremden Männer rupften alles auseinander, schleppten es hinaus und verfrachteten das Leben unserer sechsköpfigen Familie in einen Hängerzug. Eigentlich unmöglich, aber langsam war ich das Umdenken gewohnt.

Wir werden sehen, wie es mit Ihrer Fähigkeit zum Umdenken aussieht. Vielleicht werden Sie Ihre guten Möbelstücke mit anderen Augen betrachten, wenn Sie dieses Buch zu Ende gelesen haben. Es wäre mir eine Freude, denn es erleichtert die Arbeit des Möbelpackers ungemein, wenn die Kundschaft die eine oder andere Illusion über schönes Wohnen der Welt der Kataloge überlässt, wo Illusionen ja auch hingehören.

Bevor ich schließlich Möbelpacker wurde, musste ich aber selbst eine Illusion durchschauen, und zwar die Illusion, Drogen könnten einem helfen, Illusionen zu durchschauen, ohne sie durch neue Illusionen zu ersetzen.

Ich hatte kein Abitur gemacht, trieb mich jahrelang ziellos herum und ernährte mich abwechselnd von Sozialhilfe und unregelmäßigen Hilfsjobs. Sogar jene Schweinerei, die gemeinhin »Zeitarbeit« genannt wird, habe ich einen Monat lang mitgemacht.

Douglas Adams schreibt in seinem Buch *Die Letzten ihrer Art* über Leute, die Geld verdienen, indem sie auf Schlangen deuten. Das ist auf irgendeiner Insel, wo Touristen Eintritt zahlen, um in einer Höhle diese Schlangen gezeigt zu bekommen. Adams schreibt weiter über andere Leute, die Geld verdienen, indem sie auf Leute deuten, die auf Schlangen deuten. Das sind die Leute, die ein Stück vor der Höhle den Eintritt kassieren und dann auf die Leute an der Höhle deuten, die den Touristen schließlich die Schlangen zeigen. Ich fand das beim Lesen ziemlich lustig, denn ich dachte nicht, dass es noch lustiger geht. Zeitarbeitsfirmen werden von Geschäftemachern betrieben, die Menschen beschäftigen, die auf Leute deuten, die auf Arbeit deuten, die dann von Lohnsklaven erledigt wird, die für alle zusammen das Geld heranschaffen. Aber das ist gar nicht lustig, das ist, wie gesagt, eine Schweinerei und also habe ich es da nicht lange ausgehalten.

Bei anderen Jobs hielt es mich auch nicht lange, ich war einfach noch nicht reif für die Arbeit. Lieber zog ich von Party zu Party, feierte, probierte neue und alte Drogen oder hing einfach am Tresen ab und träumte davon, irgendwann mal was ganz Tolles auf die Beine zu stellen, wie zum Beispiel einen epochemachenden Science-Fiction-Roman zu schreiben.

Ich zog auch mal aufs Land, bemerkte, dass ich zwar gern Kartoffeln aus dem eigenen Garten aß, aber gar nicht gern Kartoffeln im eigenen Garten anpflanzte, zog wieder in die Stadt und noch mal aufs Land und landete schließlich wieder am Tresen, bis mir irgendwann klar wurde, dass ich jetzt mal mit Geldverdienen dran war. Ich wusste zwar beim besten Willen nicht, wie ich das anstellen sollte, aber mir dämmerte langsam, dass ich genug gefeiert hatte und dass die Party bald vorbei sein musste.

Wie viel Party da in den Möbeln noch auf mich zukommen würde, konnte ich natürlich nicht ahnen, als ich eines Abends bei Hefeweizen mit einem Möbelpacker ins Gespräch kam.

Erst erschreckte mich der Gedanke an solch harte Maloche, aber dann nahm ich den Knaben mir gegenüber genauer in Augenschein. Er war etwa so groß wie ich, eher noch etwas kürzer, und ziemlich schmal. Aus seinem T-Shirt ragten keine muskelbepackten Arme hervor, sondern eher solche, die dem ähnelten, was man beim Chinesen als Essbesteck gereicht bekommt. Der Junge sah kein bisschen aus wie ein Möbelpacker und, so dachte ich in bierseliger Euphorie, was der konnte, das könnte ich schon lange.

Als ich Stunden später, tief in der Nacht Richtung Bett torkelte, hatte ich eine Verabredung getroffen, an die ich mich am nächsten Morgen garantiert nicht mehr erinnert hätte, wenn der gerissene Hund mir nicht die Karte seines Chefs in die Jackentasche gestopft hätte.

So aber griff ich, nachdem ich einige Tage gezögert hatte, zum Telefonhörer und wählte die Nummer des Chefs, um einen Vorstellungstermin zu vereinbaren. Der Mann hörte sich recht sympathisch an und wir plauderten ein paar Minuten, in denen er verschiedene Fragen stellte, vor allem darüber, was ich denn bisher gemacht hätte.

»Äh, tja ...«

Aber zumindest einen Führerschein hätte ich, das konnte ich ihm versichern, wenn auch nur die alte Klasse drei. Das machte aber gar nichts aus, denn zumindest im Nahbereich sind recht viele Siebeneinhalbtonner unterwegs.

Irgendwann beendete mein Chef in spe das Gespräch, indem er sagte, ich solle doch »morgen um elf mal vorbeischauen«. Und ich war mir sicher, dass ich mit meinem Werdegang sowieso keine Aussicht auf den Job hatte. Ich hatte nämlich noch keine Ahnung, wie egal der Werdegang für Anfänger in den Möbeln in Wirklichkeit ist. Das Einzige, was zählt, ist, wie man seine Arbeit erledigt – der Rest interessiert fast nie. Sie würden nicht glauben, wie viele Jahre Gefängnis unter Umständen bei Ihrem Umzug in die Wohnung gelatscht kommen. Aber das ist auch egal.

Am nächsten Morgen schwang ich mich auf mein Fahrrad und radelte durch drei Stadtteile meinem neuen Job entgegen, während ich mir die Firma vorzustellen versuchte. Ich malte mir einen Hof voller Lkw aus, an denen sich breitschultrige Kerle zu schaffen machten, bevor die Kolonnen zu den Umzügen rollten. Das war natürlich Quatsch, denn erstens kannte ich ja schon den Hänfling vom Tresen und zweitens war um elf Uhr sowieso niemand mehr auf dem Hof.

So traf ich dann im Büro nur zwei verschwiegene Angestellte an, die über ihren Computern hingen, während der Chef mich in ein separates Zimmer führte, in dem ich mich in den folgenden vierzig Minuten ziemlich unwohl fühlte.

Ich habe Vorstellungsgespräche schon immer gehasst. Es liegt mir nicht, mich darzustellen, zu verkaufen oder anzupreisen. Das ist auch eigentlich in den Möbeln alles völlig unerheblich. Ich habe später in Firmen gearbeitet, bei denen ich nur angerufen hatte, gefragt wurde, ob ich schon mal gemöbelt hätte, und dann mit den Worten »Äh, Montag können wir noch jemanden gebrauchen« bestellt wurde. Anders ging es nicht, egal, ob ich schon mal gemöbelt hatte oder nicht. Es würde sich ja zeigen, ob ich was taugte, alles andere war egal.

Dieser Chef aber, der wollte mich unter die Lupe nehmen. Er war eigentlich ganz nett, abgesehen davon, dass er diese Ausstrahlung hatte, die einem klarmachte, dass er gesiezt werden wollte, auch wenn er einen die ganze Zeit mit »du« anredete.

Vierzig Minuten fragte er mich aus, erzählte mir über den Job, sprach über die Art der Bezahlung und schon hatte ich das Gefühl, ich würde den Job bekommen, freundete mich langsam mit dem Gedanken an, mich in den kommenden Monaten in jener Welt von Möbelpackern, wie ich sie mir klischeehaft vorstellte, zu bewegen, als der Kerl auf der anderen Seite des Schreibtisches das erste Mal grinste.

»Also, wenn du dich mal rasierst und dir die Haare schneidest, dann will ich es mit dir versuchen.«

Da fiel mir doch die Kinnlade herunter.

Das war Anfang der Neunziger! Das war zu einer Zeit, in der der letzte Spießer schon lange Haare tragen konnte.

Ich wusste nicht, was ich sagen sollte, stand langsam auf und bewegte mich zur Tür. Ich begriff es einfach nicht. Wieso hatte der Typ mich vierzig Minuten lang interviewt und mir den Job erklärt, um mich dann derartig vor den Kopf zu stoßen? Er hätte doch gleich zu Anfang ganz ehrlich sagen können: »Also mit deiner Matte, das ist ein Problem …«

Die Türklinke schon in der Hand, drehte ich mich zu ihm um, schüttelte langsam den Kopf und sagte: »Sie sind ein blödes Arschloch.« Dann ging ich zu meinem Rad und fuhr nach Hause.

Ich dachte natürlich an diesem Tag, dass es genauso sei, in den Möbeln, dass da eben nur reaktionäre Arschlöcher arbeiten,

»Nazis« eben, »blöde Proleten« und andere Idioten. Eine Umgebung also, in der ich mich nie wohlfühlen könnte.

Aber es ist in den Möbeln genauso wie überall auf der Welt: Man trifft sie alle. Bei den Kunden wie bei den Kollegen. Da ist alles dabei. Ob Kunden, wenn man am Morgen bei ihnen ankommt, über einen afrikanischen Kollegen sagen: »Der Neger kommt mir aber nicht ins Haus«, ob Kunden sagen: »Ich hoffe, es stört euch nicht, dass der Kuchen vom türkischen Bäcker ist, hier gibt es keinen anderen« oder ob Kunden in der Frühstückspause die Abschiebepolitik der BRD kritisch diskutieren – es ist alles dabei.

Ob Kollegen über »Kanaken« schimpfen oder im Lkw rassistische oder frauenfeindliche Sprüche von anderen Kollegen kritisch analysieren – man trifft sie alle.

Man knechtet Seite an Seite mit ungeahntem Gedankengut und man erhält Einlass in schlimmste Haushalte.

Ich habe mich am Anfang immer gern aufgeregt über rechtes Gedankengut von Kollegen und habe die dafür mitunter ziemlich angemacht, aber das ist natürlich auch kein Weg.

Ich habe nie so einfach reagiert wie jener Kollege, der einer Ladehilfe, die eigentlich ganz nett erschienen war, dann aber eine antisemitische Äußerung machte, ganz naiv und offen sagte: »Du, das finde ich jetzt aber doof, was du da sagst. Weißt du, meine Freundin ist nämlich Jüdin.«

Das hat mich irgendwie beeindruckt. Der Kerl hat den ganzen restlichen Tag nachgedacht. Aber vielleicht hat er sich auch nur verstellt.

Natürlich sind solche Momente im Treppenhaus rar. Meistens geht es völlig unpolitisch zu, wenn man nicht gerade dazu neigt, jede Äußerung jedes Idioten als politisch zu betrachten.

Haben Sie eigentlich auch immer geglaubt, dass die beschlagnahmten Möbel von verschleppten Juden durch die Gestapo, die SA oder die SS abgeholt wurden? Ist ja eine recht naive Vorstellung, denn schließlich gab es auch im Dritten Reich Speditionen und einige sind noch heute im Geschäft. Sie können das recherchieren, wenn es Sie interessiert. Als Aufsatzthema in der Schule böte sich statt *Meine Heimatstadt im Dritten Reich* vielleicht mal *Umzugsspeditionen im Dritten Reich* an.

Für mich war das Thema Möbelpacken nach dem Gespräch mit meinem ehemaligen Chef in spe erst einmal abgehakt. Ich wollte nichts mehr wissen von blöden deutschen Malochern, die uniform gekleidet in der Kaffeepause zusammen *Bild* lesen, denn dass die in der Branche Beschäftigten genauso waren, dessen war ich mir nun gewiss.

Ich fuhr nach Hause, schimpfte gedanklich über den blöden Sack, der sich – aus welchen Gründen auch immer – seinen Spaß mit mir gemacht hatte, und vertagte die Jobsuche bis auf Weiteres.

Am Tresen überlegte ich, ob ich nicht Nützliches mit Angenehmem verbinden und also in der Kneipe arbeiten sollte, aber das konnte wenig mehr sein als ein Gedankenspiel, denn ich wusste, dass Dealer und User in einer Person es zu nichts bringen können. Also ließ ich mich weiter treiben, bis ich auf einer Party in einer Punker-WG auf den grünhaarigen Tarzan stieß – und einmal mehr mein Weltbild zerstört wurde.

Tarzan war ein ewig bekiffter Punk, der grüne Dreadlocks trug, sich stets in zerrissenes Leder kleidete, immer bei Kasse war und ein Techtelmechtel mit einer jungen Punkerin hatte, die in einem Zelt am Elbufer wohnte. Aber außerdem und vor allem war Tarzan Möbelpacker, wie ich bei unserem zweiten gemeinsamen Joint ganz nebenbei erfuhr.

Und sein Techtelmechtel, die junge Punkerin mit dem Zelt, auch, wie ich beim dritten Joint erzählt bekam, und zwar von einem schwulen Saxofonisten, der Magnus hieß, gerade im Treppenhaus ein unglaublich gutes, halbstündiges Solo hingelegt hatte und mich nun – grellbunt gekleidet, mit lilafarbenem Halstuch und glitzernden Ringen an den Ohren – offensiv anschwuchtelte. Und das Größte war, dass dieser Typ (»Hach, bist du süß«), der mich jetzt allen Ernstes fragte, ob ich ihm einen blasen würde, auch Möbelpacker war.

Wenn ich nicht etliche Biere und inzwischen drei Joints intus gehabt hätte, dann hätte ich wohl geglaubt, dass ich hier gehörig verarscht werden sollte. Aber so hat mich das Ganze erst einmal amüsiert, bevor ich realisierte, dass sich hier eine echte Chance für mich auftat. Zwar konnte ich mir nicht erklären, warum Punks, Frauen und Schwule in einem von mir als völlig bieder angesehenen Männerjob eine Chance hatten, aber wenn die wirklich in der Branche arbeiteten, dann könnte ich da ja wohl auch unterkommen, schließlich ist der Transport von irgendwas der älteste Job der Welt.

Während also verjazzter Avantgardpunk oder avantgardistischer Punkjazz oder was auch immer aus den Boxen durch das Haus schallte und meine bekifften und betrunkenen Synapsen massierte, versuchte ich, mich nach den Möglichkeiten, einen Job zu ergattern, zu erkundigen. Bei Tarzan stieß ich auf Desinteresse (er verwies auf Ludwig, einen der Chefs des Kollektivs, der bestimmt auch noch auf die Party kommen würde), während Magnus tatsächlich hilfsbereit erschien, was mir allerdings weniger gefiel, da er mit seiner Hand meinen Sack zu erreichen versuchte und meinte, ich solle mich mal »nicht so haben«.

Schließlich erschien Ludwig tatsächlich, der aber meinen Fragen nach Arbeitsmöglichkeiten mit »Jaja, ruf mal an, die Tage« auswich und überhaupt nervös und ungeduldig wirkte. Ich dachte zuerst, dass ich ihn, betrunken und bekifft wie ich war, nerven würde und dass er solche Anfragen wahrscheinlich jeden Tag bekäme, bis mir klar wurde, dass der Mann einfach nur auf Kokainentzug war, möglichst schnell seinen Apotheker treffen wollte und ich ihm in seiner Situation nicht nur lästig, sondern geradezu unerträglich unwichtig war.

Nachdem ich wegen einer Überdosis weicher Drogen die Toilette hatte aufsuchen müssen, ergatterte ich von irgendwoher die

Telefonnummer des Umzugskollektivs und scheiterte den Rest des Abends damit, Frauenbekanntschaften zu machen – wobei ich aber, bis ich die Party verließ, Magnus erfolgreich aus dem Weg ging. Am nächsten Morgen hatte ich nicht nur keinen der seltsamen Möbelpacker vergessen (ich konnte mich nur zu gut an Magnus' Zudringlichkeiten erinnern), ich war mir sogar sicher, demnächst einen Job zu haben, und so griff ich gleich nach einem kleinen Katerfrühstück (Rührei mit Bier) zum Telefon und wählte die Nummer des Umzugskollektivs Ameise, was in meinen Ohren eher nach einer Kindertagesgruppe klang als nach einer Spedition, aber, na ja, die Linken ... Pippi Langstrumpf stemmt die Häuser der Hafenstraße und Ameisen tragen ja bekanntlich Klaviere allein, wenn man das mal umrechnet.

Als Ludwig sich mit »Umzugskollektiv Ameise« meldete, unterdrückte ich ein Prusten und erinnerte ihn, dass wir uns abends zuvor auf der Party getroffen hatten.

Leider sei im Moment kein Bedarf an Leuten, sagte Ludwig, aber ich könne gern nächste Woche noch einmal anrufen und außerdem solle ich meine Nummer hinterlassen.

Das hörte sich alles erst mal wieder nicht so toll an, aber ich beschloss trotzdem, in der nächsten Woche zwei- oder dreimal bei »Ameise« anzurufen. Irgendwo hatte ich mal gelesen, dass man die Leute erinnern musste, dass es einen gab, sonst würde man vergessen.

Also gut, dachte ich. Noch ein Wochenende vor mir, bevor ich vielleicht wirklich einmal wieder einen Job finde.

Abends saß ich am Tresen, genauer gesagt die ganze Nacht durch bis zum frühen Morgen. Als das Telefon klingelte, hatte ich keine Ahnung, ob ich eine halbe Stunde, eine ganze oder gar zwei geschlafen hatte, und außerdem war ich ein wenig erstaunt, eine Frau an meiner Seite zu finden. Doch dann fiel es mir wieder ein: Das war die schöne Hilde, die ich von früher kannte und die ich spät in der Kneipe getroffen hatte. Ich war noch betrunken genug, die Zusammenhänge schnell herzustellen. Ein paar Stunden später wäre mir das nur mit Mühe gelungen. Ein paar Stunden später wäre ich auch kaum ans Telefon gegangen, aber jetzt, bei hohem, relativ frischem Alkoholpegel, geschah alles eher automatisch.

»Ameise«, sagte jemand, der nicht Ludwig war. »Ich habe deine Nummer hier gefunden. Kannst du arbeiten?«

»Wann?«

»Jetzt.«

Grausames Leben! Ich wäre bestimmt oder doch sehr wahrscheinlich beizeiten zu Bett gegangen, wenn ich das gewusst hätte, aber so sagte ich zu, bevor ich ahnte, wie schlimm ein Kater sein kann, wenn man nicht liegen bleiben darf, sondern Treppen steigen muss.

Ich spürte allerdings, dass ich zusagen musste, wenn ich weitere Jobs bei »Ameise« kriegen wollte. Man kneift nicht bei der ersten Anfrage, aus welchem Grund auch immer, und in den Möbeln wurde nun einmal derjenige verhaftet, der dumm genug war, ans Telefon zu gehen. Vor allem am Samstag. Wer glaubt, er könne samstags am Telefon mit irgendwelchen Ausreden aufwarten, wird als Lügner durchschaut. Das war meine erste Lektion in den Möbeln: Wer Arbeit sucht, der halte sich am Samstag bereit oder gehe einfach gleich los. Der Samstag hat die meisten Ausfälle, das können sogar fünfzig Prozent werden. Manch eine Firma bestellt sich von vornherein extra Leute, andere wählen sich am Samstagmorgen die Finger wund. Die Kollegen liegen noch im Koma, gehen nicht ans Telefon, haben vielleicht den Stecker rausgezogen, sind verschollen oder hängen noch immer in der Kneipe oder auf irgendeiner Party. Mindestens einer fehlt immer.

Ich habe es nie getan, aber doch hin und wieder mit dem Gedanken gespielt, einmal in einer fremden Firma am Samstagmorgen aufzutauchen und zu fragen: »Na, kann ich helfen?«

Der Samstag ist die Strafe derer, die zur Arbeit gehen. Vielleicht selbst noch verkatert, muss man für ein oder zwei Kollegen, die nicht gekommen sind, mitarbeiten. Samstags ist man fast immer unterbesetzt. Halte dich fit für den Samstag. Du wirst deine Kräfte brauchen.

Ich ahnte all dies natürlich noch nicht, als ich der schönen Hilde erklärte, dass ich jetzt losmüsse, und dann nach Bahrenfeld latschte, wo sich auf einem Hinterhof der Sitz des Umzugskollektivs Ameise befand. Zwei Siebeneinhalbtonner standen da und zwei kleinere Transporter. Hinter einem winzigen Büro befand sich ein Aufenthaltsraum mit einem großen Tisch, um den Tarzan, Janne (die Punkerin aus dem Zelt) und Magnus saßen und Kaffee tranken. Tarzan bot mir Kaffee an, von Magnus schnorrte ich eine Zigarette, dann setzte ich mich. Ein Langhaariger mit einem Zettel in der Hand kam herein und stellte sich als Holger vor.

»Du bist Karsten?«

Ich nickte und fragte mich, ob ich, versoffen wie ich aussehen musste, überhaupt einen vertretbaren Eindruck hinterlassen konnte, aber dann fiel mir auf, dass Holger den Freitagabend wohl auch nicht im Sportverein verbracht hatte. Er machte sich eine Notiz und verschwand wieder im Büro. Tarzan und Janne (Jane?) dösten Händchen haltend vor sich hin. Magnus nippte an seinem Kaffee, wobei er mir einen Blick zuwarf. Ich grinste und beugte mich zu ihm rüber.

»Soll ich dir einen blasen?«, flüsterte ich. Magnus räusperte sich, wurde rot und kicherte. Das war das letzte Mal, dass er an diesem Tag kicherte. Wenn er nicht besoffen war, kam er auch gar nicht schwuchtelig, sondern eher ernsthaft rüber. Mit ihm habe ich in der ganzen Zeit bei Ameise meine besten Gespräche geführt.

Ich zwinkerte ihm zu und grinste, allerdings auch das letzte Mal für die nächsten Stunden, denn nachdem ich den ersten Zug von meiner Zigarette genommen und den ersten Schluck Kaffee getrunken hatte, bemerkte mein immer noch betrunkener Organismus, dass ich inzwischen längst wach und die Zeit reif für einen ordentlichen Kater war. Die neu aufgenommenen Gifte bereiteten mir einen Schwindelanfall und dann brach mir der Schweiß aus. Während sich Kopfschmerzen einstellten, schloss ich die Augen und sackte in meinem Stuhl zusammen. Unter keinen Umständen konnte ich mir vorstellen, jetzt Möbel zu schleppen, ja selbst der Weg zurück nach Hause ins Bett wäre mir viel zu anstrengend gewesen. Am liebsten hätte ich mich gleich in die nächste Ecke gepackt, um bis zum Abend liegen zu bleiben.

Aber auch das sollte ich in den Möbeln noch lernen: Wenn man liegen bleibt, dann kann der Kater einen vollen Tag in Anspruch nehmen, manchmal sogar noch den nächsten. Wenn man aber durch diese Hölle geht, die der Volksmund »Treppenhaus« nennt, und einen dabei Umzugskartons voller Bücher oder Schallplatten zu Boden zu zwingen drohen, dann hat sich das mit dem Kater innerhalb von drei Stunden erledigt – vorausgesetzt man macht nicht vorher schlapp.

Ich hatte mal in einer fremden Stadt eine Ladehilfe, die mit einem epileptischen Anfall, also mit Schaum vor dem Mund, auf der Treppe zusammengebrochen war. Das sei gar kein Epileptiker, raunte eine andere Ladehilfe, der hätte gestern nur zu viel Ecstasy genommen. Scheiß Designerdrogen. Aber solches erlebte ich selten. Viel gewöhnlicher war der Fall des Kollegen, der sich mir in der Kette im Treppenhaus von unten mit einem Karton auf der Schulter entgegenschleppte, wobei ich den Eindruck hatte, der Karton müsse mindestens einen Amboss enthalten, so wie der Junge schwitzte und keuchte. Als ich ihm den Karton dann von der Schulter nahm, spürte ich aber, dass da höchstens ein Lampenschirm drin sein konnte, und vermutete, dass sich der Kollege in den nächsten Minuten verabschieden würde, was er dann auch tat. Der Chef war ein wenig sauer, aber als Kollege nimmt man das nicht krumm. Er hat es wenigstens versucht und man weiß, dass der sich nächstes Mal nicht beschweren wird, wenn man sich selbst vom Acker macht.

Als ich bei Ameise auf meinem Stuhl schwitzte und keine Ahnung hatte, wie ich den Tag überstehen sollte, erschien plötzlich ein glatzköpfiger Riese mit tätowierten Armen, der »Brunner« genannt wurde. Die Art, wie er sich in den Türrahmen lehnte (bei Clint Eastwood wird das »Leinwandpräsenz« genannt), machte gleich klar, wer hier heute die Nummer eins war. Nicht, weil es im Kollektiv wirklich einen »Chef« gegeben hätte, sondern weil ja wohl einer, und zwar der Kompetenteste, zusehen musste, dass der Umzug auch sauber über die Bühne ging.

Brunner (benannt nach Yul Brynner) blickte einmal in die Runde, sagte dann »Los geht's!« und machte sich auf den Weg zum Lkw. Wir anderen folgten ihm und dann saßen wir zu fünft aneinandergequetscht im Fahrerhaus und rollten in mein neues Leben.

»Wie viel is'n heute?«, fragte Janne.

»Sechs Meter aus'm Vierten ins Einzelhaus«, sagte Brunner. Ich hatte noch keine Ahnung, was das hieß, aber ich hörte sowieso kaum hin. Ein Möbelwagenmeter, das sind fünf Kubikmeter, sechs »Meter« sind also dreißig Kubikmeter.

Ich versuchte, auf der Rückbank des Lkw noch ein wenig zu dösen, wobei ich sogar Glück hatte, denn wir mussten bis Poppenbüttel fahren, das hieß, ich hatte noch eine gute Dreiviertelstunde Zeit.

Als Brunner in Poppenbüttel dann den Lkw in die Parklücke vor dem fünfstöckigen Wohnblock rangiert hatte, fanden wir die Haustür offen vor und machten uns an den Anstieg in den vierten Stock. Ich sage hier »Anstieg«, weil es zumindest mir so vorkam, als wären wir zur Aussichtsplattform des Fernsehturms unterwegs. Ich schleppte mich die Treppen hinauf und hatte keine Ahnung, wie ich noch etwas anderes außer mir selbst schleppen sollte.

Im vierten Stock war die Wohnungstür angelehnt und durch den Spalt konnten wir eine etwa dreißigjährige verschreckte Hausfrau sehen, die gerade dabei war, im kleinen Gäste-WC das Waschbecken zu putzen. Als sie unsere Schritte hörte, drehte sie sich zu uns um und sah: einen riesigen Glatzkopf, der weniger an den bisweilen durchaus charmanten Yul Brynner, sondern eher an den tätowierten indianischen Harpunier aus *Moby Dick* erinnerte, einen grünhaarigen Punk nebst punkiger Freundin, einen Typen, der zwar nicht gleich als schwul zu erkennen war, dessen Outfit aber doch mindestens die ursprüngliche Bedeutung des Wortes »gay« ausdrückte, und mich, einen alkoholverquollenen Langhaarigen.

Entsetzt starrte sie uns an. »Was wollen Sie denn hier?«, fragte sie.

»Guten Morgen«, sagte Brunner. »Umzugskollektiv Ameise.«

Kapitel 2

SZENEN EINER EHE

»Morgens wird man mit einem einzigen Blick von Vorurteilen überschüttet, abends stehen sie dann mit dem Taschentuch in der Hand an der Straße und winken zum Abschied.«

Bleiben Sie cool! Das müssen wir ja schließlich auch, wir können uns nämlich die Kunden auch nicht aussuchen.

Es besteht kein Anlass, sich Sorgen zu machen, wenn zum Umzug barbarisch oder sonst wie unzivilisiert anmutende Gestalten in Ihre Wohnung kommen. Der erste Eindruck täuscht oft, besonders am Morgen, wenn viele noch nicht richtig wach und unter Umständen schlecht gelaunt sind. Ich weiß, ich habe Ihnen gesagt, Sie würden mir nicht glauben, wie viele Jahre Gefängnis mitunter in Ihre Wohnung gelatscht kommen, aber damit wollte ich Sie wirklich nicht erschrecken.

Ich habe es oft genug erlebt, wie Kunden erstarrten, ob der »verlausten Hippies«, denen sie auf keinen Fall die Fähigkeit zutrauten, einen anständigen Umzug hinzulegen – nur um dann umso erstaunter zu sein, wenn die Möbelpacker erst einmal in Gang gekommen waren. Offene Kinnladen von Kunden habe ich in meinem Möblerleben zuhauf gesehen, wenn die Leute erst einmal mitbekamen, mit welcher Sorgfalt und rasenden Geschwindigkeit der Umzug zu ihrer Zufriedenheit erledigt wurde, und oft dachte ich, die würden zum Abschied gleich an der Straße stehen und mit dem Taschentuch winken.

Denken Sie sich einfach nichts, wenn Sie morgens Leuten Einlass gewähren müssen, denen Sie sonst lieber aus dem Weg gehen, und wenn Sie sich wundern, was für Gestalten Ihnen die Firma vorbeischickt, deren Akquisiteur doch so seriös wirkte.

Natürlich, wenn jemand sich nicht benimmt, alkoholisiert ist oder zu grob mit Ihren Möbeln umgeht, dann sollten Sie ihn nach Hause schicken, aber solches kommt so gut wie nie vor.

Die wilden Zeiten in den Möbeln sind lange vorbei.

Die Möbelpacker, die sich heimlich auf Ihr Klo zurückziehen, um eine Nase zu nehmen oder ein Blech zu rauchen, waren schon vor meiner Zeit Geschichte. Die Konkurrenz auf dem Markt ist zu groß, als dass sich irgendjemand noch grobe Ausrutscher erlauben könnte.

Sehen Sie Ihrem Umzug gelassen entgegen. Wenn Sie nicht gerade den billigsten aller Billiganbieter angeheuert haben, dann bekommen Sie Profis ins Haus. Einige Leute mögen eine andere Auffassung vom Leben haben als Sie, sie mögen vielleicht nicht besonders beeindruckt sein vom alten Biedermeierschrank (dem unschätzbar wertvollen Erbstück in Ihrem Wohnzimmer), aber sie verstehen ihr Handwerk und sie behalten auch gern ihren Job.

Die Kundin am Morgen meines ersten Umzuges bei Ameise war nicht cool. Sie machte eher den Eindruck, als befürchte sie, gerade von einer Bande von Hausbesetzern überfallen zu werden. Als wir, nachdem der erste Schockmoment verstrichen war, die Wohnung betraten, wussten wir nicht, dass die gute Frau noch einen ganz anderen Grund hatte, nervös zu sein.

Wenn man lange genug dabei ist, dann erfasst man die Atmosphäre sofort und weiß, in welcher Form man die erste Wohnungsbegehung über die Bühne zu bringen hat. Manchmal reicht es, den Kunden mit einem »Moin!« anzugrinsen und zu fragen, was anliegt, aber das war an diesem Morgen eindeutig nicht der Fall, und so stellte Brunner die Teammitglieder einzeln mit Namen vor, ehe er daranging, die Kundin über den Ablauf des Umzugs zu informieren und sich erklären zu lassen, was alles mitsollte.

Ich bekam davon kaum etwas mit. Ich hielt mich im Hintergrund, fragte mich, wer denn all die Möbel und Kartons, die ich durch die offenen Türen zu Wohn- und Schlafzimmer entdeckte, nach unten schaffen sollte, und wartete darauf, dass einer der anderen mir erklärte, was ich zu tun hätte. Aber Erklärungen waren erst einmal nicht nötig.

»Tarzan zieht raus«, sagte Brunner, bevor er begann, der Kundin irgendwelchen Papierkram zu erklären. Janne und Magnus schnappten sich je einen Karton. Ich tat es ihnen gleich.

Als wir unten waren und die Kartons auf der Ladekante abgestellt hatten, sagte Magnus mir, wie es laufen würde: Tarzan zieht im vierten Stock aus der Wohnung raus, übergibt im dritten an

Janne, auf die ich im zweiten warte, um dann im ersten Magnus zu treffen, der bis zum Lkw schleppt, wo Brunner alles wegpackt. Klar: eine Kette. Total simpel, idiotisch einfach geradezu. Ich hatte nie einen Job gehabt, der so schnell zu begreifen war. Eine Arbeit, die wirklich jeder kann, es sei denn, sein Organismus hat noch einen Nebenjob in der Entgiftungsbranche.

In der ersten Stunde dachte ich, ich würde das nicht durchhalten, dabei war die Geschwindigkeit bei Ameise die niedrigste, die ich je in den Möbeln erleben sollte. Nicht, dass da getrödelt wurde, man hatte einfach genug Lebensgefühl, um sich vom Hochgeschwindigkeitswahnsinn der idiotischen deutschen Arbeitsmoral fernzuhalten.

Wenn ich das an jenem Morgen kapiert hätte, dann hätte ich das bestimmt begrüßt, aber so versuchte ich nur, nassgeschwitzt und durstig zu überleben.

Bei den ersten Übergaben von Kartons stellte ich mich noch ungeschickt an, aber dann zeigte mir Janne, wie man Schulter an Schulter die Kiste übernimmt, ohne sie umständlich noch einmal hochzuheben, und schon lief das Ganze besser. Allerdings nur so lange, bis klar war, dass ich jetzt den Dreh raushatte, selbst einen schweren Karton mit nur einem Arm auf der Schulter zu halten, die andere Hand also frei hatte, für Stühle oder andere Kleinigkeiten.

Nach einer halben Stunde brachte Janne Mineralwasserflaschen mit, von denen ich zwei an Magnus übergab, dann trank ich gierig aus der dritten.

Wow! Meine Kehle fühlte sich an, als blühe sie auf wie eine Blume an einem Sommermorgen und nach einer sehr kurzen Pause, die gerade lang genug war, dass jeder trinken konnte, ging es mir tatsächlich ein wenig besser. In der nächsten halben Stunde hatte ich das Gefühl, ich würde langsam meinen Trott finden, lernte mein Stockwerk kennen, stellte fest, dass es fünfzehn Stufen hatte, versuchte, während ich treppauf und treppab rannte, auszurechnen, wie viele Stufen ich im Laufe einer Stunde nehmen würde, und dachte irgendwann tatsächlich an etwas anderes.

Und endlich kam die erste Rauchpause.

Während Tarzan, Janne, Magnus und ich Zigaretten drehten, packte Brunner die Sachen weg, die wir ihm zuletzt gebracht hatten, und lief dann hinauf in die Wohnung, um sich erneut einen Überblick zu verschaffen.

»Komisch, die Alte«, sagte Tarzan, der gegen den Umzugsdeckenstapel gelehnt saß und mit schief gelegtem Kopf den Rauch nach oben blies.

»Wieso?«, fragte Janne, die mit ihrem Kopf auf seinem Schoß lag.

»Irgendwie nervös.«

»Ich glaube, die macht sich heimlich vom Acker«, sagte Magnus, während er in kleinen Schritten über die Hebebühne ging, als übe er einen neuen Tanz ein. Ich ließ die Beine von der Ladekante baumeln, trank, rauchte, lauschte und versuchte, mit meiner Erschöpfung klarzukommen.

»Vom Acker?«, fragte Janne.

Magnus nickte. »Irgendwas ist da im Busch.«

»Glaub ich auch«, sagte Tarzan. »So nervös, wie die ist. Und außerdem kommt von da oben kaum die Hälfte mit. Ich glaub, die ist auf der Flucht.«

Mir war nicht ganz klar, wovon die drei redeten, und gerade als mein Gehirn versuchte, die richtige Frage zu formulieren, kam Brunner an den Lkw zurück und zündete sich eine Zigarette an. »Das ist eine heikle Sache hier«, sagte er. »Falls jemand fragt, dann wisst ihr nicht, wo die hinzieht.«

»Schon klar«, sagte Magnus.

»Jau«, sagte Tarzan.

»Haut sie ab?«, fragte Janne.

Ich sah von einem zum anderen, bis Brunner die Frage in meinem Blick bemerkte.

»Ihr Mann ist übers Wochenende weggefahren und sie nutzt die Gelegenheit, sich zu verpissen. Die haben Stress.« Er zog an seiner Zigarette und wartete, bis ich genickt hatte. »Das muss hier alles ein bisschen schnell und diskret gehen, aber am wichtigsten ist, dass ihr keinem erzählt, wo es hingeht, klar?«

Ich nickte wieder, den anderen schien es eh klar zu sein. Ich wusste sowieso nicht, wo die Kundin hinzog. Ich schnippte meine Zigarette auf die Straße und sah mich um. Poppenbüttel hatte ich immer für ein besseres Wohnviertel gehalten, eines, in dem Leute sich wie vernünftige Menschen voneinander trennten und sich nicht in aller Heimlichkeit von dannen machten, aber als ich meinen Blick jetzt über die fünfstöckige Wohnanlage mit ihren ewig gleichen blumenverzierten Balkons schweifen ließ, war ich mir da nicht mehr so sicher.

Die Hamburger Stadtteile waren früher zum Teil eigene Ortschaften, kleine Städte oder Dörfer, und jede Stadt hatte wohl ihre Ecke, in der es nicht so fein zuging, wie es ihrem Gesamtimage entsprach.

»Die arme Sau!«, seufzte Janne. »Dass sie mit so einem Scheißkerl zusammen sein muss.«

»Woher weißt du, dass er ein Scheißkerl ist?«, fragte ich. »Vielleicht ist sie ja das Arschloch.«

»Klar«, sagte Janne. In ihren von Kajal umrandeten Augen bemerkte ich eine seltsame Mischung aus Wut und Solidarität mit einer Frau, mit der Janne, wie ich dachte, garantiert niemals würde zusammenleben wollen. Ich wusste damals noch nicht, dass Janne die Tochter eines reichen Industriellen aus dem Ruhrgebiet war und dass sie sich eines Tages ihrer wahren sozialen Zugehörigkeit besinnen würde, dass sie also Kajal gegen zivilen Lidschatten eintauschen würde, weg vom Punk, der ihr nicht wirklich ein Lebensweg war, sondern ein recht spätes Mittel, dem Elternhaus Paroli zu bieten. Trotzdem fand ich damals, dass ihre Solidarität extrem was von Attitüde hatte.

»Guck dir doch an, wie nervös die Frau ist«, sagte Tarzan. »Die hat Angst.«

Noch nie ein nervöses Arschloch gesehen?, hätte ich fast gefragt, aber ich wollte auf der Sache nicht herumreiten. Schließlich war das ja wohl alles egal. Ich war immer noch ziemlich durch den Wind und das Wichtigste, an das ich denken konnte, war nach wie vor der Feierabend, und der lag noch etliche Stunden entfernt.

Als Nächstes waren ein paar Zweierteile dran. Zweierteile sind Möbel oder andere Gegenstände, die man nur zu zweit tragen kann, entweder wegen ihrer Ausmaße oder wegen ihres Gewichts, im schlimmsten Fall wegen beidem.

Magnus hatte das Pech, die Zweierteile mit mir tragen zu müssen. Janne und Tarzan schafften sie die oberen beiden Stockwerke runter und übergaben im zweiten an uns, die wir sie dann bis zum Lkw schleppten. Ich rede hier von Magnus' Pech, weil es eine Strafe sein kann, einen Neuling einweisen zu müssen. Bei alten Hasen sitzen nicht nur die Handgriffe, auch die Kommunikation ist auf ein Minimum beschränkt. Im besten Fall ist das dann wie bei einem Tanzpaar, das auf einem Turnier einen der vorderen Plätze belegt. Im schlimmsten Fall heißt es für den alten Hasen, für den Anfänger mitarbeiten zu müssen – und das kann extrem anstrengend werden.

Ich habe in all den Jahren immer wieder Leute gesehen, die sich für Experten hielten, denen ich sogar ihr großmäuliges Selbstdargestelle oft geglaubt habe, aber meistens nur, bis ich mit ihnen Zweierteile tragen musste. Ah, bah! Wie oft hat das gemeinsame Schleppen einen Angeber entlarvt! Und ich habe dann unter der unterirdischen Fähigkeit des anderen zu leiden und extra zu arbeiten. Er kann das Gleichgewicht nicht halten und ich muss doppelt angestrengt dagegenhalten, was oft noch viel einfacher ist, als es ihm zu erklären, denn das geht ja meist sowieso nicht, weil er solch ein Experte ist. Mein Gott, habe ich oft gedacht, wenn der auch noch Lkw-Fahrer ist und die Kurven mit dem Hängerzug so nimmt, wie er Schränke trägt, dann werden die Straßen gesäumt sein von Leichen unschuldiger Schulkinder und wahrscheinlich wird er, nachdem er gerade hier in dieser Situation am Schrank im Treppenhaus, ohne es zu merken, versagt, wenige Stunden später im Verkehrsstau über einen schlechten Autofahrer lästern, der ihn geschnitten hat, und mit einem »War das 'ne Alte?« seiner Überzeugung Ausdruck verleihen, dass Frauen ja kein rechtes räumliches Verständnis hätten.

Magnus war da anders und das lag nicht daran, dass er schwul, also »weich«, gewesen wäre, wie das viele meiner späteren Kollegen ausgedrückt hätten, das lag daran, dass er cool war. Cool und klug.

In aller Ruhe erklärte er mir die richtigen Handgriffe und ich glaube, dass ich mich nicht total dumm angestellt habe. Allerdings hatte ich Glück, denn die ersten Zweierteile waren nur knapp oberhalb der Grenze zwischen Einer- und Zweierteil. Ich kapierte das, als Janne und Tarzan uns mit einem überdimensionierten Dreisitzersofa entgegenkamen. Die ersten Zweierteile waren schnell heruntergebracht, aber für das Sofa brauchten Janne und Tarzan eine ganze Menge mehr Zeit. Nachdem ich schon geahnt hatte, dass da etwas Entsetzliches auf mich zukommen würde, musste ich, während ich das Ding schließlich mit Magnus trug, feststellen, dass der Ausdruck »schwer« viele Bedeutungen haben kann. Vom Gewicht her lag das Sofa knapp über dem Mittelfeld, aber wegen seiner Ausmaße war es einfach schwer, das Ding durch das Treppenhaus zu kriegen.

Manchmal sagen Kunden, wenn es besonders eng war, Sachen wie: »Das war ja Maßarbeit!« Und recht haben sie. Die Wege im Treppenhaus sind gemessen, dessen Dimensionen sind gemessen und die Größe der Möbel ist gemessen. Alles Maßarbeit, alles genormt heutzutage. Industrie eben. Aber es gibt, wie überall, Ausnahmen und hier zählen sie tatsächlich mal. Die Ausnahmen bleiben einem im Gedächtnis. Es geht bei Möbeln nie einfach nur darum, sie zu tragen, also sie nach ihrem Gewicht zu beurteilen, es geht auch darum, wie sie durch das Treppenhaus und dessen Kurven zu bewegen sind. Man muss auch stemmen, reißen, drehen, heben, herablassen, wenden und das, im Idealfall, ohne dass das Möbel über den Boden oder die Wand schrappt.

Gewichtheber stemmen und reißen, aber auf die immergleiche Art. Möbelpacker müssen allzu oft improvisieren und sich den Gegebenheiten anpassen.

Mit meinem ersten Hexenschuss war ich bei meinem Hausarzt und er, der wusste, dass ich möbelte, fragte mich, ob ich denn auch immer richtig aus den Beinen heraus heben würde. Er stand hinter seinem Schreibtisch auf und machte mit exakt geradem Rücken eine Kniebeuge, wobei er mit angewinkelten Armen imaginäre Gewichte anhob und sich dann aufrichtete. In Gedanken musste ich grinsen und fragte mich, ob er das bei jeder Einkaufstüte oder Wasserkiste, die er aus dem Supermarkt herausschleppte, auch so machte.

Ärzte, die die menschliche Anatomie studiert haben, und Gewichtheber in der Turnhalle machen das natürlich so, aber versuchen Sie das mal mit einem Möbelstück, das nur um die Kurve auf dem Absatz im Treppenhaus unter dem Sturz hindurchgeht, wenn man schräg aus der gebückten Hüfte heraus sich nach oben verschraubend das Ding an der Deckenlampe vorbeidrehend einfach alle Ratschläge vergessen muss. Sonst kann man nämlich jeglichen Transportvorsatz vergessen und schon mal die Maurer und die Fenstersetzer bestellen, aber das macht natürlich keiner, also verwirbeln wir uns die Bandscheiben. Man will ja kein Aufsehen erregen, sondern einfach nur seinen Job machen und vielleicht mal gelegentlich in den Feierabend kommen.

Als Magnus, der unten ging, mir klargemacht hatte, dass ich jetzt auf dem Absatz in der Kurve »stemmen« müsse, drückte ich das Ding mit aller Kraft nach oben, wobei ich ein entsetzliches Ziehen in meinem Trizeps und einen Stich zwischen den Schultern spürte, und es mit der Kante einer Lehne in die Decke des Treppenhauses haute. Putz rieselte auf uns herab.

»Scheiße!«, murmelte Magnus ohne Vorwurf in seiner Stimme und bestimmt wäre ein fetter Vermerk auf dem Frachtbrief für diesen Schaden angefallen, wenn die Dinge an diesem Tag nicht einen Verlauf genommen hätten, den selbst ich Anfänger als ungewöhnlich erkennen konnte.

Als wir es endlich mit dem Sofa durch die Haustür geschafft hatten und es auf der Ladekante abstellten, hatten Janne und Tarzan uns auch schon mit einem anderen leichteren Zweierteil eingeholt, das sie ebenfalls auf dem Lkw abstellten. Und dann war es endlich Zeit für die den nächsten »Raucher«.

Während ich mir eine von Magnus geschnorrte Zigarette drehte und feststellte, dass mein Katerleiden langsam einem bisher ungekannten Gefühl von Erschöpfung wich, bremste plötzlich hinter unserer runtergelassenen Hebebühne mit qualmenden Reifen ein Pkw, aus dem ein hochroter Kopf mit geschwollenen Stirnadern, brennendem Blick und einem kampfbereiten Torso samt den alarmbereiten Gliedmaßen daran sprang.

Einen tätowierten Muscleshirt-Träger mit Pitbull hätte ich in dieser Wolke aus Zorn vermuten können, aber der Mann, der jetzt auf die Hebebühne gesprungen kam, trug tatsächlich Schlips und Anzug.

»Stop!«, rief er, griff sich ein Bein des Sofas an der Ladekante und umklammerte die Lehne der Sitzgelegenheit, wobei er versuchte, das Sofa vom Lkw zu ziehen.

Brunner stand auf der Ladefläche, hielt an der anderen Seite des Sofas dagegen an und betrachtete den Mann verwundert. »Was wollen Sie denn?«, fragte er.

»Das ist mein Sofa!«, schrie der Mann und während er eben nur zornig gewirkt hatte, überschritt seine Erscheinung nun die Grenze zum Hysterischen. »Abladen«, kreischte er. »Sofort runter damit, das bleibt hier!«

»Wer sind Sie überhaupt?«, fragte Brunner, obwohl ihm, sowie allen außer mir, natürlich längst klar war, dass das der Mann der

Kundin war, die sich heimlich hatte vom Acker machen wollen. Mochte Janne recht gehabt haben und der Typ wirklich ein Arsch sein, wer könnte das schon beurteilen, in dem Moment war er nur verzweifelt, das kapierte ich sofort, denn er erinnerte mich an einen Lehrer aus der fünften Klasse, der damals vor den tobenden Schülern auf seinem Tisch stehend wie Rumpelstilzchen mit dem Fuß aufstampfte und um Ruhe brüllte. Er hatte damals in der eskalierten Situation einfach keine bessere Methode gewusst und er war der erste Lehrer gewesen, der mir wirklich und ganz aufrichtig leidgetan hatte.

Genauso wie jetzt der Mann am Lkw. Wenn das ein Arschloch war, dann war das ein verzweifeltes, erbarmungswürdiges Arschloch.

Niemals vorher und niemals anschließend habe ich einen Menschen sich in solcher Art an ein Sofa klammern sehen. Meins, meins, meins! Und er zog und zerrte, bis Brunner das Teil am anderen Ende losließ. Das Sofa rutschte weg, krachte mit dem Rahmen auf die Ladekante und der Typ saß auf der Bühne auf seinem Arsch.

»Na, das werden wir ja sehen!«, japste er, während er sich aufrappelte. »Dann rufe ich jetzt die Polizei.«

»Das trifft sich gut«, sagte Brunner, während Janne, Tarzan und Magnus gelassen, ich hingegen recht verwundert, danebenstanden. »Das Gleiche wollte ich auch gerade tun.«

»So geht es nicht!«, schnaufte der Mann. »Ihr habt gar kein Recht, hier einfach so alles aufzuladen«, sagte er und: »Ihr wisst ja gar nicht, worum es geht.« Und während er sich daranmachte, von der Bühne aus auf die Ladekante zu klettern, entfuhr ihm noch die eine oder andere Beschimpfung, bevor Tarzan ihn am Arm packte und auf die Bühne zurückzog.

»Lass mich los, du Sau!« Er fuhr herum und packte Tarzan am Kragen, die geballte Faust bereit, bei jeglicher Widerrede zuzuschlagen.

»Ey!«, sprang Janne dazwischen. »Lassen Sie den Typ los!« Und dann begann sie, um Tarzan und den Hysteriker herumzutanzen, wie ich das so oft gesehen hatte, bei, je nun, bei Punks und Autonomen, die glaubten, mit unbeherrschter Aufwallung von Emotionen einer eskalierenden Situation die nötige Ruhe verschaffen zu können. »Lass ihn los!«, rief sie, während sie den Mann, der Tarzan am Schlafittchen hatte, am Kragen packte.

»Schlampe!«, zischte der Typ, woraufhin Magnus ihn an die Schulter fasste und ein »Also, hören Sie mal!« verlauten ließ.

»Fass mich nicht an, du Homo!«, schrie der Mann, dem ich nun fast ein wenig Menschenkenntnis zugestanden hätte, wenn ich mich nicht gefragt hätte, ob »Homo« vielleicht einfach nur zu seinem Repertoire an Schimpfwörtern gehörte, mit dem er alles bedachte, was nicht aussah wie Zähneknirschen durch die ganze Nacht.

»Na, aber …«, setzte Magnus an, da flog plötzlich im dritten Stock des Hauses auf der anderen Straßenseite ein Fenster auf und eine Gestalt, die ich hier eigentlich lieber nicht beschreiben möchte, weil man ja als Autor das Klischee vermeiden soll, wälzte ihren unterhemdbekleideten Wanst auf die Fensterbank und schrie zu uns herab: »Is da bald mal Ruhe, da unten! Ich ruf gleich die Polizei!«

»Is ja geil!«, rief Tarzan hinauf, während er sich aus dem Griff des Kundinnengatten drehte. »Dann rufen wir ja alle die Polizei!«

Ich sah mich um. Etwa die Hälfte aller Fenster, die ich sehen konnte, waren jetzt mit Schaulustigen besetzt. Die anderen Anwohner lagen wohl noch in tiefem Schlaf oder waren nicht zu Hause. Einen solch spannenden oder lustigen Reality-Film hätten sie sich sonst bestimmt nicht entgehen lassen.

Janne bemerkte zur gleichen Zeit wie ich, wie viel Publikum unsere Szene inzwischen hatte, und lief in das Haus hinein. Dieses Mal dachte ich nicht, dass ihre Solidarität nur Attitüde wäre, es war mir einfach nur zu klar, dass unsere Kundin da oben in ihrer

Wohnung Unterstützung brauchte, und ich merkte, dass Janne das begriffen hatte.

Ich wollte nicht beurteilen, wie der verlassen zu werdende Mann sich fühlte, aber als er die Menschen an den Fenstern bemerkte, schien ihm einzufallen, weswegen er eigentlich hier war, denn nun rannte auch er in das Haus hinein. Magnus und Tarzan eilten ihm nach. Brunner sprang von der Ladekante und stand nun auf der Bühne neben mir. »Wenn die Bullen kommen«, sagte er, »dann sag ihnen, wo wir sind und worum es geht. Ich muss da mal rein.«

»Klar«, murmelte ich, obwohl mir die Situation nur fast, na ja, eben noch nicht richtig klar war. Brunner machte sich auf den Weg, als ich ihn noch einmal aufhielt.

»Brunner.«

»Was?«

»Hast du 'ne Zigarette?«

Brunner warf mir eine Schachtel zu und verschwand nach drinnen. Ich zog eine Zigarette heraus, zündete sie an und machte es mir auf der Ladekante bequem. Paffend ließ ich meinen Blick über die Fenster schweifen, die jetzt spärlicher besetzt waren als noch vor zwei Minuten. Die Zuschauer nutzten die Werbepause, um zur Toilette zu gehen, oder ... ja richtig, im zweiten Stock war das erste Bier zu sehen.

Dann tauchte ein Streifenwagen auf und im ersten Moment wollte ich meinen Augen nicht trauen. Neben ihrem väterlichen Partner, einem Polizisten mit Vollbart, der ihr sogleich den Vortritt überließ, stieg Jodie Foster aus dem Wagen. Der gleiche blonde Pferdeschwanz wie Clarice Starling, der gleiche Daddy-wird-stolz-auf-mich-sein-Blick und der gleiche energische Schritt. Als sie neben der Bühne vor mir stand, blieb von der Ähnlichkeit allerdings nicht viel übrig. So deutsch wie die würde Clarice Starling nie aussehen können und statt *Schweigen der Lämmer* wirkte das eher wie *Großstadtrevier*.

»Haben Sie uns gerufen?«, fragte sie, während ihr väterlicher Partner locker in Position ging, bereit, wie ich mir einbildete, beiläufig die Schritte ihres Vorgehens als korrekt abzuhaken.

»Ich glaube schon«, sagte ich. Die beiden tauschten einen Blick.

»Wir machen hier einen Umzug«, sagte ich. »Für 'ne Frau. Und dann ist ihr Mann aufgetaucht und wollte uns hindern, weiterzumachen.«

Die junge Ordnungshüterin sah ihren Partner an. »Trennungszwist«, sagte der, dann sah er mich an. »Wo befinden sich die beteiligten Personen?«

Ich deutete auf den Hauseingang. »Im vierten Stock.«

Der Bulle nahm sein Funkgerät, murmelte irgendwas hinein und dann wollten die beiden sich auf den Weg nach oben machen, als plötzlich der Kundinnengatte aus der Haustür gerannt kam. Tarzan und Brunner folgten kurz darauf.

Der Gatte begann, sich zu ereifern, erzählte von Diebstahl, beschwerte sich lauthals, gestikulierte und machte seinem Ärger über seine verpfuschte Ehe im Allgemeinen Luft.

»Jetzt bleiben Sie mal bitte einen Moment lang ruhig«, fuhr ihm irgendwann der Polizist dazwischen. »Worum geht es denn hier eigentlich?«

»Die will sich mit meinem Sofa davonmachen!«, klagte der Gatte seine Frau an.

Es folgte sekundenlanges Schweigen, während dem alle Anwesenden verschiedene Blicke tauschten.

»Nur das Sofa?«, fragte dann die junge Polizistin, der eine Situation wie diese in ihrem Job ungefähr genauso vertraut war wie mir in meinem.

Da hatte der Mann plötzlich eine Idee. »Ja, weiß ich ja nicht!«, rief er. »Wer weiß, was die noch aufgeladen haben.« Er drehte sich zum Lkw. »Wollen mal sehen«, murmelte er, während er über die Ladefläche glotzte.

»Und?«, fragte der Bulle nach einem Moment. »Andere Möbel?«

»Nee, den ganzen Schrott kann sie ruhig haben. Aber wer weiß, was in den Kartons ist!« Er drehte sich zu Brunner um. »Ich will sehen, was in den Kartons ist.«

»Keine Chance«, sagte Brunner.

Hilfesuchend wandte der Gatte sich an die Staatsgewalt. Die zögerte. Und ob Brunner jetzt bluffte oder ob er wirklich wusste, was er tat, war mir nicht klar. Ich habe später gehört, dass solche Angelegenheiten auch gern mal in Anwesenheit von Anwälten geregelt werden, und dann wird die ganze Ladung auch schon mal wieder ins Haus geschafft.

»Wenn wir hier wieder abladen, damit er hier die Kartons inspizieren kann, dann berechnen wir das nach einem Stundenpreis für fünf Leute, und er hier«, Brunner deutete auf den Kundinnengatten, »kann das dann zahlen.« Einen Moment lang dachten alle nach. »Oder aber«, sagte Brunner, »wir gehen jetzt nach oben in die Wohnung und er kann gucken, ob ihm was fehlt, und wir klären endgültig, was wir alles aufladen können.«

»Das hört sich gut an«, sagte der väterliche Einsatzleiter und es war mir nur zu klar, dass er diese lästige Situation gern schnell hinter sich bringen wollte. Der Nochgatte fügte sich widerwillig und verschwand mit Brunner und den Bullen im Haus. Ich blieb mit Tarzan an der Ladekante zurück.

»Was für ein Arsch!«, sagte Tarzan.

»Ist wohl aber auch nicht leicht, auf so eine Art verlassen zu werden«, sagte ich.

»Ach, Quatsch«, sagte Tarzan. »Du müsstest mal die Frau da oben sehen. Die hat total Schiss vor dem Wichser.«

Wir saßen und rauchten eine und dann saßen wir noch länger und rauchten noch eine, bis schließlich die ganze Gesellschaft aus dem Haus herauskam: die Bullen und Brunner mit dem Gatten, Magnus und Janne mit unserer Kundin, die tatsächlich völlig aufgelöst wirkte. Janne hatte ein Handy am Ohr.

»Runter mit dem Sofa«, sagte Brunner. Es hatte sich herausgestellt, dass der Hysteriker tatsächlich nur darauf bestand, dass das Sofa dablieb. Wie ich später hörte, war es ein Hochzeitsgeschenk eines gemeinsamen Freundes gewesen. Janne hatte die Kundin überzeugen können, dass ein Sofa den Streit mit dem Arschloch nicht wert sei.

Also luden wir das Sofa wieder ab und stellten es auf den Gehweg, um mit dem Umzug fortzufahren.

Der baldige Exgatte wurde erst blass, dann zornig rot. »Was soll denn das?«, rief er. »Nach oben damit!« Noch einmal wollte er Tarzan am Kragen packen, da fuhr ihm Brunner dazwischen. »Pass mal auf, mein Freund. Von deiner Frau hatten wir den Auftrag, ein Sofa aufzuladen. Das haben wir getan. Wenn du uns beauftragen willst, ein Sofa in deine Wohnung zu schleppen, dann mache ich jetzt einen Kostenvoranschlag.« Brunner sah zum Sofa, verzog kurz eine Miene, als würde er überlegen, und sagte dann: »Ein Sofa in den vierten Stock? Ich würde sagen sechshundert Mark.« Dann verzog er das Gesicht zu dem ersten wütenden Ausdruck, den ich an ihm hatte beobachten können. »Und wenn dir das nicht passt«, knirschte er, »dann such dir eine andere Firma oder trag dein Scheißsofa selber rauf. Und jetzt lass meinen Kollegen los, sonst gibt es eine Anzeige.«

Die Staatsgewalt versuchte, nicht zu grinsen, und der zu verlassende Gatte explodierte. »Das werden wir ja sehen!«, schrie er. Dann sprang er an die Seite des Lkws, zog einen Block aus der Tasche und machte sich Notizen. Unauffällig, in gebührendem Abstand drehte ich von der Ladekante aus eine Kurve, um zu sehen, was der Mann da machte. Aha, er notierte sich Anschrift und Telefonnummer des Kollektivs und während ich das beobachtete, entdeckte ich die kleine Ameise, die da abgebildet war und die tatsächlich ein Klavier alleine schulterte.

Dann stand Brunner plötzlich neben dem Mann und sagte mit einer Stimme, sodass es auch die Bullen noch hören konnten,

»Folgendes …«. Er postierte sich so vor dem Mann, dass der gar nicht anders konnte, als jedes seiner Worte deutlich zu vernehmen. »Vor Zeugen spreche ich Ihnen hiermit Hausverbot aus, in den Räumen sowie auf dem Betriebsgelände des Umzugskollektivs Ameise sowie das Verbot, unsere Hebebühne zu betreten. Sollten Sie diesem Hausverbot zuwider handeln, werde ich Anzeige gegen Sie erstatten.«

»Leck mich am Arsch, du Homo!«, knirschte der Widerling – also doch, das Wort »Homo« gehörte zu seinem gängigen Repertoire! Die Bullen beobachteten die Szene, bereit einzugreifen, aber froh, dass sie sich einen Moment zurückhalten durften. Magnus stand mit einer Miene, die das Kopfschütteln überflüssig machte, daneben und Janne befand sich abseits bei der Kundin, auf die sie immer wieder beruhigend einredete. Tarzan war verschwunden. Was? Wo war der denn plötzlich? Ich sah mich um, konnte ihn aber nicht entdecken.

Der Gatte tobte weiter, bis dann der Polizist, während die umliegenden Fenster nun tatsächlich sämtlich mit Publikum besetzt waren, daranging, dem Mann mal zivilisiertes Konfliktverhalten zu erklären. In aller Ruhe versteht sich, schließlich war der kein punkiger Demonstrant, bei dem es »Knüppel aus dem Sack« hätte heißen können.

Mitten im Tumult hielt neben der Bühne plötzlich ein Pkw, in dem der langhaarige Holger aus dem Büro von Ameise saß. Janne hatte ihn mit ihrem Handy gerufen. Sie führte die Kundin zum Auto, ließ sie Platz nehmen und stieg dann selbst mit Magnus zusammen ein. Verdattert glotzte der Gatte dem abfahrenden Wagen hinterher. Dann war er drauf und dran, zu seinem Auto zu eilen, wurde aber vom Polizisten zurückgehalten. »Das lassen Sie jetzt mal lieber«, sagte der und plötzlich war auch Tarzan wieder da.

Nachdem die Politesse dem Gatten, dem gerade die Chance entgangen war, hinter seiner Frau herzufahren und also herauskriegen zu können, wohin sie sich machte, erklärt hatte, dass es eine Anzeige geben würde, wenn er den weiteren Verlauf des Aufladens stören würde, fuhren die Freunde und Helfer davon.

Zu dritt brauchten wir für den Rest etwas mehr als eine Stunde, im Verlaufe derer der zerknirschte Gatte uns aus seinem Auto heraus beobachtete.

Als wir fertig waren, die Hebebühne geschlossen war und wir in den Lkw stiegen, um zum neuen Heim der Kundin aufzubrechen, bemerkte ich, dass der Typ wohl jetzt uns anstatt seiner Frau folgen würde.

»Ja, wenn er könnte«, sagte Tarzan. »Aber mit einem Platten wird das wohl nicht gehen.«

»Du hast ihm den Reifen aufgeschlitzt?«, fragte ich und dann fiel mir wieder ein, dass Tarzan kurzfristig verschwunden war.

»Na, aber wie?«, machte er. »Das wäre ja Sachbeschädigung.« Er grinste. »Hab ihm die Luft rausgelassen.«

Als wir losfuhren, stellte ich mir den Gatten vor wie einen Elmer Fudd, dem die Stirnadern explodierten.

Nach einer guten Stunde Fahrt konnte ich dann erfahren, wie schnell und einfach das Abladen sein kann. Mein Kater war überstanden und die zwei Stunden, die wir brauchten, um das Hab und Gut unserer Kundin in ihr neues Zuhause zu schaffen, kamen mir fast schon wie der Feierabend selbst vor. Das lag natürlich vor allem an der entspannten Atmosphäre, die nach der geglückten Flucht herrschte.

Unsere Kundin zog zu einer alten Schulfreundin, die sie erst vor Monaten zufällig wiedergetroffen und mit der sie sich auf Anhieb wieder bestens verstanden hatte, von der der Gatte aber nichts ahnte. Nach dem Abladen saßen wir alle zusammen und aßen zu Abend und die Kundin versuchte, sich dafür zu entschuldigen, dass sie am Morgen so erschrocken über uns gewesen war.

Das war dann das, was ich später noch so oft in den Möbeln erleben sollte. Morgens wird man mit einem einzigen Blick von Vorurteilen überschüttet, abends stehen sie dann mit dem Taschentuch in der Hand an der Straße und winken zum Abschied. Aber diese eine Frau, diese eine Kundin war wirklich glücklich darüber, wie Brunner und Tarzan und Janne und Magnus ihr in ihrer Situation geholfen hatten.

»Du hast einfach zu viel vergessen«, sagte ihre Freundin, in deren Haus ich mich von Anfang an wohlfühlte, weil es eine Ausstrahlung von Unabhängigkeit hatte und mich vom ersten Moment an überzeugt sein ließ, dass hier ein künstlerisch mindestens angehauchter Geist wohnte, bei dem man sich genauso geben konnte, wie man wirklich war. Die Atmosphäre in dem Haus der Freundin, mit seiner kreativen Unordnung, die nur sehr entspannte Leute, die wissen, was sie wollen, ertragen können, hatte mir sofort zugesagt. »Ich habe dir von Anfang an gesagt, dass dieser beschissene Klaus nichts für dich sein kann. Und diese jungen Leute hier ...« Sie sah einmal in die Runde der autonomen antibürgerlichen Möbelpacker und sagte nichts weiter.

»Ach, ja«, sagte die Kundin. Später am Abend machten Magnus und ich uns daran, unser Trinkgeld, mit dem die glückliche Kundin nicht gegeizt hatte, über den Tresen zu werfen. Brunner, Tarzan und Janne hatten irgendwelche Termine. Ich hätte vielleicht mit allen ganz gern auf meinen neuen Job angestoßen, aber es war klar, dass die das nicht mit jedem Neuen machten. Nur Magnus hatte nichts vor und so konnte er mich nach dem dritten Bier fragen, wie mir denn die Möbelpackerei gefallen würde.

»Na ja«, sagte ich. »Ganz lustig. Das kann ich gern mal eine Zeit lang machen.«

Und ich hatte nicht die leiseste Ahnung, wie lange »eine Zeit lang« wirklich sein kann.

Kapitel 3

DESERTEUR

»›Hast du noch alle Tassen im Schrank?‹, herrschte er mich an und ich glotzte verdutzt. Die Großmutter wich einen Schritt zurück und hielt sich am Gasherd fest.«

Wenn in einem Spielfilm oder in einer Fernsehserie ein Umzug geschildert wird, dann steht da meistens eine Unmenge an Hausrat zwischen dem Lkw und dem Hauseingang auf der Straße herum und die Möbelpacker latschen wie schlechte Komparsen mit einem Ausdruck durchs Geschehen, als wüssten sie nicht so recht was mit ihrem Job anzufangen, während der Kunde, also eine der Hauptrollen, mit Freunden oder den neuen Nachbarn plaudert, wobei er stets einen offenen Umzugskarton in den Armen hält.

Natürlich sind im Drehbuch die Möbelpacker nicht einmal Nebenrollen, also tatsächlich durch Komparsen zu besetzen, die vielleicht schon mal fragen, wo irgendetwas hin soll (»Ey, ich hatte heute Text, das gab gleich mehr Kohle!«), aber so, wie ich es in Filmen gesehen hab, läuft es einfach nicht.

Klar, der Kunde ist König, auch in den Möbeln, aber an der Ladekante wird er zur Nebenrolle, natürlich mit genug Textzeilen, aber die Ladekante ist der Arbeitsplatz der Möbelpacker und ich habe niemals in meiner Zeit als Möbler einen Menschen erlebt, der sich an seinem eigenen Arbeitsplatz derart unauffällig verhält wie die Kollegen aus Film und Fernsehen. An der Ladekante haben wir unsere eigenen Dialoge und die haben zu mindestens fünfzig Prozent mit dem laufenden Umzug rein gar nichts zu tun. Man erzählt sich vom letzten Wochenende, tauscht den neuesten Tratsch aus und redet über Gott und die Welt. Und irgendwann fällt es einem Kollegen vielleicht auch mal wieder ein, über den aktuellen Umzug zu reden.

Diese Dialoge können natürlich im schnell geschriebenen Drehbuch nicht berücksichtigt werden und wie jeder Künstler darf der Filmemacher die Wirklichkeit interpretieren – aber sie in die Lächerlichkeit zu verfälschen, das sollte er lieber lassen.

Es kann beim Aufladen durchaus passieren, dass der Packer nicht hinterherkommt und dann doch mal ein paar Gegenstände vor dem Lkw auf der Straße stehen, aber nur ein paar. Der halbe

Hausrat wird sich höchstens bei Amateuren auf dem Asphalt befinden.

Wenn der Packer nicht hinterherkommt, nutzt der Rest der Crew die Zeit, eine zu rauchen, einer der Kollegen geht dem Mann auf dem Lkw vielleicht zur Hand und wenn wieder Platz an der Ladekante ist, dann geht es weiter.

Jetzt schildern jene Filme aber sowieso immer das Abladen (das ist clever, da können nämlich Umzug und Kennenlernen der neuen Nachbarn, das Beschnuppern der neuen Umgebung, in einem Aufwasch erledigt werden), aber beim Abladen, Leute, beim Abladen doch erst recht nicht!

Ich stelle mir dann gern einen minderbegabten Regisseur vor, der skeptisch und unzufrieden über die Szene blickt. »Nee, also nee, das sieht doch scheiße aus! So geht das nicht, stellt mir da mal was hin, ein paar Möbel oder so, das sieht ja nach nichts aus da!«

Und dann stehen da immer ein paar Möbel auf dem Fußweg, um die sich ordentlich arrangiert und optisch reizvoll vielleicht einige Topfpflanzen gruppieren, und am Rande des Bildes ist möglicherweise ein Tisch zu sehen, auf dem Schnittchen liegen und Getränke stehen, Catering also. Das mag ja beim Film so sein, dass bei Außenaufnahmen das Catering am Rande des Sets steht, aber bei Umzügen ist die Küche nie weit, also wird eigentlich immer drinnen gegessen.

Wissen Sie, was doppelte Arbeit ist? Doppelte Arbeit ist, wenn ich einen schweren Bücherkarton von der Ladekante nehme und mich bücke beziehungsweise in die Knie gehe, um ihn auf die Straße zu stellen, damit ich mich später noch einmal bücken muss, um ihn wieder hoch zu nehmen und ins Haus zu tragen. Wer kommt auf solch einen Blödsinn? Regisseure, die ihrem eigenen Bild nichts zutrauen.

»Ja, geil, lass uns den Schrank noch einmal hinter die Bushaltestelle bringen, bevor wir ihn ins Haus schaffen!«

Schwachsinn. Runter vom Lkw, rein ins Haus, so geht das.

Zugegebenerweise war das nicht immer so, aber bei Möbelpackern, die wie Möbelpacker im Film die typische Möbelpackeruniform tragen, also als Profis dargestellt werden, muss man das voraussetzen.

In meiner Zeit bei Ameise habe ich natürlich ganz andere Sachen erlebt. Mein erster Umzug mit Ameise war sogar fast eine Ausnahme, was die Professionalität betrifft, mit der er über die Bühne ging. Ich glaube, die äußeren Umstände der Frau, die heimlich ihren Mann verlassen wollte, hatten dazu beigetragen, dass sich jeder von uns besondere Mühe gab. Außerdem schienen zufälligerweise alle außer mir unverkatert zur Arbeit gekommen zu sein. Besonders Magnus habe ich da später ganz anders erleben können.

Manchmal kam er morgens direkt aus der Kneipe zur Arbeit und wenn ich an Tarzan zurückdenke, habe ich gleich den Geruch von an der Ladekante frisch entzündeten Joints in der Nase. Einzig Janne schien stets nüchtern dabei zu sein, war dann aber doch nicht so sehr der Möbelprofi, wie ich an meinem ersten Tag gedacht hatte. Alle machten hin und wieder Fehler, aber Janne machte manchmal grobe Fehler. Ich erkannte das damals nicht immer gleich, aber heute weiß ich es besser.

Ein Beispiel wäre eine Vitrine mit Glastüren. Grundsätzlich werden Schränke, Vitrinen, Kommoden und ähnliche Möbel mit der Rückseite zum Treppengeländer getragen. Eigentlich werden alle Möbel mit der Rückseite zum Geländer getragen. Das hat den einfachen Grund, dass, wenn man mal in enger Kurve gegen das Geländer stößt, man es eben mit der Rückwand touchiert und nicht mit der Glastür, was dann ja auch Scherben verursachen würde. Stets trägt man so, dass oben oben und unten unten ist, und außerdem bindet man die Türen zu. Die Schlösser der Schränke dienen dazu, das stehende Möbel zu verschließen. Sobald der Schrank geneigt wird, versagen die Schlösser und die Türen schwingen auf.

Auf einem der ersten Umzüge trug ich mit Janne eine Vitrine mit Glastüren aus der Wohnung heraus, und zwar nicht zugebunden, mit den Türen zum Geländer und kopfüber. Kaum dass wir uns in die Treppenschräge begaben, kamen mir auch schon die Türen entgegen, denn die waren nur eingehängt und nicht verschraubt. Wir hatten Glück. Es gab keine Scherben und keine Kratzer, aber das ist es, was ich meine. Der Job sieht so leicht aus, dass man meinen könnte, jeder Idiot würde ihn beherrschen, und das ist ja auch so, wenn der Idiot die Unmenge an Dingen berücksichtigt, die man beachten muss. Herrgott! Es geht darum, den kompletten Haushalt anderer, vielleicht extrem pingeliger Leute zu transportieren. Da muss man einfach wach sein und wissen, was man zu tun und zu beachten hat, um keine Scheiße zu bauen. Die Leute denken immer, das sei alles nur Schlepperei. Manchmal ist es fast weniger. Meistens ist es erheblich mehr.

Full Service. Das kann der Hammer sein. Man weiß manchmal nicht, wo einem der Kopf steht, wenn man neunzig Kubikmeter Hab und Gut demontieren, verpacken, verladen, entladen, auspacken und wieder montieren soll. Es bedarf einer Menge Erfahrung, um eine solche Aktion in entspannter Routine zügig über die Bühne zu bringen.

Bei Ameise hatte niemand diese Erfahrung. Ameise war gut für reine Transportumzüge bis zu dreißig Kubikmeter. Alles, was darüber hinausging, wurde zum Abenteuer. Aber große Full-Service-Aktionen waren auch die Ausnahme im Kollektiv.

Im Nachhinein kommt mir Ameise dann auch vor wie ein Spielplatz, auf dem alle möglichen Leute mal spielten, wie es wohl wäre zu arbeiten. Wir hatten viel Spaß miteinander, aber irgendwann war dann auch Feierabend und es war Zeit für das große Reinemachen. Eine Firma kann im modernen Konkurrenzkampf nicht bestehen, wenn die Chefs von ihren Angestellten jeden Tag ungefähr fünfmal ein »Leck mich doch am Arsch!« zu hören kriegen, wenn zur Arbeit gekommen wird, wie es einem gerade passt, wenn nach Feierabend die Bierkisten ins Büro geschleppt werden und wenn Umzüge abgebrochen werden, weil der Kunde mal eine dumme Bemerkung gemacht hat.

Es war eine tolle Zeit für mich, um – genau – mal zu sehen, wie es ist zu arbeiten, aber dann war irgendwann Schluss. Das Kollektiv zerstritt sich, einer blieb übrig, zahlte die anderen aus und dann nahm er den Besen und fegte all jene hinaus, die er wohl in der Zeit davor auf seine schwarze Liste gesetzt hatte. Das waren ungefähr achtzig Prozent der Belegschaft. Heute schmeißt er als Chef den Laden allein und hat eine Stammbelegschaft, die sich so benimmt, wie die Allgemeinheit das von Möbelpackern erwartet.

Ich war damals erst einmal wieder arbeitslos und hätte mein altes Leben voller Freizeit wiederaufnehmen können, aber die Gewohnheit, Geld in der Tasche zu haben, trieb mich dazu, neue Jobs in den Möbeln zu suchen. Etwas anderes fiel mir einfach nicht ein, ich konnte ja nichts, hatte nix gelernt.

Ich hab dann auch hier und da in anderen Firmen gearbeitet, aber das waren alles Firmen, in denen wirklich nur diese grauenhaften Abziehbilder von Klischeemöblern unterwegs waren, vor denen es mich früher schon gegraust hatte.

»Kolonne Horst, bitte bereit machen!« Ah, bäh! Und dann ist man da mit »Horst« unterwegs und sitzt zwischen gesichtslosen Kollegen, die alle nur darauf warten, was »Horst« ihnen sagt. Nicht für zwei Gehirnzellen eigene Gedanken im Kopf, was die Arbeit betrifft, und nicht für eine Gehirnzelle mehr Gesprächsstoff im Kopf, als welchen Witz Anke Engelke gestern im Fernsehen erzählt hat. Furchtbar!

Zugegeben, ich bin jetzt ungerecht und überheblich und es gab natürlich überall ein paar Leute, mit denen ich dann doch irgendwie konnte, aber das Einzige, was zählt, ist doch das Gesamtbild. Manchmal habe ich mit dem einen Kollegen, mit dem ich mich dann doch gut verstand, einfach nur Blicke tauschen müssen, um zu wissen, dass er sich genauso wie ich fragte, was zum Teufel er in dieser Firma eigentlich verloren hatte.

Wenn man einen enormen Teil seiner Zeit mit Leuten verbringt, dann sollte es doch ein paar Gemeinsamkeiten geben, und ich brauchte nun mal keinen »Kolonnenführer«, der mir zu jedem Stuhl eine Meinung aufdrücken wollte, wie der zu tragen sei, und ich brauchte keine Kollegen, die mit mir über das Fernsehprogramm des Wochenendes reden wollten oder gar über Fußball.

Ich habe mich mit der Zeit damit abgefunden, dass grässlich viele meiner Kollegen und Bekannten sich für Fußball interessieren, aber ich freue mich immer wieder, wenn mit ihnen auch andere Themen angeschnitten werden können.

Das Schlimmste an den gewöhnlichen Firmen war, wie sehr ich die Atmosphäre, die bei Ameise geherrscht hatte, vermisste. In den gewöhnlichen Firmen gab es eine unerträgliche Hierarchie, der sich die meisten der Malocher ohne Murren unterordneten, als hätten sie in ihrem Leben nie etwas anderes gekannt. Ich halte es einfach nicht aus, wenn irgendein Speditionschef mich als sein Eigentum betrachtet, und so wurde ich in regelmäßigen Abständen immer wieder arbeitslos.

Meinen ersten dieser Jobs verlor ich, nachdem der Kolonnenführer mich aus nichtigem Anlass vor der Kundschaft zur Sau gemacht hatte. Nichtige Anlässe gibt es in den Möbeln übrigens zuhauf, aber man klärt das untereinander und nicht, während die Kundschaft danebensteht.

Ich hatte mich erdreistet, für mich selbst zu denken, während einer Unterbrechung des Ladevorgangs, in der der Kolonnenführer mit dem Ehepaar, das wir umzogen, eine unvorhergesehene Situation zu besprechen hatte. Es ging um ein zu transportierendes Klavier, das nicht im Kostenvoranschlag vermerkt war. Zusätzliche Vertragsvereinbarungen waren zu regeln und ein Telefonat mit dem Chef war zu führen, was insgesamt mindestens zehn Minuten dauern würde. Zehn Minuten, in denen der Umzug nicht weitergehen würde. Ich nahm daher das Angebot der Großmutter, die ich in der Küche traf, dankend an und schenkte mir einen frisch aufgegossenen Kaffee ein. Außerdem, natürlich erst, nachdem ich mich erkundigt hatte, ob es gestattet sei, zündete ich mir eine Zigarette an. Bei Ameise hätte das jeder so gemacht, denn bei Ameise war klar, dass jeder diese Situation eigenständig erkennt und gewissermaßen eigenverantwortlich begreift, wie lange die Arbeitsunterbrechung dauern würde. Nicht so in der Firma, in der ich an jenem Tag beschäftigt war. Ich bekam gar nicht mit, was die anderen Kollegen taten, bis der Kolonnenführer in der Küchentür erschien.

»Hast du noch alle Tassen im Schrank?«, herrschte er mich an und ich glotzte verdutzt. Die Großmutter wich einen Schritt zurück und hielt sich am Gasherd fest. Hinter dem Kolonnenführer sah ich die restlichen Kollegen im Flur in Reih und Glied stehen, bereit, weitere Befehle, die den Verlauf des Umzugs betrafen, zu empfangen. Ein seltsames Gefühl von »Wie sind die denn drauf?« wollte versuchen, mich zu durchströmen, da stand aber der Führer schon direkt vor mir. Hier würde nicht Pause gemacht, wie sich das jeder denke, sondern er würde bestimmen, wann der Zeitpunkt gekommen sei, wollte er schreien, bevor er sich darauf besann, dass er sich in fremdem Hause befand, also knirschte er nur: »Mach sofort die Zigarette aus!«

»Geht's weiter?«, fragte ich, zog ein letztes Mal an meiner Zigarette und drückte sie im Aschenbecher aus. Ich hatte nichts zu verlieren. Die Ausstrahlung der erschrockenen Großmutter, die mir den Kaffee angeboten hatte, machte mir klar, wer hier das Arschloch war, und die Ausstrahlung der im Flur erstarrten Kollegen machte mir klar, dass ich in dieser Firma nichts zu suchen hatte.

Klar, Pausen werden gemeinsam gemacht, das ist so. Aber wenn sich die Gelegenheit nun einmal ergibt, dann wird sie ergriffen, dazu braucht niemand eine Genehmigung. Die in Hab-Acht-

Stellung verharrenden Kollegen auf dem Flur hatten davon keine Ahnung und der Kommandant in der Küche erst recht nicht.

»Willst du mich verarschen?«, fragte der Hilfshitler jetzt, wobei er versuchte, einen drohenden Ton klingen zu lassen. Aber solche Leute verarscht man nicht. Während ich aus meinem Stuhl aufstand, versuchte ich, ihn zu ignorieren. Ich reichte der Großmutter die Hand, bedankte mich herzlich für den leckeren Kaffee, erklärte ihr, dass ich nun leider gehen müsse, und schob mich am Arschloch vorbei in den Flur, von wo aus ich die Haustür suchte.

Diese armen netten Menschen, die sich solche Möbelpacker ins Haus schicken lassen mussten!

Der Umzug fand nahe der Außenalster statt und so hatte ich die Gelegenheit zu einem netten Spaziergang, anstatt mich bei der Arbeit von einem idiotischen Oberfeldwebel drangsalieren zu lassen. Während ich am Wasser entlangschlenderte, genoss ich das Gefühl meiner Freiheit. Ich konnte tun und lassen, was ich wollte. Ich konnte immer gehen. Ich war frei. Ich hatte keine Familie zu versorgen und musste eigentlich immer nur gerade so viel Geld auftreiben, wie ich zum Leben wirklich brauchte. Die Luft war klar, das Wasser plätscherte und die Enten schnatterten. Es war genau richtig, was ich getan hatte.

Später auf meinem Weg trank ich ein Bier und war mir sicher, dass ich auch ohne den Job in dieser Drecksfirma über die Runden kommen würde.

Am späten Nachmittag kam ich zu Hause an und bald klingelte das Telefon. Der Chef war dran. Er war mir gegenüber immer ein wenig skeptisch gewesen, aber er hatte begriffen, dass ich was konnte, und gerade in schwierigen Zeiten greift jeder gern auf Kompetenz zurück. Allerdings darf diese Kompetenz auf keinen Fall in irgendeiner Art und Weise aufmüpfig sein. Zugegebenerweise war gerade diese Firma extrem in ihrer Art. Es gab auch »normale« Umzugsfirmen mit netter Atmosphäre, aber da musste man dann vielleicht trotzdem Latzhosen tragen. Ich gestehe: Das habe ich Ende der Siebziger sogar mal freiwillig gemacht, aber seitdem ist mir auch klar, dass ich das nur noch mache, wenn es absolut notwendig ist, und das ist nun einmal in den Möbeln eindeutig nicht der Fall.

»Das war es dann wohl«, sagte der Chef am Telefon.

»Leck mich am Arsch«, sagte ich.

»Du kannst dir deine Papiere holen.«

»Die kannst du mir schicken.«

»Du findest nie wieder einen Job in der Branche!«

»Ey, Mann, geh aus der Leitung, ich erwarte einen Anruf.«

Abends war ich verzweifelt. Ich hatte einen Job, den ich konnte. Ich hatte einen Job, mit dem ich klarkam. Es hätte doch alles so einfach sein können! Da gab es eine schwere Arbeit, die erledigt werden musste, und da gab es Leute, die Arbeit brauchten, und wenn alle sich zusammenrissen, dann könnte das zum Vorteil aller erledigt werden. Alles, was der Arbeiter neben einer anständigen Entlohnung seiner Arbeit brauchte, war Respekt. Das ist ja nun mal so. Niemand will für das, was er tut, mangelnden Respekt erfahren.

»Hey, was, du machst das hauptberuflich? Na ja, nicht gerade toll, aber den Job eben, den hast du geil erledigt. Danke.«

So. Das ist schon alles. Anerkennung für das, was man tut, weil man es gut gemacht hat, und keine Anerkennung, die irgendein Chef einem hündisch Untergebenen wangentätschelnd zukommen lässt.

Aber ich wusste damals noch nicht, wie egal es ist, wie gut man was gemacht hat. Das Einzige, worauf es bei uns ankam und immer ankommen wird, ist die Gewinnspanne, nicht wahr?

Eines der Hauptinteressen des Unternehmers ist es, den Arbeitnehmer im Rahmen der Möglichkeiten effektiv auszubeuten. Das meint, wenn eine neue Erfindung gemacht wird, die die Arbeit aller erleichtert, dann heißt das nicht, dass zwei Arbeiter weniger arbeiten müssen, um auf ihr Geld zu kommen. Das heißt dann, dass einer so weitermalocht wie vorher und der andere gefeuert wird.

Die meisten utopischen Romane aus der ersten Hälfte des zwanzigsten Jahrhunderts haben in ihrer naiven Weise davon geschrieben, wie in einer fernen Zukunft einmal die Maschinen den Menschen die Arbeit abnehmen würden.

Haha!

H. G. Wells war einer der wenigen alten Science-Fiction-Schreiber, die es begriffen hatten, und das lag wohl nicht zufällig daran, dass er dem Sozialismus zugeneigt war. Aber das ist eine andere Geschichte. Heutzutage sieht es ja so aus, dass der eine zu Hause sitzt, mit seiner unerwarteten Freizeit arbeitsloserweise nichts anzufangen weiß und sich menschenunwürdig überflüssig fühlt, während der andere sich weiterhin den Arsch abmalocht und das Ganze dabei bedauerlicherweise auch noch als vollkommen in der Ordnung seiend betrachtet.

Ich habe das später einmal einem Kollegen aus dem Osten, der es dann auch noch nicht kapierte, gesagt: »Willkommen im Kapitalismus, Mann!«

Ich probierte dann später noch einige andere Firmen durch, in denen es mal besser mal schlechter ging, aber der Grundton war immer der gleiche: Im Grunde bist du nichts und du hast gefälligst zu tun, was dir gesagt wird.

Es war zum Kotzen.

In jener Zeit, in der ich mich, auch aufgrund meiner tollen Erfahrungen bei Ameise und aufgrund meiner miesen Erfahrungen in anderen Firmen, gefragt hatte, warum es denn nicht einfach möglich sein kann, dass Leute eine ehrliche Arbeit ehrlich erledigten und dafür ehrlich entlohnt würden, wurde *Spartacus* von Stanley Kubrick mein Lieblingsfilm. Ich träumte von Aufständen der Unterdrückten und Ausgebeuteten und war mir bald sicher, dass ich nie, nie, nie wieder in den Möbeln arbeiten würde – da hörte ich zum ersten Mal von Verhuizer.

Ein Bekannter hatte mir am Nachmittag in der Kneipe den Tipp gegeben, abends zu dem Konzert der Heavy-Metal-Band eines seiner Freunde zu gehen – denn »Die sind richtig geil!«, wie er meinte. Ich war zwar kein richtiger Metalfan, aber ich hatte nichts weiter vor und ein bisschen harter Rock schien mir in meiner Verfassung eigentlich gerade das Passende zu sein.

Das Konzert fand in einer Kneipe in Ottensen statt. Ich hatte es also nicht weit und ich wusste, dass die Eintrittspreise in jener Kneipe zivil waren, sodass es einen Versuch wert war, selbst wenn mir die Band dann doch nicht zusagen würde. Die Kneipe bestand aus einem vorderen Raum mittlerer Größe und einem etwas kleineren hinteren Raum, in dem die Konzerte stattfanden. Dieser Raum war dann auch während des Konzerts total überfüllt und weil ich dieses Sardinengefühl schon lange nicht mehr ertragen konnte, zog ich mich bald an den Tresen im angenehm leeren Schankraum zurück. Von dort aus konnte ich der gar nicht mal so schlechten Musik lauschen, während ich langsam ein Bier nach dem anderen in mich reinlaufen ließ.

Nach einer Weile fand sich an einem Tisch hinter mir eine Gruppe verschwitzter, schwer angetrunkener Metalfans zu weiterem Betrinken zusammen, aus deren Gespräch ich alsbald immer wieder Vertrautes vernahm. Von »Metern« war da die Rede, von »Schwergutzuschlag«, von blöden Kunden und natürlich von »Reibe« (meint: Trinkgeld).

Mit dem Bierglas in der Hand drehte ich mich zu der Gruppe um und lauschte ihrem Gespräch, bis einer von ihnen, der kaum noch die Augen offen halten konnte, mich anglotzte.

»Is was?«

Seine Arme waren über und über tätowiert, die Haare trug er lang, er war in Arbeitskluft gekleidet (Veddelhose mit enormem Schlag, kariertes Baumwollhemd und Weste).

»Seid ihr Möbelpacker?« Er grinste besoffen. Und dann, während die anderen wieder in den hinteren Raum zum Konzert torkelten, lernte ich Sunny kennen. Er setzte sich zu mir an den Tresen, wir tranken zusammen Schnaps und ich klagte über meine Erfahrungen mit den Firmen, in denen ich das letzte Jahr über gearbeitet hatte.

»Komm doch mal zu Verhuizer«, sagte Sunny. »Die brauchen immer mal jemanden.«

Kapitel 4

DURCHGESUMPFT IM FREMDEN HEIM

»Möbelpacker können nun einmal extrem tolerante Leute sein. Sie müssen das, sonst haben sie einfach keine Chance, ihren Job zu überleben.«

Ich weiss nicht, ob es an seinem Nachnamen lag, dass Jan van Zaelen seiner Umzugsfirma einen holländischen Namen gegeben hatte, oder daran, dass er als Jugendlicher gern in Amsterdam wochenlang von Coffeeshop zu Coffeeshop gezogen war. »Niederländisches Blut« hatte sich in der Reihe seiner Ahnen schon lange verloren und er bestand darauf, dass er Deutscher sei. Nicht mit Stolz, sondern aus Abscheu.

»Ach, leck mich!«, pflegte er zu sagen, wenn man ihn auf seine Familie ansprach. »Spießiges deutsches Dreckspack!«

Dem lag ein typischer Vater-Sohn-Konflikt zugrunde. Als Hoffnung einer Spediteursfamilie in Hannover aufgewachsen, hatte Jan sich den Wünschen des Vaters schon früh widersetzt. Mit dreizehn hatte er angefangen zu kiffen, mit dreizehneinhalb saß er das erste Mal in Amsterdam am Tresen eines Coffeeshops und fiel nach dem Genuss eines allzu heftigen Chillums leichenblass rückwärts vom Hocker.

»Geil«, hat er damals angeblich gesagt, als er die Augen wieder aufgekriegt hat.

»Aus dir wird nie was werden!«, war der Standardspruch des enttäuschten Vaters gewesen, der wenigstens sechzig Hängerzüge im ständigen Einsatz in ganz Europa hatte.

»Das ist doch peinlich!«, pflegte der Sohn das Geschäft seines Vaters zu beurteilen. »Du hängst hier gemütlich mit deinem fetten Wanst und lässt unterbezahlte Trucker sich für dich kaputtarbeiten. Scheiße!«

»Du hast nichts drauf«, sagte der Vater jahrelang.

»Ha!«, lachte der Sohn. »Das mach ich aber dreimal geiler als du und außerdem werden meine Leute auch noch gern für mich arbeiten!«

Der Vater winkte ab und machte seinem Sohn klar, dass er ihn für absolut untauglich hielt.

Jan flüchtete nach Hamburg und verlebte drogengeschwängerte Jahre auf der Reeperbahn. Jahr für Jahr im Dezember, wenn er der Mutter zuliebe zum Weihnachtsfest nach Hause kam, musste er den Spott des Vaters über sich ergehen lassen.

»Na, wie läuft denn das Geschäft?«, pflegte er zu sticheln und wenn die Mutter nicht jedes Mal rechtzeitig dazwischengegangen wäre, hätte es nie ein Fest der Liebe im Hause van Zaelen gegeben.

Nach einer gewissen Zeit musste der Sohn dann handeln. Er hatte es wohl genau wie ich total satt, für andere Leute den Rücken krumm zu machen, aber im Gegensatz zu mir gründete er, nachdem er genug Erfahrungen in den Möbeln gesammelt hatte, sein eigenes Unternehmen. Er musste nicht nur selbstständig werden, er hatte es obendrein auch noch seinem Vater zu beweisen.

Er kündigte seinen Bausparvertrag, nahm verschiedene Kredite auf und fand schließlich einen verlässlichen Partner aus früheren Möblerzeiten, mit dem er das Unternehmen »Verhuizer-Umzüge« gründete.

»Verhuizer« ist Holländisch, heißt nichts anderes als »Möbelpacker« und wird etwa »Verhauser« ausgesprochen, was ich auf Anhieb lustig fand. Wir verhausen Sie von einer Hütte zur nächsten.

Ein paar Tage nachdem ich Sunny auf dem Heavy-Metal-Konzert getroffen hatte, rief ich bei Verhuizer an und hatte auch sofort Jan van Zaelen am Apparat.

»Verhuizer-Umzüge, van Zaelen«, meldete er sich.

»Ja, äh, Wollny mein Name, ich wollte fragen, ob Sie vielleicht was zu tun haben.« Da war es wieder. Ich hatte ein Anliegen, wollte einen Job und glaubte, dass ich mich gleich darstellen müsste. Aber van Zaelen war cool.

»Schon mal gemöbelt?«, fragte er.

»Klar«, sagte ich. »Seit Jahren.« Und dann unterhielten wir uns eine Weile, in der mir das »Sie« irgendwann von ganz allein abhanden kam.

»Wie kommst du eigentlich auf uns?«, fragte van Zaelen plötzlich und ich erzählte von Sunny, den ich auf dem Konzert getroffen hatte. Am anderen Ende der Leitung spürte ich van Zaelen lautlos lachen. »Hat es dir gefallen?«, fragte er.

»Geht so.«

»Ich find die auch nicht so geil«, sagte er. »Außer Zorno, der hat es drauf. Möbelschleppen kann er ja nicht, aber an der Klampfe ist er ein Gott.«

Und da fiel es mir dann wieder ein. In der kurzen Zeit, in der ich der Band gelauscht hatte, hatte ich es ähnlich empfunden. Eine Band, die sich redliche Mühe gab und auch gar nicht schlecht war, aber vorne ein Mann an der Gitarre, der alle anderen in die Ecke spielte, und das ganz ohne Absicht, sondern einfach nur, weil er völlig weggebeamt in anderen Sphären unterwegs war. Ein Könner eben, der aus der Mittelmäßigkeit der Band hervorstach.

»Ich weiß ja nicht, wie er Möbel schleppt«, sagte ich. »Aber das mit der Klampfe stimmt. Nur schade, dass ich so wenig davon mitgekriegt habe. Ich kann nämlich überfüllte Konzerte nicht ausstehen.«

»Geht mir ähnlich«, sagte van Zaelen. »Also, was ist? Kommst du morgen vorbei, oder was?«

»Klar«, sagte ich.

Und am nächsten Nachmittag machte ich mich auf zum Hof von Verhuizer, der angenehmerweise nur einen Stadtteil weiter lag.

Als ich auf dem Gelände ankam, hätte ich verschiedenen Dingen meine Aufmerksamkeit schenken können, doch die bekam ich erst später mit. Dinge wie den geräumigen Parkplatz, auf dem zwei Hängerzüge standen, sowie drei Siebeneinhalbtonner. Dinge wie den lauten, amateurhaften Garagenrock, der aus einem der hinteren Lagerräume zu kommen schien, oder die drei abgewrackten Langhaarigen mit Bierdosen in den Händen, die um zwei schwere Motorräder herumfachsimpelten. Aber von all dem, von der Atmosphäre, die das Gelände bestimmte und die ich bestimmt sofort als angenehm empfunden hätte, bekam ich erst einmal fast rein gar nichts mit, denn aus dem Haupteingang im Erdgeschoss trat die wohl schönste Frau, die ich in den letzten Jahren gesehen hatte, wenn man mal von der Schönen Hilde absah, aber die Schöne Hilde war schon viel zu lange schön, als dass sie mich noch derartig hätte vom Hocker hauen können, wie es jetzt die junge Erscheinung auf dem Hof von Verhuizer tat. Während sie im vollen Bewusstsein, dass die Welt einzig und allein dazu bestand, ihr zu gefallen, den Typen bei den Motorrädern ein »Tschühüs!« zuwinkte, scannte meine Optik die Formen unter Rock und T-Shirt wie die subjektive Kamera in der Kneipensequenz am Anfang von *Terminator 2*, und als im Scannermenü immer wieder »Match! Match! Match!« aufleuchtete, rauschte ich einem parkenden Auto ins Vorderrad. Ich drohte zu stürzen und sah mich schon über die Kühlerhaube hinwegfliegen, aber wunderbarerweise erlangte ich sofort die Kontrolle über das Fahrrad und brachte mich zurück auf Spur.

Während ich noch versuchte, möglichst cool zu gucken, flog mein scannender Blick über ihre einladenden Brüste und den Schwung ihrer Hüften (unter dem Rock, der so tat, als wäre er durchsichtig), verweilte für einen Moment auf ihren Lippen, um dann einen verpasst zu bekommen, von ihren Augen, die meinen Stunt amüsiert kommentierten.

»Hi!«, strahlte sie mir entgegen, bevor sie an mir vorbei die Straße hinunterlebte, und als mir klar wurde, dass in diesem »Hi« genauso viel freundliche Unschuld wie wohldosierte Erotik mitklang, begriff ich, dass es tatsächlich Pferdeschwänze gab, die erst im Schlafzimmer geöffnet werden durften.

»Mo... moin«, versuchte ich noch, aber da war sie schon weiter. Wow!, dachte ich, während ich ihr und ihrem Hintern nachsah, der genau die Grenze zu kennen schien zwischen einem fröhlichen Die-Straße-Hinuntertänzeln und einem provokativen Wackeln. Diese Frau hatte es drauf, ihre Erscheinung haarfein auszubalancieren.

Fast hätte ich vergessen, weshalb ich gekommen war, aber als ich bemerkte, wie ich die inzwischen leere Auffahrt hinabglotzte, fiel es mir wieder ein. Man kann nicht alles haben, sagte ich mir und stellte mich in Gedanken unter eine kalte Dusche.

Ich schloss mein Fahrrad neben dem Eingang an und stieg in den ersten Stock hinauf, wo das Büro von Verhuizer lag.

Es war ein großer Büroraum, in dem vier Schreibtische standen, von denen nur einer besetzt war, und zwar von einem Typen, von dem ich sofort dachte, er müsse Jan van Zaelen sein. Die linke Hand mit dem Telefonhörer am Ohr, die rechte im linken Arm eingehängt, saß er zurückgelehnt in seinem Stuhl und lauschte. Er wirkte kaum größer als ich, dafür etwas breiter, trug halblange blonde Haare, abgewetzte Klamotten und war unrasiert.

»Ja«, sagte er in die Muschel, »dann machen Sie das doch!« Und damit schmiss er den Hörer auf die Gabel.

»Wer war das denn?«, fragte ein Typ, der mit einem Stapel Papier in der Hand aus einem Nebenraum auftauchte.

»Keine Ahnung«, sagte van Zaelen. »Irgend so ein Typ, der sich mit ›Ja, hier ist Oberwachtmeister Soundso‹ gemeldet hat und sagte, er würde gern umziehen!«

Die beiden lachten eine Weile, bis ich es auch kapiert hatte und beginnen wollte, mich wohlzufühlen, als van Zaelen mich anguckte. »Und du?«, fragte er.

»Wir haben gestern telefoniert«, sagte ich.

»Karsten?«, fragte er. Ich nickte. »Willst du ein Bier?« Ich nickte wieder. Kurz darauf saßen wir zusammen, tranken Bier und besprachen rein gar nichts, was mit Möbeln zu tun hatte, sondern plauderten über Sunny, die Kollegen, die ich beim Konzert getroffen hatte, und über die Garagenband, die im hinteren Lager ihren Proberaum hatte und demnächst mit dem Proben fertig sein würde.

»Dann kann ich mal wieder die Gitarre treten«, sagte Jan und grinste. Er war kein Gitarrist, wie ich später feststellen sollte, aber hin und wieder griff er gern mal in die Saiten, und zwar mit voller

Möblerpranke, um mit immenser Spielfreude das immer wieder gleiche Riff zu daddeln. Das Einzige, das er konnte.

»Du spielst nicht zufällig Schlagzeug?«, fragte er beim zweiten Bier.

»Na ja«, sagte ich. »Vor Jahren hab ich mal …«

»Geil«, sagte Jan, während er das Klingeln des Telefons ignorierte. »Wir gehen gleich rüber, wenn die anderen fertig sind.«

Dann kam ein offensichtlich extrem bekiffter Typ mit langen Dreadlocks ins Büro gelatscht, der eine Gitarre in der Hand trug. »Ey, ich brauch mal 'n Schraubenzieher.«

»Jan«, sagte im gleichen Moment der andere, der vorher aus dem Nebenraum aufgetaucht war, von seinem Schreibtisch aus, während er die Hand vor die Muschel hielt. »Hier ist die Behringer. Die will wissen, wann sie endlich ihr Sofa geliefert kriegt.«

Jan zog sich den gestreckten Zeigefinger über die Kehle und flüsterte: »Ich hab Feierabend, denk dir was aus.« Er sah mich an und deutete mit dem Daumen auf den Typen am Telefon. »Das ist übrigens Rocky«, sagte er und grinste. »Mein Teilhaber«, fügte er hinzu, während Rocky ihn mit einem genervten Blick bedachte und sich daranmachte, die Kundin mit dem Sofa auf einen Termin in der nächsten Woche zu vertrösten.

»Ihr seid hier schon am Saufen?«, fragte der Typ mit der Gitarre, nicht ohne Gier im Blick.

»Quatsch«, sagte Jan. »Wir stoßen nur auf Karstens neuen Job an.«

»Ich hab einen Job?«, fragte ich. »Morgen«, sagte Jan. »Sechzehn Meter Full Service. Ich gehe mit raus. Können wir gleich mal sehen, ob wir miteinander klarkommen.«

Während wir gemütlich zusammensaßen und Bier tranken, hatte ich zwar keine Ahnung, was da großartig schieflaufen sollte, aber Überraschungen lauern bekanntlich überall. Der Typ mit der Gitarre wühlte in einer alten Werkzeugkiste und schlappte wieder nach draußen.

In der nächsten Viertelstunde beobachtete ich schweigend und trinkend, wie Jan noch ein paar Papiere ordnete, wobei er mir hin und wieder zuprostete.

»So«, sagte er dann. »Jetzt gehen wir erst mal 'n bisschen was rocken, oder wie?« Und wenige Minuten später saß ich im Übungsraum hinten im Lager mit einem Joint in der einen und einem Bier in der anderen Hand an einer durchgeholten Schießbude, bereit, mit meinem zukünftigen Chef in den Möbeln drogenverseuchten Amateur-Rock'n'Roll zu spielen. Volksmusik also.

Das Ganze hat sogar, nachdem ich mich erinnert hatte, wie egal es war, dass es schon Jahre her war, seit ich das letzte Mal am Schlagzeug gesessen hatte, eine Menge Freude gemacht, vor allem, weil man ja als völlig breite Seinsform eh immer alles geil findet, was man gerade produziert. Und so hatten Jan und ich ungefähr zwei Stunden reichlich Spaß im Übungsraum, bis wir beide gleichzeitig bemerkten, dass es langsam an der Zeit sei, einen Tresen anzusteuern, an dem wir dann auch bis gegen Mitternacht zusammen Schnäpse kippten, bevor Jan lallte: »Scheiße, Alter! Wir haben morgen sechzehn Meter Full Service! Vielleicht sollten wir mal langsam ins Bett.«

Au, jau!

Es ist schon nicht besonders angenehm, verkatert zur Arbeit zu gehen, aber mit dickem Schädel einen Full-Service-Umzug zu bewältigen gehört zum Unangenehmsten, was ich in den Möbeln erleben durfte. Wenn man angestrengt überschwere Kisten schleppt, dann ist das wenigstens etwas, mit dem man kämpfen kann, etwas, das einen ganz und gar fordern kann, etwas, bei dem man weiß, dass man es früher oder später überstanden hat.

Mit Schwindelgefühlen, sehr dickem Kopf, einem faden Kaffeegeschmack im Mund und kaltem Schweiß allüberall in einer engen, womöglich überheizten Küche zu stehen und mit zittriger Hand Cognacschwenker in Packseide zu wickeln – das ist die wirkliche Hölle. Ein Herz, das einer Leistungssportlerpumpe gleicht, weil es die Anforderungen an den Bluttransport durch einen mit Bücherkartons bepackten Treppenläuferorganismus kennt, dazu zu bringen, in besonderer Feinabstimmung sacht durch dünnwandige Gläser einwickelnde Fingerspitzen zu pulsieren, das ist etwas, das an einem verkaterten Morgen nahezu unmöglich erscheint und dennoch von dringender Notwendigkeit ist.

Dazu in einem, was das eigene Leben betrifft, völlig irrealen Raum zu stehen und eine absurde Tätigkeit auszuführen, die angesichts der Menge an durch und durch überflüssigem Geschirr scheinbar niemals ein Ende finden wird, das ist ein Erlebnis, das eigentlich gar nicht stattfinden kann. Das passiert nicht wirklich, das ist tote Zeit, die niemals vergangen ist und niemals vergehen wird. Und während immer wieder die Hausfrau in der Küche auftaucht, weil die Küche ja bekanntlich der Platz ist, an dem die Hausfrau ihr halbes Leben zu erledigen hat, muss man den ganzen Tag versuchen, das eigene Sein aus einer nebulösen, eher potenziellen Wirklichkeit heraus den gegebenen Koordinaten des Raum-Zeit-Gefüges anzugleichen. Ein hoffnungsloses Unterfangen, das ich oft nur bewältigte, indem ich mich dem Vertrauen hingab, dass es aller Physik zum Trotz eben doch einen einzigen objektiven Zeitverlauf gibt, der mich schließlich in den Feierabend führen würde.

Alleine schon das allgegenwärtige Geräusch raschelnder Packseide war fähig, mich immer und immer wieder zu lähmen und mich die Kunden verfluchen zu lassen, die es für nötig hielten, derartige Unmengen von Gläsern, Tassen, Kelchen und kristallenen Karaffen zu besitzen, nur zur Befriedigung eines einzigen Bedürfnisses. Ich brauchte dazu nur Wasser und Bier.

In klarem Zustand hätte ich natürlich dem anderen Bedürfnis, dem Bedürfnis nach Ästhetik, eine nicht gerade geringe Berechtigung eingeräumt, aber von einem klaren Zustand war ich Lichtjahre entfernt, denn Jan van Zaelens Anregung zum Aufbruch aus der Kneipe in der Nacht zuvor hatte keineswegs dazu geführt, dass wir uns ohne weiteren Trank in unsere Kojen begeben hätten.

Ich glaube, ich habe es in meinem Leben nie erlebt, dass ich eine neue Bekanntschaft gemacht habe, mit der ich mich auf Anhieb gut verstanden habe und von der ich mich dann mitternachts im besoffenen Einvernehmen getrennt habe, weil man ja »morgen arbeiten« müsse. Solches kenne ich nicht und Jan kannte solches wohl auch nicht, als wir in jener Nacht aus der Kneipe heraus auf die Straße traten.

Wir saßen schon im Taxi, als er den Fahrer anwies, einen Umweg über eine Nachttanke zu machen, und so landeten wir mit zwei Sixpacks im Büro, wo wir, nachdem wir vielleicht zwei oder drei Stunden geschlafen hatten, morgens um sieben von den ersten Kollegen geweckt wurden.

Jan war sofort hellwach und übernahm die Regie. Sechzehn Mitarbeiter mussten auf drei Umzüge geschickt, zweimal die Papiere den jeweiligen Leitern der Umzüge erläutert werden. Den dritten, unseren Full-Service-Umzug, würde Jan selbst leiten.

Während meine neuen Kollegen einer nach dem anderen im Büro eintrafen, versuchte ich, mich neben dem Sessel, aus dem ich des Nachts zu Boden gesunken sein musste, hin und her wälzend noch die eine oder andere Sekunde Schlaf zu ergattern, bis Jan mich mit dem Fuß in die Seite stupste.

»Ey, Kaffee is fertig«, sagte er. Ich raffte mich auf. Als wir uns angrinsten, erinnerte ich mich für einen Moment daran, dass er mein neuer Chef war, und als ich ihn mit den anderen Chefs verglich, die ich kennengelernt hatte, fragte ich mich für einen Moment, wie weit Vertrautheit zwischen Chef und Angestellten gehen darf. Ich hatte schließlich in traditionellen Firmen gearbeitet.

Ich sollte Jan van Zaelen noch in Situationen erleben, in denen ihm der freundschaftliche Umgang mit seinen Angestellten erhebliche Probleme bereiten würde, aber er nahm diese Probleme hin. Er wollte es so und das war cool. Später fragte ich mich oft, ob er wirklich über das traditionelle Verhältnis zwischen Chef und Angestellten nachgedacht hatte oder ob es bei ihm nur um den Konflikt mit seinem Vater ging. Aber diese Frage zu weit zu treiben, hieße, Jan van Zaelen nicht gerecht zu werden. Der Mann war einfach wirklich cool und ich hatte stets eine Menge Spaß mit ihm, auch wenn wir uns hin wieder heftig gestritten haben. Aber das gehört wohl dazu.

An jenem Morgen hatte ich nicht viel Zeit, über all diese Dinge nachzudenken. Als Erstes musste ich mich mal über die Toilette hängen, um zu kotzen. Dann konnte ich einen Kaffee trinken, den ich allerdings nach wenigen Minuten wieder von mir gab, bevor ich dann endlich den zweiten bei mir behalten konnte.

Leichenblass stand ich im Büro und wurde von den neuen Kollegen beäugt. Als ich Sunny entdeckte, nickte ich ihm zu, worauf er mich mit einem »Was willst du denn?«-Blick bedachte. Er konnte sich zwar an den Abend mit dem Metal-Konzert erinnern, nicht jedoch daran, mich getroffen zu haben.

Wir haben das dann im Laufe des Tages geklärt. Sunny sollte mir einer der liebsten Kollegen werden, die ich in den Möbeln getroffen habe.

Eine halbe Stunde nachdem ich das zweite Mal gekotzt hatte, saß ich mit einer Bande von sieben anderen Möbelpackern in einem Vierzehntonner, an dem ein Hänger hing und der von Jan gesteuert wurde – und war wieder einmal dabei, mich in einen dieser ganz normalen Haushalte in Deutschland zu begeben, in denen ein Leben gelebt wurde, das sich von dem Leben eines jeden von uns dermaßen unterschied, dass es mich oft gewundert hat, wie es sein konnte, dass Umzüge stattfanden, die ohne Probleme über die Bühne gingen.

Aber na ja, Möbelpacker können nun einmal extrem tolerante Leute sein. Sie müssen das, sonst haben sie einfach keine Chance, ihren Job zu überleben.

Einen Vorteil hat das Packen der Küche bei einem Full-Service-Umzug: Man hat seine Ruhe. Das Packen der Küche dauert meistens am längsten und wer sich zwischen Tassen, Bechern, Gläsern und Töpfen vergräbt, muss selten einen Gedanken an den Rest des Umzuges verschwenden.

Es kann jemand eine riesige Bibliothek besitzen, die den Möbelpacker im ersten Moment staunend erschrecken lässt, aber die Bücher sind schneller verpackt als das Geschirr in der Küche. Bücher stellt man einfach in den Karton hinein, beim Geschirr muss jedes Stück einzeln in Packseide gewickelt werden.

Mir war dieser Umstand nach durchzechter Nacht oft willkommen. Ich mochte nicht gern kommunizieren müssen, wenn ich verkatert war. In der Küche konnte ich die Tür hinter mir schließen und in Ruhe vor mich hin leiden.

Der andere Vorteil am Packen der Küche war, dass kein Kunde sagen konnte: »Oh, das tut mir aber leid, die Kaffeemaschine hab ich schon verpackt.«

Nichts da, wenn wir die Küche packen, bleibt die Maschine bis zum Schluss draußen, und wenn der richtige Moment gekommen ist, wird bei der Hausfrau die Inbetriebnahme angeregt.

An meinem ersten Tag bei Verhuizer hatte ich, nachdem ich fünf Kartons gepackt hatte, den richtigen Augenblick erwischt und so war zur ersten Rauchpause der Kaffee gerade durchgelaufen.

Mit Bechern und Zigaretten in den Händen saßen wir am Lkw (im Haus der fünfköpfigen Familie war Rauchverbot) und tranken still unseren Kaffee. Mir war die Stille recht. Ich hatte keine Fragen an die neuen Kollegen, die ich früher oder später sowieso besser kennenlernen würde, und außerdem hatte ich schon oft genug Situationen erlebt, in denen in Rauchpausen mehr dummes Zeug gequatscht wurde, als ich mit dickem Kopf ertragen konnte.

Das Team an meinem ersten Tag bei Verhuizer bestand aus angenehm ruhigen Leuten, von denen nur ab und zu jemand eine Bemerkung murmelte, auf die er dann eine genauso gemurmelte Antwort erhielt.

Da war erst einmal Jan van Zaelen, der wie ich mit den Folgen der letzten Nacht zu kämpfen hatte. Dann war da Blondie, ein angenehm entspannter Charakter, mit dem ich später oft auf Ferntour fahren sollte.

Auf der Ladekante, mit dem Rücken an die Wand gelehnt, saß Hecke, ein alter Freund von Jan aus den Reeperbahnzeiten nach Jans Flucht nach Hamburg. Er war etwa einen Kopf kürzer als ich, sehr beweglich und hatte angenehmerweise fast immer gute Laune. Seinen Spitznamen hatte er aus der Zeit, in der er immer schlechtes, selbst angebautes Gras bei sich hatte, »Deutsche Hecke« eben. Gemütlich grinsend sah er beim Rauchen von einem zum andern und dachte sich seinen Teil.

Otis stand rauchend an den Lkw gelehnt und sah erschöpft auf den Boden. Ihm war der gestrige Abend, was immer Otis getan haben mochte, deutlich anzusehen. Wie ich nicht lange zu raten brauchte, war er nach Otis Redding benannt, dessen größter Fan er am Anfang seiner Laufbahn als Sänger gewesen war, bevor ihn der Konsum von Heroin ins Gefängnis gebracht hatte, wo er einen kalten Entzug durchzustehen hatte. Das Beste, was ihm hätte passieren können, wie er mir später einmal erzählte. Nachdem er aus dem Knast entlassen worden war, hatte er hart daran zu arbeiten, seinen Weg in das Musikgeschäft zurückzufinden, und in der Zwischenzeit sah er keinen anderen Weg, als sich mit der Möbelschlepperei durchzuschlagen.

Von allen Kollegen, die hin und wieder mal über die miesen Seiten unseres Jobs abkotzten, war er es, den ich am besten verstehen konnte. Genau wie er hatte ich eigentlich immer etwas anderes gewollt. Im Gegensatz zu Otis hat mich aber nicht das Heroin aus der Spur geworfen, sondern die eigene Unentschlossenheit, Ideen und Träumen konkret zu folgen, aber das ist eine andere Geschichte. Otis verstand sich selbst als Künstler und seine Arbeit als Knecht, zu der er gezwungen war, um sich über Wasser zu halten, nur allzu oft als Qual.

Etwas abseits saßen zwei Aushilfen, die von einer Zeitarbeitsfirma geschickt worden waren. Unscheinbare Gestalten, die gar nicht erst versuchten, ein Gespräch mit den wortkargen Leuten anzufangen, sondern sich leise miteinander unterhielten.

Jan van Zaelen griff nur in äußerster Not auf Zeitarbeitsfirmen zurück – wenn er mal mehr Leute brauchte, als er auftreiben konnte, denn er hasste diese Einrichtungen fast so sehr wie ich. Außerdem taugten meist nicht mal die Hälfte der Leute, die geschickt wurden, für die Möbelpackerei, viele hatten auch schlicht keine Lust, sich da groß zu engagieren. Ich konnte das verstehen: Jeden Tag woanders, wozu sollte man sich noch bemühen?

Schließlich war da noch Sunny. Sunny war ein Künstler. Nicht nur, dass er malen und tätowieren konnte. Auch seine Arbeit als Möbelpacker schien er immer wieder als eine Kunstform zu betrachten. Wenn er einen Schrank montierte, dann stand er nicht selten wie ein Bildhauer vor einer Skulptur und maß den Fortschritt seines Werkes ab. Wenn er eine Deckenlampe montierte, konnte das in eine Performance ausarten, und wenn er dem Fahrer eines Hängerzuges in engster Kurve Einweisung gab, dann wurde vollends ein Event daraus. An allen acht Ecken des Zuges (zwei mal vier – Lkw und Hänger) schien er gleichzeitig zu sein und der Fahrer brauchte eigentlich gar nicht mehr selbst zu gucken, sondern sich nur noch auf Sunny zu konzentrieren, dessen Gesten und Mienen jedem Pantomimen zum eingehenden Studium empfohlen seien.

Ich kenne eine ganze Zahl von Kollegen, die Sunny im Laufe der Zeit gestochen hat, und am Anfang habe ich mich oft gefragt, warum er das Tätowieren nicht zu seinem Hauptberuf gemacht hat. Ich bin dann zu dem Schluss gekommen, zu dem schließlich alle gekommen sind, die ihn kannten: Es wird am Alkohol gelegen haben. Wer viel trinkt, bei dem mag es so sein, dass er es unter dem Druck eines Arbeitgebers schafft, sich morgens aufzuraffen, der mag aber Schwierigkeiten haben, sich selbst in den Arsch zu treten und etwas Eigenes aufzubauen.

Wahrscheinlich spielten bei Sunny auch noch andere Gründe eine Rolle, ich weiß es nicht, und es ist mir dann auch egal. Ich bewunderte die Art, wie er arbeitete.

Mit ihm zusammen schweben selbst schwere Schränke durchs Treppenhaus und wenn etwas sehr, sehr Empfindliches verpackt werden muss, dann sollte das stets Sunny anvertraut werden.

Wenn da ein Kaktus steht, dünn wie mein Unterarm, aber zwei Meter hoch, wackelig in einem kleinen Topf, dann würde da jeder Kollege eine Decke drumwickeln und der Kaktus käme heil am Ziel an, oder eben nicht. Wenn Sunny das Ding verpackt, dann steht er wieder davor wie der Bildhauer, nimmt Maß und hat ruck, zuck die richtige Menge Luftpolsterfolie von der Rolle geschnitten, die er braucht, um erst einmal die Pflanze zu umwickeln, bevor er mit seinem Messer einen Umzugskarton zerschneidet und die perfekte Verpackung baut, in der das Gewächs dann auch garantiert unversehrt im neuen Heim der Kundschaft ankommt.

Überhaupt: Sunnys Messer. Er trug es stets an seinem Gürtel und ich habe einige Nachahmer erlebt, die wie er behaupteten, das sei keine Waffe, sondern ein »Werkzeug«, aber einzig Sunnys Messer war das wirklich und deswegen haben die Nachahmer ihr Messer auch nie sehr lange getragen. Wo andere Monteure eine ganze Werkzeugkiste brauchten, wo einige etwas Begabtere noch einen »Leatherman« benötigten, da kam Sunny mit seinem Messer aus. Aus einem schlichten Messer machte er ein Universalwerkzeug, mit dem er hämmerte, schraubte, hobelte, stanzte und was weiß ich nicht alles, und es hätte mich nicht gewundert, wenn er es auch noch als Kneifzange oder Zollstock eingesetzt hätte.

Jan van Zaelen, der am Anfang von Sunnys künstlerischer Ader ebenso begeistert war wie ich, hat sich bald schon darüber beschwert, dass Sunnys »Spielerei da« viel zu viel Zeit in Anspruch nehmen würde. Mich hat das nie gekratzt, selbst wenn wir Sunny dann auch mal länger in der Kette im Treppenhaus entbehren mussten. Gegen etwas Ästhetik und Anspruch bei der Arbeit hatte ich eigentlich nie etwas einzuwenden, schließlich will man nicht nur stumpf knechten, man hat ja sonst nichts. Außerdem pflegte Sunny mit seiner Art das Gesamtbild und die Kunden waren immer begeistert von seiner Sorgfalt.

Aber erzähl das mal einem gestressten Chef, der bei einem Festpreis auf den Stundenschnitt schielt.

Nachdem unsere Rauchpause zu Ende war, stellte ich in der Küche fest, dass, angesichts der Unmenge von Geschirr, die zum Fünfpersonenhaushalt unserer Kundschaft gehörte, fünf gepackte Kartons geradezu lächerlich wenig waren, und ich versuchte, nicht an die Stunden zu denken, die noch vor mir lagen. Inzwischen kam ich mit meinem Kater allerdings schon besser klar und statt Schwindel und Kopfschmerzen hatte ich bald nur noch Langeweile zu ertragen. Wenig später war ich wieder so fit, dass ich gern mit Blondie getauscht hätte, der mit Jan schon dabei war, die ersten Kartons aufzuladen. Aber bevor ich regelmäßig an die frische Luft kam, würden noch einige Stunden vergehen, und so begann ich, mir lieber Gedanken darüber zu machen, wie ich die Kundschaft dazu bringen könnte, ein Frühstück für uns zu organisieren.

Nachdem ich zwei weitere Kartons gepackt hatte, fand ich mich langsam mit meiner Arbeit ab, denn ich erinnerte mich an andere Umzüge, und mir wurde klar, dass es auch hätte schlimmer kommen können.

Dass es an diesem ersten Tag dann allerdings noch richtig schlimm kommen würde, das ahnte ich nicht, denn in meinem zerstörten Zustand hatte ich den Gegebenheiten nicht die nötige Aufmerksamkeit geschenkt.

Kapitel 5

WASSER IST MENSCHENRECHT

»Du wirst nicht unbedingt Streit mit einem Möbler bekommen, wenn du ihn fragst, wie lange er denn noch braucht, aber wenn du bei dieser Frage ungeduldig klingst, dann hast du verschissen.«

Manchmal beginnt es sehr langsam. Es kommt leise angeschlichen oder es ist schon die ganze Zeit da, aber niemand bemerkt es, denn keiner schaut richtig hin.

An meinem ersten Morgen bei Verhuizer waren wir alle viel zu sehr mit uns selbst beschäftigt, um uns großartig in Kundenbetreuung zu üben. Sobald klar war, dass alles mitmusste, hatten wir auch schon Berge von leeren Kartons und anderem Material wie Packseide und Luftpolsterfolie hereingeschafft und uns auf die Zimmer verteilt, während Jan die Aushilfen instruierte.

Manche Kunden beeindruckt dieser schnelle wortlose Ablauf, andere fühlen sich überrumpelt. Sie wollen oft erst einmal mit den fremden Leuten warm werden, bevor sie die auf ihr Heim, ihr Hab und Gut loslassen. Meistens nimmt man darauf natürlich Rücksicht, aber manchmal ist die Grundstimmung der Truppe in dieser Hinsicht einfach auf ganz lockere Art unbedacht. Man will ja schließlich nur seinen Job machen und was sollte man da noch drüber reden, man weiß eh am besten, wie der geht.

Während unsere Kundin, deren Mann bei der Arbeit und deren Kinder in der Schule waren, herausfand, dass Jan der Umzugsleiter war und sich gesprächsheischend an ihn wandte, hatten wir alle zusammen schon den ersten Minuspunkt gesammelt. Diese Frau fühlte sich von uns ungefähr genauso sehr überrumpelt, wie die Kundin an meinem ersten Tag bei Ameise anscheinend befürchtete, gerade von einer Bande von Hausbesetzern überfallen zu werden.

Jan hat sich dann ein wenig mit ihr auseinandergesetzt und sie mit einer für ihn typischen Art beruhigt: indem er ihr in groben Zügen erklärte, wie der Umzug ablaufen würde und dass wir natürlich »alles zu Ihrer vollen Zufriedenheit« erledigen würden, aber ich glaube, da hatten wir bereits verloren.

Die Frau misstraute ihm einfach instinktiv, genauso wie sie uns allen misstraute.

Jan van Zaelen liebte es, »inkognito« unterwegs zu sein, denn es erleichterte ihm die Arbeit draußen stets, wenn die Kundschaft keine Ahnung hatte, dass er der Chef war. Das halbierte ungefähr die Energie, die er eventuell für Auseinandersetzungen aufbringen musste, gingen doch die Kunden immer davon aus, dass es noch eine »höhere Instanz« gab, mit der sie irgendwelche Probleme gegebenenfalls am Telefon besprechen konnten.

Wir hätten vielleicht, so dachte ich später, den Verlauf des Tages und unser Gesamtbild durch freundlicheres Auftreten bei der Begrüßung mehr ins Positive steuern können, aber wie gesagt, dies war nicht der Tag von irgendeinem von uns und außerdem – sorry – sind wir auch nicht die Heilsarmee.

Jan hätte merken können, dass die ganze Angelegenheit ein unerfreuliches Ende nehmen würde, als sich die Kundin am Tage des Ausnahmezustandes auf der Suche nach Orientierung gleich zu Anfang an ihn wandte.

Ich hätte es merken können, als ich sie nach Kaffee fragte.

Ich stand in der Küche und war langsam dabei, mich in das Schicksal zu fügen, das mich an diesem Morgen in die Küche dieses Haushaltes zum Geschirreinwickeln verfrachtet hatte, als die Kundin hereinschneite, und, während sie so tat, als hätte sie in einem der Schränke etwas zu finden, beiläufig zu beobachten suchte, ob ich denn auch vorsichtig genug mit ihren Gläsern umging.

Ich bemerkte das, ohne dass es mir klar wurde. Ich war verkatert und wollte nicht auf meine Instinkte hören, ich wollte nur meine Ruhe haben. Trotzdem hat mein Gehirn ihr Abbild derart abgespeichert, dass ich die Erinnerung daran heute noch abrufen kann.

Sie war nervös. Auf keinen Fall war sie so cool, wie Leute ihrer Einkommensklasse beziehungsweise der ihres Mannes zu sein gern vorgeben. »Hey, wir sind wohlhabend und wenn wir mal ehrlich sind, Kumpel, es sind doch Leute wie wir, denen die Welt gehört.« Nichts davon! Wenn dir die Welt gehört, dann musst du keine Angst um das Geschirr haben, das in deinem Schrank steht.

Sie aber hatte Angst und als ich mich daranmachte, das nächste Teeservice zum Einwickeln aus dem Schrank zu fingern, nahm sie über ihre Nervosität hinweg all ihre Fähigkeiten zur Kommunikation zusammen und bat mich, mit den kleinen Tassen »besonders vorsichtig« zu sein, denn die seien ein Geschenk ihrer Schwiegermutter.

»Ich bin immer vorsichtig«, sagte ich, ohne mir ein charmantes Lächeln abzuringen, denn das wäre ohnehin nur zynisch rübergekommen. Ich hob eine der kleinen Tassen hoch und schaute auf das Motiv, das eine der Ansichten des Fujiyama von Hokusai zeigte. »Das ist schön«, sagte ich, während ich »Baumarktkitsch« dachte. »Das erinnert mich an dieses Bild von der Welle.«

Und damit hatte ich sie, ohne dass das mein Plan gewesen wäre, ich folgte einfach einem eingefleischten Schema. Sie entspannte sich genau in dem Moment ein wenig, in dem sie mir, dem Möbelpacker, erklären konnte, dass *Die Welle* und die *Ansichten* von dem gleichen Zeichner wären.

Zeichner!

Ich habe mal irgendwo vor einem Druck von Hokusai, der groß und breit wie ein riesiger Flachbildschirm an der Wand gehangen hatte, gestanden und war zum Niederknien beeindruckt gewesen. Als Aufdruck einer Tasse verkam er zum Trash. Nun erzähl das mal einer, die Namen haben will und keine Werke. Aber ich wollte ihr ja gar nichts erzählen. Ich wollte sie was fragen und ich fühlte, in dem Moment, da wir ein gemeinsames, die Situation entspannendes Thema gefunden hatten, konnte ich sie auch fragen.

»Soll ich uns mal einen Kaffee aufsetzen?«

»Uns« konnte sie genauso einschließen, wie es auch nur »mir und meinen Kollegen« bedeuten konnte.

Sie schaute genauso verdutzt, wie ich das erwartet hätte, wenn ich mir bewusst gewesen wäre, was ich eigentlich tat. Und während ich wie ein Neunzigerjahre-Hollywood-Mime mit zwei ausgestreckten Zeigefingern auf die Kaffeemaschine deutete, beeilte sie sich, mir mit einem »Äh … ich mache das schon« zuvorzukommen.

Ich gebe es zu, ich habe sie eingewickelt. Es gibt tausend Wege, die Kundschaft zu etwas zu bringen, und meistens sind das indirekte, aber faire Wege. »Wo kann man denn hier in der Nähe was zum Frühstücken kaufen?«, ist eine einfache Frage, bei der man nicht einmal einen zweideutigen Ton anklingen lassen muss. Die richtige Kundschaft kommt dann von ganz allein auf die Idee, was zu besorgen, die meisten wissen oft sowieso nicht, was sie gerade tun sollen, und sind froh, wenn sie sich nützlich machen können. Man muss sie gar nicht mit der Nase darauf stoßen.

Ich habe Kollegen immer verachtet, die nach einem Umzug den Kunden zum Abschied nicht normal die Hand reichten, sondern mit erwartungsvollem Ton in der Stimme trinkgeldheischend ein »Tschüss« grinsten.

Aber wenn die Anwesenheit der Möbler von Anfang an nur missbilligend in Kauf genommen wird, dann sieht man wenigstens zu, dass man sich den Kaffee nicht selbst besorgen muss. Trinkgeld erwartet ein Mann von Stil da gar nicht erst.

Sie hat dann den Kaffee gemacht, den wir zur Rauchpause gern genossen haben, aber kaum eine halbe Stunde später wurde mir langsam klar, dass der Tag nicht den günstigsten Verlauf nehmen würde.

Es war zwischen zehn und elf Uhr, und zwar im klimakatastrophal gestörten, ozongesättigten Hamburger Hochsommer. Das heißt, gesund und unverkatert im Schatten zu liegen und die Seiten eines Buches umzublättern konnte einem schon den Schweiß aus allen Poren jagen. Kollegen, die auf Ferntour in Madrid waren, hatten mal erzählt, wie ihnen die Spanier zur Siestazeit grinsend einen Vogel gezeigt haben, weil sie dabei waren, Möbel zu schleppen. In Frankreich, so hörte ich, ist um sechzehn Uhr Feierabend. Die scheinen da eine fähige Transportgewerkschaft zu haben. »Au revoir, wir machen morgen weiter!«

In Deutschland wird man gefragt, wie lange es denn noch dauern würde.

Es ist ja manchmal nicht zu fassen! Während ich in der Küche unter dem Wasserhahn meinen Durst stillte, hörte ich durch die offene Tür, wie die Kundin auf dem Flur Jan fragte, wie lange er denn meinte, dass wir zum Einpacken und Aufladen noch brauchen würden.

Ich hörte geradezu den Schweiß an seinem Körper herunterlaufen, beachtete aber seine gemurmelte Antwort nicht, weil ich mich mal wieder wunderte, dass sie es nie begreifen. Etwas, das sie selbst unter keinen Umständen an einem Tag schaffen könnten, erledigen wir für unsere Kunden in wenigen Stunden, aber sie sind trotzdem ungeduldig. Wozu bestellen die uns eigentlich? Zugegebenermaßen sieht es am Anfang oft so aus, als würde sich die ganze Angelegenheit des Umzuges endlos hinziehen, aber wer versucht, einen Möbelpacker zur Eile anzutreiben, hat schon verschissen. Du wirst nicht unbedingt Streit mit einem Möbler bekommen, wenn du ihn fragst, wie lange er denn noch braucht, aber wenn du bei dieser Frage ungeduldig klingst, dann hast du verschissen. Das kann dir natürlich egal sein, denn du wirst ihn nie wiedersehen, aber vielleicht fragst du dich mal gelegentlich, wie du mit anderen Leuten umgehst, die dir mehr bedeuten als dieser namenlose Möbelpacker. Denn vielleicht ist es nicht nur er, der dich verachtet.

Als Jan in die Küche kam, um sich seinerseits unter den Wasserhahn zu hängen, war mir klar, dass er genauso wie ich begriffen hatte, dass es nicht viel Sinn machen würde, die Kundin dieses Tages nach Mineralwasser zu fragen.

»Mann, geht die mir auf den Sender!«, sagte er, während er sich mit der Hand über den Mund wischte. »Lass mal einen Raucher machen.«

Frag einen Möbler nicht, wie lange er noch braucht, denn wahrscheinlich wird er dann erst einmal eine Pause einlegen.

Wir saßen am Lkw und schwitzten, ohne uns zu bewegen. Jan war genervt, denn er hatte die ganze Zeit kaum arbeiten können, da er ständig nachsehen musste, dass die beiden Aushilfen von der Zeitarbeit auch keine Scheiße bauten, während sie die umfangreiche Bibliothek in Kartons verpackten. Das ist der einfachste Job, aber auch bei dem kann man noch alles falsch machen, indem man zum Beispiel die Bücher nicht Rücken an Rücken in den Karton hineinstellt, sondern sie so legt, dass sie auch ganz toll ineinanderrutschen können, um einander die Seiten zu zerknittern. Es gibt wirklich Leute, die nicht einmal solches begreifen. Außerdem musste Jan sich immer wieder mit der Kundin auseinandersetzen.

Hecke schien sich seine gute Laune auch an diesem Tag nicht verderben zu lassen. »Watt denn?«, würde er sagen und mit den Schultern zucken. »Geht auch vorbei, der Tag.«

Blondie hatte schon allein oder mit Jan zusammen, wenn der gerade Zeit hatte, gute anderthalb Reihen Kartons aufgeladen. Ich hätte gern mit ihm getauscht. Aus dem Parterre hinaus ist das eigentlich der beste Job. Den Scheiß rausziehen, wegpacken und sich über den ganzen Mist, der im Haus abgeht, keine Gedanken machen.

Sunny suchte, die Kippe im Mundwinkel, aus einer Kiste an der Ladekante Klebeband, um ein Bündel mit Schrauben, das er in Folie gewickelt hatte, zu verkleben. Ob er genervt war, konnte ich nicht sehen, aber zumindest war mir klar, dass er eine herzlichere Atmosphäre vermisste. In herzlicher Atmosphäre hätte er eine humorvollere Ausstrahlung gehabt.

Die beiden Aushilfen saßen am Bordsteinrand der kleinen Straße und rauchten schweigend. Als ich sie beobachtete, freute ich mich, dass nicht etwa ich heute der Umzugsleiter war, denn denen auf die Finger schauen zu müssen, hätte mich einige Nerven kosten können. Es gibt ja diese Leute, die einem erzählen, dass sie das alles schon mal gemacht haben, und wenn man dann sieht, was sie anrichten, und versucht, sie zu berichtigen, sind sie auch noch eingeschnappt. »Nein, nicht so, versuch es mal so.« Und dann nicken sie und sagen »Ja, okay« und machen es gleich wieder anders, sobald man sich weggedreht hat.

»Hat eigentlich jemand Otis Bescheid gesagt?«, fragte Blondie plötzlich und auch ohne eine Antwort war gleich klar, dass das niemand getan hatte, denn dann hätte Otis längst mit uns zusammengesessen. Otis war dabei, den Vorrats- und den Werkzeugkeller einzupacken. Eine der denkbar undankbarsten Aufgaben. Im Keller fühlt man sich gern mal wie im Mülllager. Werkzeug, Vorräte, Flaschen und allerlei Zeug, das im Laufe der Geschichte dort unten gelagert wurde, bilden ein unübersichtliches Gemenge an Dingen, von denen man als Letztes annimmt, dass sie zusammen in Kartons verpackt werden können, zumal man sich eigentlich nie sicher ist, was jetzt wirklich mitsoll und was eigentlich (»Ja, ich weiß nicht, ich frag noch mal meine Frau«) vielleicht doch auf den Müll gehört.

Außerdem kann es im Keller immer wieder furchtbar schmutzig bis ekelhaft gammelig und schimmlig sein. Schrecklich! Mit einem Mal empfand ich die Küche, den saubersten Platz im Haushalt, als Arbeitsplatz durchaus angenehm.

Und dann kam Otis aus dem Haus heraus. Ich brauchte ihn nicht zu kennen, um zu sehen, dass er am Kochen war.

»Danke auch, dass ihr mir Bescheid sagt, dass Raucher ist«, knarzte er, nahm sich eine Zigarette aus Blondies Schachtel an der Ladekante und stierte mit ratloser Verzweiflung in die Runde. Er erinnerte mich an Al Pacino in *Hundstage*, der gerade mit seiner Frau und seinem schwulen Freund telefoniert hatte und dringend versuchte, das Geiseldrama in der Bank, die er zusammen mit seinem einfältigen Partner überfallen hatte, zu einem glimpflichen Ende zu bringen.

Otis hätte getötet, wenn er nicht geglaubt hätte, dass es einen anderen Ausweg geben müsste.

»Was ist los?«, fragte Jan.

»Die Alte macht mich fertig«, sagte Otis. »Die hat sie nicht alle.«

»Was?«

»Die hat mich angepisst, weil ich mir 'ne Flasche aus der Mineralwasserkiste genommen habe.«

Natürlich »darf« sich niemand einfach an den Getränken der Kundschaft bedienen, aber daran denkt ein Mensch wie Otis in bestimmten Situationen nicht. Ich hatte der Kundin ja angesehen, wie sie einerseits von der Idee, für acht Leute Kaffee zu machen, überfordert und andererseits von meinem Ansinnen an sich überrascht war.

Ich habe das mal bei einem Pastor während seines riesigen Umzugs erlebt. »Kaffee? Ich kann doch jetzt nicht Kaffee für zehn Leute machen. Also versorgen müsst ihr euch schon selbst.«

So viel zur Nächstenliebe. Als Sunny ihn dann später fragte, ob er seinen Schreibtisch leerräumen könne, weil er den jetzt in der Reihenfolge des Packens auf dem Lkw brauchte, sagte der Pastor, das gehe jetzt nicht und es könne ja wohl kein Problem sein, erst mal was anderes wegzupacken.

»Es kann ja wohl auch kein Problem sein, für zehn Leute Kaffee zu kochen«, sagte Sunny, drehte sich um und latschte aus dem Haus.

Sofort sprang der Pastor in die Tür. »Sag mal, hast du Probleme, Kerl?«, rief er Sunny hinterher und Sunny drehte sich um. »Sag noch einmal Kerl zu mir, dann komme ich dir da mal rein!« Hat er natürlich den Rest des Tages nicht mehr gemacht.

Es ist toll, wenn man morgens zur Kundschaft reinkommt und da ist dann ein Frühstückstisch gedeckt und unter jedem Kaffeebecher liegt ein Zehner oder ein Zwanni, aber das erwartet wirklich kein Möbelpacker.

Wasser! Bei dreißig Grad im Schatten sollte es einfach drin sein, dass jeder Möbler seine eigene Flasche bekommt. Natürlich ist dazu von Vertrags wegen niemand verpflichtet, aber es gibt ungeschriebene Gesetze des Anstandes und außerdem sollte derjenige, der vom Möbler einwandfreie Arbeit erwartet, ihn auch zumindest mit minimalem Respekt behandeln, dann kommen beide, der Kunde und der Möbler, am zufriedensten durch den anstrengenden Tag.

Otis war im Keller einfach von der Selbstverständlichkeit ausgegangen, die da sagt: »Ich arbeite mir für dich den Arsch ab, also trinke ich auch dein Wasser.«

Genau in dem Moment, als beim Öffnen der Flasche das Werbespot-Frischezischen den Keller mit vielversprechendem Sound erfüllte, hatte die Kundin den Raum betreten.

»Aber ..., was machen Sie denn da?«, hat sie Otis gefragt. »Was fällt Ihnen denn ein, Sie können doch nicht einfach ...« Und dann kam das ganze Entsetzen derer, die es nicht begreifen und die glauben, dass ein Möbelpacker, der sich am Wasser vergreift, auch in ihren Tagebüchern schnüffeln würde.

Jan musste dann während der Rauchpause zwecks Schadensbegrenzung ins Haus.

Wie ich später noch feststellen sollte, konnte Jan ein extrem umgänglicher und fairer Mensch sein, aber nur, wenn man ihm nicht dumm kam und ihn auch fair behandelte.

»Was wollen Sie eigentlich?«, hörten wir ihn durch ein offenes Zimmerfenster. »Es ist Hochsommer, der Mann hatte Durst!« Und kurz darauf kam er aus dem Haus mit einem Blick, als würde ihm gleich sein Magengeschwür hochkommen.

»Ich krieg das Kotzen«, murmelte er, als er an der Ladekante eine Zigarette aus der Schachtel fingerte. Er steckte sie an, inhalierte gierig und blickte in die Runde.

Wir alle kannten solche Situationen (einzig die beiden Aushilfen staunten mit großen Augen) und eigentlich hätten wir alle viel professioneller mit der Kundin umgehen müssen, aber manchmal fühlt man sich einfach nur verarscht und dann geht zwar nicht gar nichts mehr, aber eben doch nur noch sehr wenig.

Jan van Zaelen zog einen Foofie aus der Hosentasche und reichte ihn Hecke. »Geh mal los und hol Wasser und Frühstück, die Alte kann ihren Scheiß behalten.«

Guter Mann! Es freut uns zwar, wenn die Kunden zur Sorte derer gehören, die was kapieren, aber wenn nicht, dann haben wir es auch nicht nötig.

»Also hört mal zu«, sagte Jan. »Wir machen das hier einfach fertig und dann ist gut.«

»Har, har!«, machte Blondie. »Sechzehn Meter Full Service in den dritten Stock, das machen wir mal eben einfach fertig.«

»Das wird doch wieder Mitternacht«, knirschte Otis.

»Was soll ich denn machen?«, fragte Jan. »Wir hätten den Umzug nicht gekriegt, wenn ich den auf zwei Tage verteilt hätte. Und außerdem sind wir zu acht, mehr geht ja nun wirklich nicht. Kann ich doch nichts dafür, dass die hier so scheiße sind.«

Und da hatte er recht. Niemand arbeitet gern bis Mitternacht. Aber wenn die Kunden nett sind, wenn die Minimalversorgung stimmt (ja, genau: Wasser und Kaffee, beziehungsweise Tee), dann kann das Ganze, wenn es auch nicht immer Spaß macht, durchaus erträglich sein. Wenn man aber von Anfang an nur als dummer Malocher behandelt wird, dann kotzen die Möbler und die Kundschaft ist im Stress.

Als die Rauchpause zu Ende war und Hecke sich aufmachte, Verpflegung zu besorgen, da herrschte einhellige Stimmung unter uns allen: Augen zu, Zähne zusammen und durch. »Wir machen das mal eben fertig.«

Und manchmal kann das auch wirklich klappen, mit dem »mal eben«, aber nicht an diesem Tag.

Abgesehen von der Frühstückspause, die wir dann sehr kurz gehalten haben, hat Sunny an keiner Rauchpause teilgenommen. Er sagte immer, er hätte keine Zeit. Ich mochte diese Art an ihm, die sagte: »Macht ihr mal, ich muss montieren, ich werde schon rauchen, wenn ich es brauche.« Und montieren musste er. Schränke, Betten, Anbauwände und hier noch eine Kleinigkeit und dort noch eine. Er teilte sich seine Zeit ein.

Ich tauchte wieder in die Küche ab und versuchte, das Ganze mal schneller als gewöhnlich über die Bühne zu bringen, aber, ja nun, Küchen sind Küchen und manche Leute haben mehr Geschirr als andere Leute Hab und Gut. Zum Glück war Otis mit dem Keller schon fertig, als ich den letzten Karton in der Küche gepackt hatte, so konnte er sich um das Geschirr in den verschiedenen Vitrinen im Wohnzimmer kümmern, bevor er daranging, die Unzahl an Bildern von allen Wänden im Haus und die zahllosen Wanduhren, die sich allüberall fanden, in Luftpolsterfolie zu wickeln. Nippes hier und Schnickes da beschäftigten ihn bis zum Ende des Beladens und um keinen Preis der Welt hätte ich mit ihm tauschen wollen, denn nachdem ich die Küche hinter mich gebracht hatte, wandte ich all mein Vermögen auf, um mich beim Laden und Schleppen unentbehrlich zu machen.

Hecke war inzwischen den Aushilfen von der Zeitarbeit zur Hand gegangen, damit Jan mal was anderes machen konnte, als zu gucken, dass die beiden nichts falsch machten, und dann luden wir zu dritt, während Blondie auf dem Lkw wegpackte.

Bei Sunny glühte der Akku und der Schraubenzieher brannte. Otis litt still vor sich hin, schnitt eine Bahn Luftpolsterfolie nach der anderen von der Rolle und wickelte und wickelte und wickelte.

Gegen sechzehn Uhr sahen wir Horizont. Angesichts der Menge dessen, was noch aufzuladen war (dreißig »Gänge« Kleinscheiß, ein gutes Dutzend Pflanzen, die Teppiche und reichlich Teile der zerlegten Schränke), rechneten wir damit, in gut einer Stunde fertig zu sein (es wurden dann doch noch zwei), und Jan konnte der Kundin ihre Frage vom Mittag endlich beantworten.

Madame schien sich auch ein wenig zu entspannen oder einfach nur gezwungenermaßen in ihr Schicksal zu ergeben, da kam ihr Mann, der Chef, von der Arbeit nach Hause, und erst als er da war, fiel mir auf, dass die Kinder nie aus der Schule nach Hause gekommen waren. Später, als ich es beiläufig mitbekam, dankte ich Gott, dass die armen Gören dieser verzogenen Eltern unerwartet klugerweise bei der Großmutter untergebracht waren, von deren Anwesenheit wir wunderbarerweise auch verschont blieben.

Aber jetzt war erst einmal El Jefe nicht nur da, sondern auch sofort bereit, die Regie zu übernehmen.

Ich hätte ihm zugute halten können, dass er wenigstens den Versuch gestartet hatte, die Situation zu entschärfen (was er sich selbst bestimmt als Erfolg bescheinigt hätte), wenn er nicht von Anfang an mit dieser ekelhaft arroganten Art und Weise an uns herangetreten wäre, die nur Leute zustande bringen, die felsenfest davon überzeugt sind, dass der liebe Gott zwischen sich und die arbeitenden Menschen nur Leute wie ihn gestellt hätte. Ah, bah! Bestimmt war er der Chef irgendeiner global total unwichtigen, in seinem Weltbild aber immens bedeutungsvollen Firma, deren Angestellte ich sofort bedauerte, als ich seiner ansichtig wurde. Nachdem er sein Cabrio in die Parklücke hinter unserem Hänger gesurft hatte und daraus herausgesprungen war, begutachtete er erst einmal mit skeptischem Blick die hochprofessionelle Leistung, die Blondie als Packer in den letzten Stunden hingelegt hatte, um dann mit »Na, wir wollen mal sehen«-Gesichtsausdruck die Gesamtsituation zu beurteilen und unter die eigene Anleitung zu bringen. Dabei entging mir nicht, dass er sowohl mich und Hecke, die wir gerade eines der letzten schweren Zweierteile zum Hänger schafften, als auch Blondie mit einem Blick bedachte, der seinem Bedürfnis Ausdruck verlieh, sich mal den »Chef« des Ganzen hier zwecks »Hörnsema, was läuft denn hier?« zur Brust zu nehmen.

Bevor er allerdings an Jan geraten konnte, bekam seine Frau ihn in die Finger, und das war der Gesamtstimmung wirklich nicht zuträglich.

Zur privaten Besprechung dessen, was die Gattin als »desaströs« zu bezeichnen den ganzen Tag ängstlich genug gewesen war, zogen sie sich hinter verschlossener Tür in eines der nach vorne heraus gelegenen Zimmer zurück, wobei sie allerdings nicht darauf achteten, dass durch das angelehnte Fenster nicht alles, aber doch ein Großteil dessen, was sie besprachen, zumindest mir im Vorgarten deutlich vernehmbar war.

Und dann machte dieser Depp, bei dem man sich fragte, wie er es denn in dreißigtausend – um es mit Kapitän Haddocks Worten zu sagen – jaulender Höllenhunde Namen jemals geschafft hatte, Chef und also Menschenführer irgendeiner Firma und obendrein Familienoberhaupt mit Eigenheim zu werden, den großartigen Fehler, sich innerhalb einer Rauchpause an das Umzugsteam im Gesamten zu wenden.

Acht Leute hoch standen wir an der Ladekante, als er aus dem Haus kam, um uns, einem der weltbesten Teams von Möbelpackern, unsere Verfehlungen vorzuhalten.

Inzwischen war ihm klar, dass Jan der Umzugsleiter war, ohne dass er auch wusste, dass Jan der Chef war.

»Tja«, sagte er, als er sich neben uns und der Ladebühne postierte, »das mit dem Wasser«, und nun stellen Sie sich bitte David Niven vor, der, während er »tja« beziehungsweise »well« sagt, mit flachem Handrücken einen Staubfleck von der Jackettschulter wischt, »nun, das mit dem Mineralwasser, das will ich mal nicht so sehen, aber …«

Und in diesem »aber« lag alles, was seine Frau und er irgendwann einmal in der Zeitung gelesen hatten über Menschen, die nicht in Othmarschen, Blankenese oder ähnlichen Stadtteilen lebten, »aber Ihr gesamtes Auftreten hier sonst … das kann ich unter keinen Umständen gutheißen«, hätte man eine Niven-Synchronisation vielleicht getextet. Aber weil er ja nicht reden konnte wie ein getipptes Drehbuch, blickte er erst einmal durch die Runde, bemerkte wohl, dass keiner der Möbler satisfaktionsfähig wäre, und erinnerte sich daran, dass eines anderen Slangs sich hier zu bedienen wäre.

»Ja?«, fragte Jan, der schon genug in den Möbeln erlebt hatte und von dem ich jetzt nicht mehr sagen konnte, ob er sich noch immer amüsierte oder die Schnauze schon voll hatte.

»Meine Frau sagt, Ihre Männer riechen schlecht«, sagte der Chef.

»Was?«, fragte Jan.

»Ihre Männer strömen einen unangenehmen Körpergeruch aus.« Und damit blickte er zu Otis und Sunny und sah dann wieder zu Jan.

Der stand erst einmal etwas verdattert vor dem Kunden und wollte gerade ansetzen, etwas zu sagen, als Sunny ihm zuvorkam.

»Wir stinken?«, fragte er. »Sie meinen, wir stinken?«

Sunny war wütend und das schien auch dem Kunden klar zu sein, der unwillkürlich eine abwehrende Haltung einnahm. »Dann will ich Ihnen aber mal was sagen.« Jan fasste Sunny an der Schulter. »Wenn Sie meinen, dass Sie den Geruch von Arbeit nicht vertragen können, dann machen Sie Ihren Scheiß am besten selber. Und wenn Sie das nicht können, dann lüften Sie mal besser Ihre Betten und schütteln die aus, bevor Sie mich beauftragen, Ihre Decken und Kissen in Kartons zu verpacken. Glauben Sie, ich stehe auf den verschlafenen Gestank Ihres Schlafzimmers, bevor ich das auseinandernehme?«

»Hey, Sunny«, versuchte Jan, aber Sunny war schon weiter.

»Und was glauben Sie eigentlich«, brüllte er, »wie attraktiv Ihre benutzten Präser sind, die ich unter Ihrem Bett finde, hä?«

Da war dann erst einmal Stille. Niemand fand die nächsten Worte, bis plötzlich die Hausfrau, die vom Geschrei vor dem Haus offenbar nichts mitbekommen hatte, mit der alten Klobürste im Klobürstenhalter aus dem Haus kam und sich vor Jan an die Ladekante stellte.

»Bevor wir das vergessen, die muss auch mit.«

Nie wieder habe ich Jan so verdattert gucken sehen. »Wollen Sie mich verarschen?«, fragte er und weder die Frau noch ihr Mann schienen zu ahnen, was Jan damit denn meinen könnte.

Da war plötzlich Otis da, der der Kundin das Hygienearrangement aus der Hand nahm und es ein paar Meter weiter neben der Hecke in der Mülltonne versenkte.

»Das kostet einen Zwickel«, sagte er, als er wieder an der Ladekante stand. »Wollen Sie etwa den Scheiß aus der alten Wohnung mit in die neue nehmen?«

Mit einem »Ey Alte, den Arsch wischen wir dir nun wirklich nicht ab« im Blick sah er die Kundin an, dann wandte er sich an Jan. »Können wir bald mal los?«

Kapitel 6

DIE NACHT GEHÖRT UNS

»Während ich mich fragte, wie in aller Welt man drauf sein musste, um einen Laden wie diesen zu betreiben, wurde mir klar, dass ich hier in Zukunft nicht einmal ein seltener Gast sein würde.«

»Das hat mit Totenköpfen zu tun«, sagte eine Stimme neben mir. Kurz zuvor war ich noch mit einem Karton auf der Schulter durch halbdunkle, endlose Kellergänge geirrt, auf der Suche nach dem richtigen Raum, um den Karton dort abzustellen. Dabei war ich über ein Skelett gestolpert, das grinsend an der nackten Wand gelehnt hatte und dann klirrend in sich zusammenfiel.

Als ich die Augen öffnete, sah ich mir gegenüber am Tisch Otis und Sunny sitzen. Hinter ihnen stieß am Tresen eine Runde Betrunkener mit Flaschen an. Es war halb fünf und ich war fix und fertig, denn mein erster Full-Service-Umzug bei Verhuizer hatte bis morgens um zwei gedauert und natürlich mussten wir anschließend unbedingt noch zusammen in die Kneipe.

»Das ›Skål‹ der Dänen, mit diesem O über dem A, das hat die gleiche Wurzel wie das englische ›skull‹ und das heißt ›Schädel‹«, belehrte der betrunkene Sunny den betrunkenen Otis.

»Aha!«, staunte Otis.

»Weil nämlich die Wikinger ihren Met aus Totenköpfen getrunken haben.«

Hecke, der mit am Tisch saß, glotzte dümmlich den tätowierten Wikinger auf Sunnys Arm an. Er schien Schwierigkeiten zu haben, den beiden zu folgen, aber als Otis »Na denn mal prost« sagte, stieß er gleich mit ihnen an.

»Moin, Wollny«, grinste Sunny mich unter herabhängenden Lidern hervor an. »Bist erledigt, was?«

Ich verzog das Gesicht, sagte nichts und sah mich in der Kneipe um, die halb gefüllt war mit Leuten, die sich nicht entscheiden konnten, nach Hause zu gehen. Auffallend wenig Frauen waren anwesend. Eigentlich waren gar keine Frauen anwesend, wenn man mal von den beiden bleichen Wracks absah, die hinter dem Billardtisch Arm in Arm auf einem Sofa schliefen, und von einer sehr jungen Frau am Tresen, die mir den Eindruck machte, sie komme aus einem Vorort und sei zum ersten Mal hier. Während sie sich in schützender Nähe ihres männlichen Begleiters wusste, strahlten ihre Augen die Faszination über das Abenteuer aus, eine Freitagnacht in einer der dunkelsten Höhlen im tiefsten Sankt Pauli zu verbringen. Noch drei Besuche, dachte ich, dann hängt sie besoffen in der Ecke oder hat den Laden bis über den Hals satt. Es soll ja Leute geben, die einmal eine Schachtel Zigaretten rauchen und dann nie wieder.

In einer Ecke schräg hinter Otis entdeckte ich Jan van Zaelen, der schnarchend in einem Sessel hing.

»Muss der nicht bald mal nach Hause?«, fragte ich Hecke.

»Nee«, sagte der und grinste. »Samstag ist immer nur einer im Büro und morgen macht das Rocky. Außerdem is eh nix los.«

Ich stand auf und ging zur Toilette. Dabei musste ich wieder an Kunden denken, die andere Leute mit ihrem Geld beeindrucken wollten. Eigentlich hätte ich lieber an etwas anderes gedacht, aber man kann es sich nicht immer aussuchen und ich war viel zu müde, um mich da groß anzustrengen. Außerdem fiel mir eine nette Situation mit Ameise ein, an die ich immer gern zurückdachte.

Wir hatten einen Umzug bei einem Paar so um die dreißig, die eigentlich sehr nett waren, aber schon nach wenigen Minuten fiel uns allen auf, dass der Mann zu der Sorte gehörte, die mit ihrem Wohlstand »repräsentieren« wollte – und dieses Wort bei diesem Mann ironisch mit »angeben« zu übersetzen, hieße, ihm unrecht zu tun. Es war offensichtlich, dass der arme Kerl einen erheblichen Mangel an Selbstvertrauen zu erdulden hatte, und das machte ihn keineswegs unsympathisch, es nervte nur ein wenig.

Wie gesagt, er war sehr nett, aber als er uns schon nach einer halben Stunde den ersten Kaffee anbot, fragte ich mich, ob er das wirklich nur tat, weil er so nett war, oder vielmehr, um uns, während wir nur versuchten, uns am Kaffee zu erfreuen, von den Vorzügen seiner sündhaft teuren Kaffeemaschine berichten zu können. Die war nämlich aus Italien und hatte mehrere Hundert Euro gekostet. Und dann kam ein Referat über die richtige Zubereitung und Dosierung des Kaffees und wie wichtig überhaupt die richtige Mischung der verschiedenen Sorten sei, das richtige Röstverfahren nicht zu vergessen. Wenn der Mann gewusst hätte, wie ich zu Hause Kaffee zuzubereiten pflege! Becherboden zwei Zentimeter hoch mit Kaffee bedecken, kochend Wasser rauf, umrühren, warten, bis er sich gesetzt hat, und trinken. Der gute Mann hätte in mir den Barbaren erkannt.

Zugegeben, sein Kaffee hat exzellent geschmeckt, aber das tut meiner zu Hause auch.

Während er nun die Möglichkeiten seiner Maschine weiter beschrieb, befürchtete ich nicht nur, dass das den ganzen Tag so weitergehen würde, der Mann tat mir auch leid. Es war mir plötzlich klar, dass er sich sein ganzes Geld selbst erarbeitet hatte, dass er sich von jungen Jahren an bewusst gewesen war, dass er hart arbeiten müsste, um es zu etwas zu bringen, und dass er jetzt, da er es geschafft hatte, auch stolz darauf sein und anerkannt werden wollte. Das ist natürlich verständlich und akzeptabel. Was ich dabei nur ein wenig traurig fand, war, dass der gute Mann nicht den leckeren Kaffee zu genießen schien, sondern die luxuriöse Maschine, die ihn zubereitete. Am liebsten hätte ich meinen Arm um ihn gelegt, ihn beiseite gezogen und ihm gesagt, dass das echt toll ist, was er sich und seiner Frau geschaffen hat, dass es nun aber vielleicht an der Zeit sei, das alles auch einmal zu genießen.

Als ich seine Frau in der Küchentür lehnen sah, wusste ich, dass sie diesen Zug an ihm kannte, denn der verträumte Blick, mit dem sie ihn bedachte, während sie das etlichste Mal von der Kaffeemaschine hörte, machte mir klar, dass sie ganz andere Qualitäten in ihm sah, für die sie ihn liebte.

Im Wohnzimmer waren einige Bilder in Luftpolsterfolie einzupacken und hier nun begann er gut anderthalb Stunden später, nachdem er von der Herkunft und dem Wert der antiken Stühle im Esszimmer und dem Sekretär im Arbeitszimmer berichtet hatte, über die Bilder zu reden. Das waren wohl alles teure Drucke, das konnte ich nicht beurteilen, ich glaube so was einfach, wenn es einer erzählt. In Kunst war ich nie besonders bewandert, aber eines der Bilder kannte ich. Das war *Der singende Butler* von Vettriano und dieses Bild hatte es dem Kunden besonders angetan. Ich mochte es auch, das heißt, ich mochte die Farben und das Licht. Am Motiv selbst hatte mich immer schon etwas gestört, aber ich hatte nie gewusst, was das war. Da musste mich erst Tarzan drauf bringen, der wohl bei aller Liebe nun langsam ungeduldig mit dem Kunden wurde.

»Irgendwie doof, das Bild«, sagte er plötzlich.

Der Kunde guckte verdutzt. »Doof?«, fragte er. »Wieso denn doof?«

Tarzan zuckte mit den Schultern. »Na ja, ich weiß nicht. Was ist denn das da für ein Typ auf dem Bild? Der geht da mit seiner Frau ans Meer und tanzt mit ihr und sie gibt sich ihm hin und er kapiert das gar nicht. Da zieht ein Gewitter auf und er bringt noch Butler und Hausmädchen mit, damit die die Regenschirme halten. Das ist doch doof.«

»Hä?«, machte der Kunde, während ich mir das Bild genauer ansah. Plötzlich verstand ich. Die sind alle noch trocken auf dem Bild und es ist windig. Sturm zieht auf. Starken Wind gibt es vor einem Gewitter, nicht danach.

»Ich verstehe nicht, was Sie meinen«, sagte der Kunde.

»Ist doch klar«, sagte Tarzan. »Schauen Sie sich das Kleid der Frau an, das ist rot. Rot ist die Liebe. Sie ist barfuß, er hat seine Schuhe an. Sie ist schon mittendrin in der Szenerie mit dem Unwetter, das aufzieht, und sie gibt sich hin. Er will das gar nicht haben. Er will gar nicht mit ihr allein das Gewitter der Leidenschaft erleben, sonst würde er den Butler und das Hausmädchen wegschicken. Stattdessen halten die beiden die Regenschirme über das Paar. Der Mann kann sich gar nicht gehen lassen. Er will die Liebe der Frau gewinnen, indem er ihr was bietet. Von Leidenschaft hat der keine Ahnung. Irgendwie traurig.«

In dem Moment, als der Kunde fast unmerklich schluckte, während er wohl zu ahnen begann, dass er das Gesagte auch auf sich beziehen konnte, bemerkte ich im Augenwinkel, wie seine Frau kurz grinste, bevor sie wieder einen neutralen Gesichtsausdruck hinbekam, und ich wusste, dass ich mit meinen Gedanken ziemlich richtig gelegen hatte.

»Das war aber nicht so wirklich nett, wie du dem das Bild erklärt hast«, sagte ich nach dem Umzug zu Tarzan. Der grinste nur. »Wer weiß«, sagte er. »Vielleicht vergisst er die nächsten Nächte ja mal, wie teuer das Bett war, auf dem er mit seiner Frau schläft, und dann dankt er es mir vielleicht.«

Ich hatte mir das Hemd über die Nase gezogen, als ich mich am Pissbecken der Kiezkneipe an diesen Umzug erinnerte. Das war ein alter Trick von mir, wenn ich Toiletten wie diese aufsuchen musste. Der eigene verschwitzte Körpergeruch nach arbeitsamem Tag war intensiv genug, das zu übertönen, was ich in der Toilette erleben musste. Auf mindestens einem der Scheißhäuser war nicht abgezogen worden und in der Ecke hinter dem letzten Pissbecken hat irgendein Gast das aus sich herausbrechen lassen, was ich immer öfter als Metapher sah für das, was wir an diesem oder jenem Tag in Uhlenhorst oder einem anderen Stadtteil erleben mussten.

Während ich mich fragte, wie in aller Welt man drauf sein musste, um einen Laden wie diesen zu betreiben, wurde mir klar, dass ich hier in Zukunft nicht einmal ein seltener Gast sein würde.

Dann stellte ich mir plötzlich die arme Sau vor, die hier am nächsten Morgen würde sauber machen müssen, und mir war gleich klar, dass das keiner von den Leuten am Tresen zu erledigen hätte. Tresenleute gehörten zwar auch zu den Dienstleistern, aber auch bei diesen gab es eine Hierarchie und in der stand das Tresenpersonal nun mal über den Putzleuten. Und dann hatten die da wahrscheinlich auch noch ihren Cheftresenmann, der über allen stand. Der, der vielleicht auch mal mit der Frau des Geschäftsführers tanzte.

Und dann war es mir plötzlich klar. Der Typ, der auf dem Bild mit der Frau tanzt, war ja vielleicht tatsächlich der Butler. Der Chef-Butler. Der andere, der mit dem Schirm, war vielleicht nur der Zweite in der Butlerhierarchie und deswegen sah er auch nicht so sehr nach feinem Pinkel aus wie der Butler Nummer eins, den wir für den Herrn gehalten hatten. Wenn das wirklich so war, dann hatten wir, Tarzan, der Kunde und ich, das Bild gründlich missverstanden. Der Mann auf dem Bild war dann nicht ein Mann, der, während sich die Frau nach Leidenschaft sehnte, es nicht vermochte, sich gehen zu lassen, er war ein Mann, der es nicht durfte. Wo war der Mann der Frau? Wo war der Herr des Butlers? Auf Reisen? Als reicher Geschäftsmann stets unterwegs in allen Ecken dieser Welt? Überließ er seine Frau der Obhut seines verlässlichen Butlers? Und wusste der mit der Situation angemessen umzugehen? Natürlich! Jetzt auf einmal, inmitten der verschissenen Toilette einer Kneipe auf dem Kiez, wurde mir das Bild klar. Es ging nicht um die Sehnsucht der Frau, es ging um die Moral des Butlers, der seinem Herrn verpflichtet war. Seine Situation war die gleiche wie die von John Travolta in *Pulp Fiction*, nachdem er Uma Thurman nach Hause gebracht hatte. Für eine stürmische Liebesnacht hätte er es sich mit seinem Chef verdorben und das wäre es wohl nicht wert gewesen, »because being loyal is very important«, isn't it?

Ich rülpste und stieß die Tür der Toilette auf. Du denkst zu viel, sagte ich mir, als ich die Treppen aus dem Keller hinaufstieg.

Am Tresen holte ich mir ein Bier und setzte mich zurück zu den anderen, die inzwischen zum Armdrücken übergegangen waren, einem Zeitvertreib, dem ich noch nie in meinem Leben irgendetwas hatte abgewinnen können. Ich überlegte schon, nach meinem Bier das Weite zu suchen, da stand plötzlich die schöne junge Erscheinung bei uns am Tisch, die ich tags zuvor getroffen hatte, als ich mit meinem Fahrrad auf dem Hof von Verhuizer angekommen war.

Offensichtlich beschwipst grinste sie die Armdrücker an. »Na, ihr Deppen«, sagte sie und setzte sich. Dann grinste sie mich an. »Moin«, sagte sie.

»Moin«, sagte ich.

»Was machst du denn hier?«, fragte Hecke.

»Wer gibt einen aus?«, fragte sie. Die anderen lachten. »Also gut«, sagte sie. »Wer will einen Tequila?« Als von den anderen keiner reagierte, wunderte ich mich das erste Mal. Da kommt diese Schönheit zu uns an den Tisch, will einen ausgeben und die Kollegen haben nichts Besseres zu tun, als ihr Angebot zu ignorieren und sich wieder dem Armdrücken zu widmen.

Sie belächelte das mit einer Art von Humor, die mir sofort gefiel.

»Trinkst du einen Tequila mit mir?«

»Weiß, bitte«, sagte ich und sie verschwand zum Tresen, wobei ich an ihrem Gang bemerkte, dass sie nicht nur beschwipst war, sondern offenbar ordentlich einen im Tee hatte.

Während sie am Tresen war, warfen Otis, Hecke und Sunny mir kurz jeder einen Blick zu und drückten dann weiter. Sunny gegen Hecke. Otis machte den Schiedsrichter.

»Wie heißt du eigentlich?«, fragte sie mich, als sie sich neben mich setzte und die Getränke auf den Tisch stellte.

»Karsten.«

»Anna«, sagte sie und dann: Salz, lecken, prost, schlucken und Zitrone.

»Uah«, machte Anna und schüttelte sich kurz. »Noch einen?«, fragte sie. Die Armdrücker hoben kurz die Augen.

»Klar«, sagte ich.

Heckes Handrücken knallte auf den Tisch. Sunny lachte. Jetzt war wieder Otis gegen Sunny dran. Während ich beobachtete, wie emsig die drei mit der Armdrückerei beschäftigt waren, erklang plötzlich aus den Boxen, aus denen bisher nur Hardrock oder Metal zu hören war, *Lucille Has Messed My Mind Up* von der Zappa-Scheibe *Joe's Garage Act 1* und mir wurde ein wenig schwer ums Herz. Im letzten Dreckloch von Sankt Pauli sitzend musste ich an eine meiner ersten Lieben denken und spürte einen Stich im Herzen, als mir der Unterschied bewusst wurde zwischen junger Liebe und abgestürzten Nächten auf dem Kiez nach einem Arbeitstag als Möbelpacker. Herrgott! Ich war wirklich Möbelpacker geworden und das hätte ich damals, als ich zum Sound von Zappa mit meinen neugierigen Händen Mädchenkörper erforschte, bestimmt nicht gedacht.

Immerhin hatte ich Glück mit der Musik gehabt. Sonst könnte ich mich jetzt vielleicht bei irgendwelchen Songs der Neuen Deutschen Welle an die Wunder der Pubertät erinnern und das wäre ja nun auch nicht gerade toll. Zumindest weniger toll, als jetzt zu *Joe's Garage* deprimiert zu sein.

»Hast du irgendwas?«, fragte Anna, als sie den nächsten Tequila auf den Tisch stellte.

»Nö«, sagte ich. »Ich musste nur gerade an was denken.«

»Ein Möbelpacker, der denkt?«, fragte sie.

»Wie kommst du darauf, dass ich Möbelpacker bin?«

Sie grinste nur spöttisch und guckte zu den anderen dreien, bevor sie sich Salz auf den Handrücken streute. »Prost.«

»Und du?«, fragte ich, bevor ich mir den Schnaps in den Hals kippte.

»Wie ich?«

»Was machst du hier?«, fragte ich. »Mit diesen ...«, ich deutete auf die Armdrücker, »Möbelpackern?«

Einen Moment lang guckte sie verdutzt, als hätte sie vergessen, weshalb sie gekommen war. Dann drehte sie sich zu Sunny. »Wo ist eigentlich Jan?« Sunny deutete in die Ecke, wo Jan noch immer auf dem Sessel hing und sich im Schlaf die Lippen leckte. Er warf mir einen kurzen Blick zu und zog fast grinsend ganz kurz die Augenbrauen hoch, bevor er sich wieder der Armdrückerei widmete, die gerade zwischen Otis und Hecke stattfand.

Oha, dachte ich. Jan schläft und ich besaufe mich mit seiner Frau? Da war vielleicht Vorsicht angebracht. Nicht weil Jan der Chef war, sondern weil ich ihm gegenüber bereits freundschaftliche Gefühle entwickelt hatte. Damit ich solche aufs Spiel setze, müsste die Frau es auch wirklich wert sein, und dessen war ich mir bei Anna nicht gewiss. Klar, tags zuvor auf der Einfahrt zum Hof von Verhuizer hatte sie mich fast aus dem Sattel gehauen, aber von der Eleganz ihrer Erscheinung war heute nicht viel übrig geblieben. Trotzdem gefiel sie mir und das lag vor allem daran, dass sie dieser ganzen versoffenen Situation die heiteren Seiten abgewann. Ich mag Frauen, die gern lachen, und ich schätze Frauen, die sich über armdrückende Möbelpacker amüsieren.

Was mich jetzt allerdings wunderte, war, dass sie keinerlei Anstalten machte, zu Jan zu gehen und ihn zu begrüßen. Das konnte zwar heißen, dass die beiden schon länger zusammen waren und sie also nicht mehr den Drang hatte, wie eine frisch Verliebte schnell ihren Schatz zu treffen, aber irgendwie stimmte hier etwas nicht. Vielleicht dachte ich das nur, weil Anna auf mich weniger den Eindruck machte, Jan sehen oder mit ihm zusammen sein zu wollen, als einfach nur ihn in ihrer Nähe zu wissen, sich sozusagen in seinem Dunstkreis aufzuhalten. Wie richtig oder falsch mein Eindruck auch immer sein mochte, ich hatte plötzlich das Gefühl, dass es langsam an mir wäre, für den Nachschub an Tequila zu sorgen, und so ging ich zum Tresen und bestellte.

Nachdem wir uns das nächste Mal zugeprostet hatten, wollte ich sie fragen, ob sie Jans Freundin war, aber plötzlich begann sie, mit Bierdeckeln in seine Richtung zu werfen, wobei sie bei jedem Treffer amüsiert kicherte, also machte ich mich daran, zwei weitere Tequila zu besorgen. Als ich sie auf unserem Tisch abstellte und mich setzte, bemerkte ich, wie Jan unter dem letzten Treffer zusammenzuckte. Im gleichen Moment lachte Anna mir ein Prost entgegen und wir stießen an. Als ich den Kopf nach hinten warf, um das Getränk zu versenken, stand plötzlich Jan neben mir.

»Was machst du hier?«, fragte er Anna. »Du bist ja völlig besoffen.«

»Na und?«

»Na und«, äffte er sie nach. »Du solltest längst zu Hause sein.« Während ich mich noch wunderte, wie denn der Jan van Zaelen so drauf sei, den ich erst einen Tag zuvor kennengelernt und im Groben für durchaus in Ordnung befunden hatte, beugte er sich neben meinem Stuhl herab und legte mir seinen Arm um die Schulter.

»Pass mal auf, ey. Ich mag dich, kann dich echt gut leiden. Aber wenn jemand meint, er hätte Chancen, weil er meine Schwester besoffen macht, dann werde ich sauer.«

Schwester! Unwillkürlich warf ich einen Blick über den Tisch zu den anderen dreien, die so taten, als würden sie während des Armdrückens rein gar nichts mitkriegen, und alle ein sattes Prusten unterdrückten.

»Warte mal«, sagte ich zu Jan. »Das war alles ganz anders ...« Und dann stockte ich. Sollte ich jetzt etwa erklären, dass Anna es gewesen war, die mit dem Tequila angefangen hatte? Die Schuld auf jemand anderen abwälzen? Immerhin hatte ich ja mitgemacht. Und außerdem fühlte ich plötzlich wieder die Frage nach der Loyalität aufkommen. Was denn?, dachte ich. Bin ich jetzt hier der Travolta, »Go home 'n jerk off«?

»Schon klar«, sagte Jan, als er aufstand und mir mit der Hand auf die Schulter klopfte. »Brauchst gar nichts zu sagen. Ich kenne meine Schwester ja wohl. Aber jetzt weißt du Bescheid.«

Er seufzte, gähnte und streckte sich und dann schlappte er zum Tresen, nachdem er noch bemerkt hatte, dass er jetzt ein Bier bräuchte.

Sunny grinste mich an, Hecke grinste mich an, Otis grinste mich an. »Harhar!«, machte ich, während ich überlegte, wie man denn drauf sein müsste, um sich über die Situation derart zu amüsieren, wie die drei das taten. Aber dann fiel mir ein, dass ich ja niemanden von ihnen wirklich kannte und somit auch nicht wissen konnte, was für eine Vorgeschichte es da vielleicht noch gab.

»Ich darf nicht mit dir trinken?«, fragte ich Anna und sie verzog ihren Mund zu dem breitesten Grinsen, das ich bis jetzt bei ihr gesehen hatte, und leckte sich dabei die Lippen.

»Hast du Angst?«, fragte sie und in ihrem Blick lag so viel von »Fall doch über mich her, wenn du dich traust«, dass ich ahnte, dass wir früher oder später zusammen im Bett landen würden. Nicht heute, so viel war klar. Aber in den nächsten Wochen, so viel war auch klar.

Etwa ein Jahr, nachdem Jan van Zaelen von Hannover aus nach Hamburg geflüchtet war, war seine Schwester ihm gefolgt. Aus dem Drogensumpf heraus hatte Jan sofort kapiert, dass er Anna das ersparen wollte, was er selbst in Hamburg erlebt hatte. Anfangs hatte er sich noch bemüht, sie dazu zu überreden, nach Hannover zurückzukehren oder wenigstens in Hamburg ihr Abitur zu Ende zu machen, aber Anna war eine Widerspenstige. Nachdem Jan begriffen hatte, dass er sie nicht zähmen konnte, begnügte er sich mit der Beschützerrolle und versuchte, alle schlechten Einflüsse von ihr fernzuhalten. Ich spürte gleich am ersten Abend, dass sie ihr eigenes Spiel daraus machte, und ich kann nicht behaupten, dass ich das reizlos fand.

In dieser Nacht in einer der düstersten Kaschemmen auf Sankt Pauli gefiel mir die lebensbejahende Ausstrahlung von Anna, die bestimmt zehn Jahre jünger war als ich und die die Party des Wochenendes im vollen Wissen, dass ihr nichts passieren würde, genießen konnte, hatte sie doch ihren großen Bruder an ihrer Seite. Mir gefiel die Art, wie sie wegen der Sicherheit, die sie empfand, aufleben konnte.

Ich mag Leute, die ich nett finde, und da ich Jan schon kennen- und schätzen gelernt hatte, gefiel mir die Konstellation von beschützendem Bruder und junger Schwester noch einmal extra. Ich bin ja ein korrekter Typ, ich würde Anna niemals schlecht behandeln und das wusste nicht nur ich, das wusste auch Jan, als er mir erklärte, dass niemand seine Schwester betrunken macht, um Chancen bei ihr zu haben, und das ahnte auch Anna, als sie beobachtete, wie Jan mir Bescheid gab, und an der Art, in der er mit mir sprach, sehen konnte, dass wir uns schon kannten. Ich glaube, in dieser Nacht, in diesem Moment an unserem Tisch, als die anderen drei plötzlich sehr müde wurden und Jan mit seinem Bier vom Tresen zurückkam, da habe ich mich das erste Mal in Anna verliebt – auch wenn ich das am nächsten Morgen nicht mehr wusste.

Vielleicht hatte ich mich auch schon tags zuvor auf dem Hof von Verhuizer in sie verliebt, aber ich glaube, da habe ich sie einfach nur toll oder geil gefunden, denn da wusste ich sie ja noch nicht einzuordnen und hätte nicht gedacht, dass ich sie einmal wiedersehen würde. Jetzt aber, da ich wusste, wer sie war, konnte ich mir in der Fantasie ausmalen, wie es wäre, wenn ich sie wiedersehen würde, und das gehört ja wohl zum Verliebtsein dazu.

Als Jan sich mit seinem Bier in der Hand auf einen Stuhl zwischen uns fallen ließ, dachte ich für einen Moment, die Nacht sei noch jung und wir alle könnten jetzt noch einiges zusammen unternehmen, aber schon wenige Minuten später war die Luft raus. Bei allen von uns.

Hecke war in seinen Stuhl gesackt und hatte angefangen zu schnarchen. Otis guckte trübe an seinem Bier vorbei nach nirgendwo und Sunny schielte unter schweren Lidern in die Runde. Was wollt ihr denn eigentlich alle?, schien sein Blick dabei zu fragen. Ein Ausdruck, den ich an ihm, einem der offenherzigsten Menschen, die ich je kennenlernen durfte, noch oft erleben sollte, wenn er einen im Tee hatte.

Auch bei Anna kam langsam die Erschöpfung durch und Jan starrte kopfschüttelnd auf sein Bier. »Scheiß Gesaufe«, murmelte er. Ich nickte, denn auch ich fühlte mich plötzlich bemerkenswert schwer. Ich wusste, was er meinte. Wenn man bis nach Mitternacht Möbel geschleppt hat, dann gehört das Saufen zu den unsinnigsten Dingen, die man tun kann, aber man tut es trotzdem immer und immer wieder. Wahrscheinlich gerade weil man so lange geschleppt hat.

Ich habe es oft genug erlebt, dass ich mich morgens nicht aus der Koje quälen wollte und mir schwor, direkt nach der Arbeit aber sofortestenst wieder zu Bett zu gehen, dahin, wo mein von Träumen erfülltes Leben bis zu dem Moment stattgefunden hatte, an dem mich der unbarmherzige Wecker aus dieser Welt der Träume herausklingelte und mich daran erinnerte, dass zum Frondienst ich mich zu begeben hätte.

Weil aber das Leben da draußen – in dem ich für uninteressante Leute, die sich nicht für mich interessieren und die mir viel zu oft völlig am Arsch vorbei gehen, Möbel schleppen soll – in dem Moment, wenn der Wecker klingelt, nicht den Hauch einer Chance hat, mir vorzugaukeln, es sei ein realeres Leben als das meiner Träume im Schlaf, genau deswegen sträube ich mich aufzustehen. Und weil es obendrein auch physisch ungemein schmerzhaft sein kann, die müden Knochen einer für mich sinnlosen Beschäftigung entgegenzuschleppen. Genau deswegen schwöre ich mir, nach der Arbeit ganz, ganz schnell wieder zu Bett zu gehen.

Aber seltsamerweise habe ich das dann gegen Feierabend meist schon wieder vergessen. Egal ob wir bis nachts um zwei oder bis sonst wann geschleppt haben – direkt ins Bett geht keiner und ich erst recht nicht. Was, jetzt ist es Mitternacht und mein ganzer Tag ist damit hingegangen, für andere Leute zu malochen? Da will ich doch jetzt bitte noch irgendwas erleben!

Ein halber Liter Bier stand noch vor mir auf dem Tisch, als Jan Anna endlich so weit hatte, dass sie sich von ihm nach Hause bringen ließ, während Hecke, Sunny und Otis am Tisch saßen und schnarchten.

Ich wünschte Anna und Jan einen guten Heimweg und hatte kaum fünf Minuten, nachdem die beiden weg waren, schon vergessen, dass ich mich wenige Augenblicke vorher in Anna zu verlieben begonnen hatte. Und am nächsten Tag hatte ich vergessen, wie ich aus der Kneipe herausgekommen war. Einzig, dass es inzwischen wunderbar hell war, dass ein neuer Tag begonnen hatte, daran erinnerte ich mich am nächsten Nachmittag noch, als ich aufwachte.

Ich liebe die Stunden des frühen Morgens. Wenn ich verschlafen mit verquollenen Augen bei der Arbeit auftauche, haben Kollegen vielleicht gern mal den Eindruck, ich sei ein Morgenmuffel, aber das ist nicht wahr. Ich fühle mich wohl in jenen Stunden, in denen die Nacht dem Tag das Feld räumt. Ist doch dann endlich mal Ruhe in der viel zu großen Stadt, in der ich wohne. Es spielt überhaupt keine Rolle, ob ich das durchgesumpft nach einer wachen Nacht oder stocknüchtern nach erholsamem Schlaf erlebe. Wenn ich allerdings solch tolle Uhrzeiten wie zum Beispiel vier Uhr morgens nicht erleben darf, weil ich ja gleich (um sieben oder acht) meine Knochen verkaufen muss, dann habe ich selten gute Laune, wenn ich morgens von Zwängen getrieben zur Arbeit hetze.

Kapitel 7

PROFESSIONELL DISKRET

»Wer meint, er müsse erröten,
wenn der Möbelpacker im Schrank
die Pornosammlung entdeckt, der muss
seine Kartons schon selbst packen.«

Es war eigentlich ein ganz normaler Umzug, wenn man davon absah, dass der Kontakt zum Kunden recht distanziert ablief, aber das konnte eben auch normal sein.

Manche Kunden sind extrem nett und stellen uns Frühstück hin, bevor wir kaum zwanzig Kartons aufgeladen haben, andere sind extrem scheiße und kommen im Laufe von sechzehn Stunden nicht ein einziges Mal auf die Idee, uns zu fragen, ob wir eventuell einen Schluck Wasser trinken wollen.

Der Kunde an diesem Montagmorgen war einfach nur korrekt im Sinne des Wortes. Das soll heißen, dass er sich genau an die Absprachen hielt, um die es in seinem Auftrag ging. Vier Möbelwagenmeter, also zwanzig Kubikmeter, sollten transportiert werden und er selbst sollte alles verladefertig vorbereiten, was er auch getan hatte. Es ging aus dem ersten Stock raus und in den zweiten rein und die Kartons waren human gepackt. Ein einfacher Job also für Sunny, Hecke und mich, ein Job, den wir bis 14 oder 15 Uhr bestimmt hinter uns haben würden, ein Job, an dem es nichts auszusetzen gab, ein Job, den wir in spielerischer Routine erledigen konnten.

Es gab Mineralwasser für uns und das reichte uns, da wir als Profis gleich erkannten, dass wir hier mit Trinkgeld nicht zu rechnen hätten. Das Trinkgeld war uns eh egal, denn wir alle spürten noch das Wochenende in den Knochen, und an einem Montag einen solch leichten Job zu haben war uns genug. Es war uns genug, dass der Kunde nicht scheiße war, sondern zwar förmlich, aber korrekt, und es war uns genug, dass wir zusammen unterwegs waren und keiner von uns das Pech haben musste, mit irgendwelchen Idioten arbeiten zu müssen, die es leider auch bei Verhuizer manchmal gab.

Ein ganz normaler Montag, an dem nichts Besonderes passieren würde, an dem wir alle recht früh nach Hause würden gehen können, um dann wieder zu Bett zu gehen oder auf eine andere Weise zu relaxen, bevor die Woche dann mit voller Wucht zuschlagen konnte.

Alles war also entspannt und so, wie es eigentlich immer sein sollte. Bis ich pinkeln musste.

Wenn man während eines Umzugs mal pinkeln muss, dann sollte man davon ausgehen können, dass es sich bei den Kunden, mit denen man es zu tun hat, um normale Leute handelt, und normale Leute wissen im Allgemeinen, was der Begriff »Toilette« bedeutet. Das ist nun mal der Platz, an dem man pissen geht. Weil aber der Umzugstag für die meisten Menschen einen Ausnahmezustand bedeutet, greift hier die Definition des »Normalen« nicht.

Man erlebt es also immer wieder, dass Leute, denen der Besuch von drei bis zehn Möbelpackern ins Haus steht, nicht begreifen, dass ihr Klo an diesem Tag nicht unbenutzt bleibt und dass es sich daher als Lagerstätte für allerlei persönliche oder nebenbei mal schnell gebrauchte Sachen nicht eignet.

Es macht mir nie Spaß, zwischen Koffern und Taschen, die reisefertig gepackt sind, meinen Weg zum Pinkelbecken zu suchen, in dessen unmittelbarer Nähe dann teure Jacketts und Blousons (mit den Bügeln im Kragen) über den Badewannenrand hängen. Das ist einfach keine Atmosphäre, in der der dann doch ästhetisch empfindende Möbelpacker sich ungehemmt erleichtern kann. Was soll das? Reisegepäck kann man doch bitte auch anderswo verwahren als ausgerechnet auf dem Abort. Klar, Leute denken oft, dass das Klo der Platz sei, auf dem nichts im Wege stehe, aber sie vergessen gern, dass die Örtlichkeit *immer* benutzt wird, ob nun gerade Ausnahmezustand ist oder nicht.

Wollen Sie vielleicht auf dem Weg zu Ihrer neuen Wohnung eine Jacke tragen, auf deren Kragen sich Tröpfchen befinden, die über den Rand gespritzt sind?

Also bitte ...

Aber das ist einfach nur das Normale, das ich immer wieder erlebe. An jenem Montag hingegen durfte ich eine Erfahrung machen, die ich mein Lebtag nicht vergessen werde.

Etwa dreißig Kartons und etwas Kleinkram hatten wir bisher aufgeladen, als ich das erste Mal zur Toilette musste. Normalerweise frage ich, ob ich mal dürfte, obwohl natürlich klar ist, dass ich darf, aber Höflichkeit kommt immer an. An diesem Morgen konnte ich nicht fragen, denn der Kunde war seit geraumer Zeit mit Sunny im Keller und ich musste einfach zu dringend.

Da die Wohnung klein und übersichtlich war, wusste ich von Anfang an, welche die Tür zum Klo sein musste, und so zögerte ich nicht. Gleichzeitig drückte ich die Klinke und den Lichtschalter neben der Tür. Zuerst ging das Licht nicht an und dann stieß ich mit der Tür gegen etwas Hartes im Badezimmer. Ich schob mich durch die halb offene Tür, spähte nach drinnen und erblickte eine alte Frau, die mitten in dem kleinen, dunklen Raum in einem Rollstuhl saß und mich mit einem Gesichtsausdruck ansah wie ein Verhafteter, der nach zwei Tagen Untersuchungsgefängnis den ersten Besuch von seinem Anwalt bekommt.

Verdattert murmelte ich eine Entschuldigung und zog die Tür wieder zu. Dass ich eben noch hatte pinkeln müssen, vergaß ich auf der Stelle. Verwirrt starrte ich zur offenen Wohnungstür.

Für ein paar Sekunden überforderte mich die Situation.

Hecke war auf dem Lkw und packte. Sunny war mit dem Kunden im Keller. Ich stand allein in der Wohnung. Nebenan, hinter dem schmalen Holz, das eine Tür bildete, befand sich das Badezimmer. Aber nicht nur das. Es befand sich auch ein Paralleluniversum dahinter, in dem eine Großmutter geparkt war, die bei dem Umzug nur im Weg stehen würde.

Was war denn der Kunde für einer? »So, Mutter, ich stell dich mal hier rein, keine Sorge, ich vergesse dich nicht«?

Ich hatte immer gedacht, solches gibt es nur bei *Lucky Luke*, wo kurz vor High Noon die Familie des Bürgermeisters flüchtet, wobei sich dann auf dem gesamten Hausrat auf dem Wagen obendrauf noch der Großvater im Rollstuhl befindet.

»Haben wir auch nichts vergessen?«

»Alles klar.«

»Ist Oldtimer dabei?«

»Ja.«

»Na, dann können wir ja ...«

Was ich als Kind bei *Lucky Luke* lustig fand, das erschien mir als Erwachsenen in meines Kunden Wohnung gruselig. Natürlich konnte es sein, dass die Großmutter sich das Bad selbst und freiwillig als Exil ausgesucht hatte. Ich weiß aus eigener Erfahrung mit Asthmaanfällen, dass es mir dann ziemlich egal ist, wie meine direkte Umgebung aussieht oder was um mich herum geschieht, solange ich meine Ruhe habe und mir keiner auf die Nerven geht. Also konnte ich vermuten, dass die Großmutter ihre Gründe hatte, warum sie sich zurückzog, aber irgendwie habe ich das dann doch nicht geglaubt. Und selbst wenn, es muss doch wohl andere Lösungen geben als ausgerechnet das Scheißhaus. Schließlich wussten diese Leute seit längerer Zeit, dass an diesem Tag der Umzug stattfinden würde.

Für mich gehörte die Kundschaft an diesem Tag also einfach in die Kategorie »seltsame Leute« und von denen habe ich im Laufe der Zeit genug getroffen, ich bin nämlich auf der Arbeit bei meinen Kunden zu Hause, da wo sie leben, da, wo sie wohnen, und das vergessen einige manchmal.

Klar, der professionelle Möbelpacker ist diskret und sieht über die privaten und intimen Sachen, über die er dann doch mal stolpert, hinweg, aber manchmal sind sie einfach nicht zu übersehen. Wer meint, er müsse erröten, wenn der Möbelpacker im Schrank die Pornosammlung entdeckt, der muss seine Kartons schon selbst packen.

Wer bei einer Meinungsverschiedenheit mit dem Partner schnell die Nerven verliert, der sollte sich vor dem Umzug noch einmal Strategien der Konfliktvermeidung vor Augen führen. Es ist nämlich nicht nur für die Kundschaft peinlich, wenn der Möbler ihren Streit mitbekommt, es ist vielleicht auch für die

Möbelpacker unangenehm, die mit der Frage auf den Lippen, wo denn diese und jene Dinge abgestellt werden sollen, im Flur stehen und dann das Partnergeschrei aus der anderen Ecke der Wohnung vernehmen.

Manche Leute scheinen gar nicht zu bemerken, dass sie fremde Menschen im Hause haben, oder sie haben absolut keine Hemmungen. Da war ein Mann, bei dem wir im Wohnzimmer standen, dessen Frau, nachdem ein Kollege eine nette, scherzhafte Bemerkung gemacht hatte, mit bitterer Miene erst den Raum und dann die Wohnung verließ. Ratlos guckte der Kollege, der doch nur einen netten Scherz hatte machen wollen, bis der Kunde, der müde auf dem Sofa saß, zu seufzen begann. »Nee«, sagte er. »Die lacht nicht. Die hat keinen Humor, die hat zu viel durchgemacht.« Und dann zuckte er mit den Schultern. »Aber was soll ich machen? Ich kann sie ja schlecht erschlagen.«

Da steht man dann da und fragt sich, ob man das wirklich gerade erlebt.

Eine befreundete Firma hatte einmal einen Full-Service-Auftrag, bei dem ein Kollege beim Packen der Kartons im Keller Kinderpornos entdeckte. Heimlich verständigte er seinen Umzugsleiter. Der Umzugsleiter rief im Büro an und das Büro bei der Polizei. Der Disponent kam und kündigte den Auftrag, die Polizei kam und beschlagnahmte.

Was sind das für Leute? Dass es Kinderpornografie gibt, wissen wir, aber wissen auch alle Pädophilen, dass sie illegal ist? Kann es sein, dass der Mann die Kinderpornos in seinem Keller schlicht vergessen hatte? Was war das für ein Typ? Hat er vielleicht ein unbewusstes Signal ausgesandt? »Helft mir, ich bin krank«?

Als ich die Geschichte das erste Mal hörte, habe ich lange darüber nachgedacht, konnte mich allerdings mit Kollegen nicht darüber unterhalten, weil ich gerade mit einer Bande von Möblern unterwegs war, die allzu schnell mit »Schwanz ab!«-Sprüchen dabei waren und sich genauso schnell gefreut haben, dass der Typ aber im Knast noch Bescheid kriegen würde, denn da stünden »Kinderficker ganz unten« in der Hierarchie, und der Typ würde es wohl »noch richtig besorgt« kriegen. Das meint: Ficken als Strafe geht schon in Ordnung, wenn es den Richtigen trifft. Solch eine Einstellung zur Sexualität fand ich schon immer bemerkenswert befremdlich. Und wenn ich dann mit Kollegen unterwegs bin, die sich erst einmal das Maul zerreißen, bevor sie Jahre später vielleicht irgendwo auf den Begriff »Nachdenken« stoßen, dann fühle ich mich mitunter recht einsam. Und wenn ich dann mit solchen Kollegen bei Kunden aus der Kategorie »seltsam« einen Umzug zu erledigen habe, dann frage ich mich schon mal, ob ich mir nicht doch einen anderen Job suchen sollte.

Ich hatte einen Kunden, für den habe ich im Laufe der Jahre insgesamt dreimal transportiert. Das heißt, ich habe ihn, weil das immer auf Ferntour war und also Aufladen und Abladen nie am gleichen Tag stattfanden, sechsmal morgens an der Wohnungstür gehabt. Der Typ war offenkundig schwul und da hat er kein Geheimnis draus gemacht, er hat es vielmehr plakatiert. Jeden Morgen, an dem ich bei ihm klingelte, stand er nur mit T-Shirt und Unterhose bekleidet in der Tür, grinste ein »Guten Morgen« und kratzte sich am Sack. Zum Aufladen war der Umzug stets sehr gut vorbereitet, alles war verpackt, die Möbel standen bereit, wir brauchten nur rauszuziehen. Nichts, kein Kleinteil lag noch irgendwo lose rum, einzig auf dem Gästeklo lag auf dem Waschbecken ein Katalog, in dem Fetisch- und Lederkleidung sowie verschiedenes Sexspielzeug angeboten wurden. Deutlicher kann man es nicht signalisieren und die Kollegen haben auch schnell untereinander ihrem Abscheu Ausdruck verliehen, indem sie über »Schwuchteln« im Allgemeinen und die ekelhafte Art unseres Kunden im Speziellen lästerten und sich amüsierten. Mir war das alles wurst. Sollte er es doch versuchen, der arme Kerl, wenn er sonst keine Kontakte zu knüpfen wusste, er würde schon merken, dass ich nichts von ihm wollte.

Ungerecht sind sie, die Kollegen, geben sie doch vor, die offensive Art des Kunden zu kritisieren, doch würden sie völlig aus dem Häuschen sein, wenn eine Frau sich so benähme. Wenn sie morgens klingeln und eine nur mit Hemdchen und Slip bekleidete Kundin, die sich zwischen die Beine fasst, ihnen die Türe öffnen würde – allesamt würden sie ins Sabbern kommen. Keine Idee von Kritik hätte da mehr die Chance aufzukommen, denn das Gehirn wäre abgeschaltet und die Kollegen würden sich gegenseitig übertrumpfen beim Versuch, der Kundschaft jeden Wunsch zu erfüllen.

Arm sind manche Kollegen im Geist. So arm, dass nur das »Normale« von ihrem Verstand verarbeitet werden kann. Der schwule Kunde nervt, weil er vielleicht was vom Möbelpacker will, die lesbische Kundin nervt, weil sie nichts vom Möbelpacker will.

»Ey, hast gemerkt? Die sind lesbisch.« Kicher, grins.

Wie auf dem Schulhof! Mir doch wurst, was Leute, an die ich nach Feierabend keinen Gedanken mehr verschwende, im Bett machen.

Ein einziges lesbisches Paar hat mich mal genervt und das, weil die beiden offensichtlich nur widerwillig Männer im Haus hatten. Das fand ich scheiße. Homosexuelle Frauen, die derart verbittert sind ob der Tatsache, dass es Männer gibt, die können von mir aus auch so verbittert bleiben. Es gibt für mich Wichtigeres, als denen ihren Irrtum zu erklären, aber dann sollen die bitte ihr beschissenes Hab und Gut selbst transportieren, anstatt dafür »scheiß Schwanzträger« zu engagieren. Nicht, dass ich hier falsch verstanden werde: Die Abneigung gegen den Möbelpacker ist keine speziell gewitterlesbische Eigenart. Ich habe es oft genug auch bei anderen Leuten erlebt, dass sie uns eigentlich lieber nicht im Hause hätten, bei Leuten, die sich ärgern, dass sie keinen Dienstboteneingang haben und uns also durch die Vordertür herein lassen müssen, und ich finde es von all denen scheiße, dass sie uns überhaupt bestellen.

Macht doch euren Scheiß alleine, wenn ihr keinen Bock auf uns habt! Aber das könnt ihr auch nicht, denn es gibt kein Lesbenkollektiv, das Umzüge von Frauenfrauen für Frauenfrauen macht, und es gibt auch keine Millionäre, die mal eben bei den Nachbarn mit anfassen.

Es ist ja manchmal widerlich, dass Leute meinen, dass sie uns wie gesichtsloses Dienstpersonal behandeln können. Wenn einer cool ist und denkt, ich könne im Rahmen des Full Service ruhig den Inhalt seines Schreibtisches verpacken, egal welche Geschäftskorrespondenz oder geheimen Liebesbriefe des Seitensprungs, von dem seine Frau nichts weiß, sich darin befinden, dann ehrt mich das Vertrauen, das er in meine professionelle Diskretion hat.

Wenn ich allerdings das Gefühl habe, dass er sich so verhält, weil er meint, ich könne seine Briefe ruhig in die Finger kriegen, weil ich genau so analphabetisch sei, wie er denkt, dass Dienstpersonal nun mal sei, dann bin ich sauer.

Arroganz ist fehl am Platz und schnell durchschaut. Mancher Möbelpacker ist ein besserer Psychologe, als der überhebliche Kunde zu träumen wagt. Ihm kann es natürlich egal sein, was wir über ihn denken, aber ein wirklicher Mann mit Stil, ein echter Mann von Welt hinterlässt überall einen guten Eindruck. Schreibt euch das hinter die Ohren!

Manche Leute haben ja auch einfach nur Angst und die wollen dann den Mann, der zum Kostenvoranschlag in die Wohnung kommt, noch nicht einmal einen Blick in die Geschirrschränke in der Küche werfen lassen.

Wie zum Teufel soll da der Preis für einen Full-Service-Umzug kalkuliert werden? Wenn wir nicht in eure Schränke gucken sollen, dann packt eure Kartons selbst!

Die meisten Kunden haben es ja im Blick, was sie lieber selbst packen wollen und wessen der Möbelpacker im Rahmen des Full Service ruhig ansichtig werden kann.

Jene Kundin, die uns damals, als wir zu spät bei ihr eintrafen, zur Eile trieb, weil sie ihren Flug noch erreichen musste, war wohl von unserer Geschwindigkeit überrumpelt und so war sie noch mit dem Kollegen, der in der Küche montierte, beschäftigt, als ich beim Verpacken ihres Schlafzimmers ihre erotische Literatur und ihre Dildos in Kartons verfrachtete. Gern erinnere ich mich an die Schamesröte, die ihr über das Gesicht huschte, als sie ins Zimmer kam und mich fragte, ob sie mir helfen könne, und dann sah, dass alles bereits verpackt war. Sie hatte Glück, denn ich war es gewesen, der ihr Spielzeug in die Finger gekriegt hatte, und ich hatte an jenem Morgen das Vermögen, sie mit professionellem Ignorieren ihrer Schamesröte davon überzeugen zu können, dass ihr Empfinden von Peinlichkeit hier gerade nicht notwendig sein musste. Bei anderen Kollegen hätte das anders sein können. Es hat keine Sekunde gedauert, da war sie sich meiner sicher, und das hat mich gefreut. Ich habe das später Otis erzählt und gesagt, dass, wenn sie in dem Moment reingekommen wäre, in dem ich gerade ihre Schwanzimitation in den Händen gehalten hatte, ich wohl rot geworden wäre, und Otis sagte lachend: »Das ist es, was dich so sympathisch macht.«

Es gibt Kollegen, von denen ich glaube, dass sie zwischen privatem Erleben und einer Situation bei der Arbeit nicht unterscheiden können, und mit solchen eine Situation zu erleben, die professionelle Diskretion verlangt, hätte ich der doch recht attraktiven Kundin damals nicht gewünscht. Von ihrer Unterwäsche, die mir da zwischen meinen Fingern hindurch in die Kartons glitt, will ich hier nicht weiter reden.

Es ist klar, dass selbst beim Full Service vieles von der Kundschaft selbst gepackt wird, denn die Leute wollen uns schließlich nicht alles zeigen. Aber manchmal sehen wir in die Abgründe, wie der Fall der Großmutter auf dem Scheißhaus zeigt.

Da weiß ich lieber nicht, was sich in den selbstgepackten Kartons so alles befindet.

Ich will gar nichts wissen von all den Geschichten, die sich hinter den Fenstern abspielen, an denen wir vorbeifahren und bei deren Anblick ich mir oft genug familiäre Dramen ausmale, in Haushalten, die ich einmal betreten werde, um zu transportieren. Es ist schön, wenn dann wenigstens der private Familienterror, die Leichen im Keller und die abgründigen Geheimnisse schon verpackt sind, bevor wir Bücher und Geschirr in Kartons verstauen.

Es ist nicht immer so harmlos wie die Dildos einer alleinstehenden jungen Frau, das zeigt der Fall der Kinderpornos.

Ich will nicht wissen, was ich schon alles transportiert habe.

Ich will nicht wissen, was das für eine Familie ist, bei der ich Kartons im Keller abstelle, wo die Reichskriegsflagge an der Wand hängt und die Leute aber sehr freundlich zu mir sind und mir auch Abendbrot anbieten. Nur weg da, schnell weiter!

Ich will nicht wissen, was der angesoffene Typ mit seiner Frau macht, die die ganze Zeit so verschreckt aus der Wäsche guckt. Ich will nur meinen Job machen, den Job, von dem ich immer gedacht habe, dass er einer der letzten ehrlichen Jobs ist.

Ich schleppe für Leute, die es selbst nicht können, das war die Idee, die mir am Anfang meiner Zeit als Möbelpacker gefallen hat und die ich immer noch liebe, wenn sie respektiert wird.

Wie soll ich mich denn verhalten, wenn die Tochter des Hauses eine Körperhaltung hat, die nichts anderes als Missbrauch ausdrückt, wie jene Freundin, von der ich es in meiner frühen Jugend gewusst habe?

Nur rein da, den Job machen und wieder raus. Sonst ertrage ich das nicht.

Und wenn einer seine Mutter zum Umzug mit dem Rollstuhl aufs Scheißhaus schiebt, dann ist das auch nicht mein Problem. Ich habe die Oma nach meinem ersten Schock nicht wiedergesehen. Gepinkelt habe ich draußen an die Hecke neben den Mülltonnen. Das Abladen ging dann sehr schnell und ob die Großmutter in der neuen Wohnung wieder beim Klo geparkt wurde, weiß ich nicht.

Vielleicht sitzt sie heute noch im dunklen Badezimmer. Vielleicht bringt ihr Sohn ihr einmal am Tag was zu essen rein, vielleicht sitzt sie jetzt auch im Keller. Das ist nicht meine Sache. Wenn hin und wieder so richtig schlimme Zustände von anderen entdeckt werden, dann können wir davon in Zeitungen lesen, deren Existenz darauf beruht, dass die Allgemeinheit geil darauf ist, solche Geschichten zu lesen. Ich brauche so was nicht zu lesen, ich ahne es in sehr vielen Haushalten, in die ich bestellt werde, und ich will davon nach Feierabend nichts mehr wissen. Die private Hölle anderer Leute, die ich bei meinem Job erlebe, muss nach Feierabend verdrängt werden, sonst drehe ich durch.

So ist das.

Ich kann das nicht mit an denselben Tresen nehmen, an dem ich mir mit Kollegen die Illusion verschaffe, dass wir nach Erledigung unserer Arbeit noch ein eigenes Leben haben.

Das mag sich jetzt schlimmer anhören, als es ist, denn oft genug habe ich freie Tage, aber wenn ich abends mit Kollegen in einer Stadtteilkneipe hänge, nachdem wir bis 22 Uhr malocht haben und wissen, dass wir am nächsten Morgen um sieben wieder anzufangen hätten, dann können wir nur recht wenig anderes Leben erfahren als eben das Leben dessen, der der Möbelpackerei verhaftet ist.

Kapitel 8

WIR GEHÖREN DER NACHT

»Als ich ihn auf den Wangenknochen traf, schrie in meiner ungeübten Faust der Schmerz auf.«

Sankt Pauli war nie wirklich ein Viertel für mich. Natürlich habe ich mich da als junger Mann auch herumgetrieben, bin auf Konzerte, in Discos und in Kneipen gegangen, aber das hatte sich nach wenigen Jahren auch wieder erledigt. Zu voll das alles, zu laut und zu auch nicht interessanter, als sich anderswo zu besaufen. So wurde ich auch nie eine jener Gestalten, die sich selbst als »Szenegänger« (auch: »Pistengänger«) bezeichnen.

Eine Weile habe ich da aber tatsächlich gewohnt und zwar am Hamburger Berg, Ecke Reeperbahn. Nach längerer Zeit der Wohnungslosigkeit ergab sich die Gelegenheit, bei einem Freund in einem freien Zimmer unterzukommen, und so schaffte ich mit gemischten Gefühlen an einem warmen Sommertag meine Kartons und meine Matratze in den fünften Stock hinauf, wo mir in der ersten Nacht schon klar wurde, dass ich es in der neuen Behausung nicht lange aushalten würde. Als ich gegen Mitternacht versuchte einzuschlafen, drang von draußen etwas durch das Fenster zu mir herein, das ich nur als die Schreie von Patienten aus der Offenen empfinden konnte.

Morgens stieg ich auf den Treppen vor der Haustür über eine vollgekotzte Schnapsleiche hinweg, wurde auf dem Weg zum Supermarkt zweimal gefragt, ob ich ficken wolle, und musste mich am Eingang des Ladens gegen aggressive Kleingeldschnorrer wehren. Auf dem Rückweg war es nicht besser. Manche halten das für Lebensqualität und junge Leute finden das vielleicht spaßig und spannend, ich empfand nur ein überwältigendes Bedürfnis nach Ruhe. Ich schlug selbst oft genug über die Stränge, dazu brauchte ich nicht die Gesellschaft eines ganzen Stadtteils. Ich wollte ja auch nicht auf dem Jahrmarkt wohnen.

Ich war also mehr als erleichtert, als mir nach sechs Wochen schon eine Wohnung in Ottensen angeboten wurde. Da war es ruhiger, sozusagen gerade laut genug. Ich wusste noch nicht, dass Ottensen seinen Höhepunkt des In-Seins noch lange nicht erreicht hatte. Aber egal, so schlimm wie der Kiez wurde es nie.

Wenn es mir auf Sankt Pauli gefallen hätte, wäre ich vielleicht sogar unter einer Schneewehe begraben worden, aber so blieb ich den Drogen meistens fern und nahm nur selten was. Probieren musste ich natürlich, denn man will ja nicht gern was verpassen.

Kokain habe ich glücklicherweise recht spät kennengelernt, also fiel es mir leicht, schnell zu merken, wie bescheuert diese Droge ist. Ein LP-Titel der Gruppe Fishbone lautet *Give a Monkey a Brain and He'll Swear He's the Center of the Universe*. Im Hinblick auf Koks könnte man auch sagen: Gib einem Hosenscheißer Kokain und er hält sich für den cleversten Typen der Galaxis.

Ich selbst hatte mich an einem Nachmittag für einen der weisesten Menschen des Planeten gehalten. Nach einem kurzen, aber anstrengenden Arbeitstag hatte ich im Park nach Psilocybin-Pilzen gesucht, um anschließend am Flussufer im Drogenrausch die Geheimnisse dieser Welt zu begreifen. Als ich in herbstlicher Dämmerung zu frieren begann, radelte ich nach Ottensen, wo ich in einer Kneipe zufällig Jan traf, mit dem ich ein paar Drinks zu mir nahm, bis Jan bemerkte, dass in der Kneipe »ja wohl gar nichts los« sei. Also ging es doch mal wieder auf den Kiez.

Wir trafen Erik und Hammer in einer Seitenstraße hinter dem Hans-Albers-Platz in einer Kneipe im Souterrain an einem von Schnaps verschmierten Tisch und mir wurde gleich klar, dass es kein gutes Ende nehmen beziehungsweise »eine lange Nacht« werden würde, wie andere das vielleicht ausdrücken. Den Namen der Kneipe bekam ich gar nicht mit oder vielleicht doch, auf jeden Fall wusste ich ihn am nächsten Morgen nicht mehr. Sie hatte einen langen Tresen, der mäßig besetzt war, und etwa zehn leere Tische gähnten der Nacht entgegen. Als wir eintraten, grüßte Jan den Wirt mit Namen. Er war offenbar Stammgast.

Als Erstes Tequila, war ja klar. Dann noch mehr Tequila und aber auch Bier. Dazu belangloses Geschwafel, aber das beachtete ich erst einmal nicht, denn ich begann, mich seltsam unwohl zu fühlen zwischen meinen Kollegen, zwischen denen ich mich doch während der Arbeit bereits zu Hause fühlte. Ich hatte inzwischen schon reichlich Alkohol getrunken, aber so schnell ersäuft man Pilze nicht und so spürte ich vor allem Hektik. Obwohl wir nur dasaßen und uns langsam noch voller laufen ließen, spürte ich, dass die ganze Atmosphäre nicht zusammenklingen wollte mit den Wogen des Pilzrausches, die mich noch immer in Minutenabständen durchspülten. Hier muss noch mehr Schnaps her, dachte ich, bevor die anderen nacheinander auf der Toilette verschwanden. Ei, dachte ich, als mir klar wurde, woher die Hektik kam, und dann ging ich selbst aufs Klo, wo ein freundlicher Kollege eine Nase für mich hinterlassen hatte.

Als ich vor dem Spülkasten stand und meinen Kugelschreiber aufschraubte, musste ich an den Puppenfilm *Meet the Feebles* von Peter Jackson denken, in dem der Drogenbote gezwungen wird, seinen ganzen Beutel »Porax« selbst wegzuschnupfen, um kurz darauf in einer dampfenden Wolke regelrecht zu Boden geätzt zu werden. »Den hast du aber sauber liquidiert, Boss«, heißt es dann da.

Ich steckte mir die Spitze des Kugelschreibers in die Nase, dachte, dass ich mir dann mal das Gehirn ganz sauber liquidieren wolle, und schnupfte.

Als ich zu den anderen zurückkam, war mein Gefühl von hektischer Stimmung verflogen und ich fügte mich rasch in den lärmenden Spaß unserer Runde. Während der nächsten Schnäpse wusste jeder geilere und vor allem wichtigere Geschichten zu erzählen als die anderen und die einzigen Momente, in denen nicht alle gegeneinander ansabbelten, waren die, in denen wir gemeinsam in brüllendes Gelächter ausbrachen. Immer wieder herrlich so ein Abend mit Kollegen. Der Wirt warf in regelmäßigen Abständen kritische Blicke zu uns herüber, aber vielleicht maß er auch nur ab, ob in unserer Runde vielleicht noch Kokain für ihn zu holen wäre, ich wusste es nicht.

Von Schnaps zu Schnaps wurden wir lauter und fast hätten wir den kritischen Punkt erreicht, an dem wir für den Rest der Besucher unerträglich wurden; aber bevor wir völlig durchdrehten, ging es erst einmal an den Kickertisch.

Ich spielte mit Jan gegen die anderen beiden, ich im Sturm, Jan hinten. Unser Sieg wäre uns gewisser gewesen, wenn Jan vorn gespielt hätte, denn er beherrschte das Spiel tatsächlich im Gegensatz zu mir, der ich immer nur Tore schoss, wenn ich gut drauf war. Andererseits hätte es für uns verheerend sein können, wenn ich hinten gespielt hätte, denn dann hätten sich für die anderen meterbreite Torchancen aufgetan. Im Tor war ich eine Null. Immer.

Mir gegenüber, in der feindlichen Verteidigung, stand Hammer. Hammer war eine Bierbauch-tragende Gestalt mit lockiger Matte, die sehr gern ein richtiger Rocker gewesen wäre, aber doch nur einen der harmlosen Jungs aus der Metal-Fanszene darstellte, die jedes Jahr nach Wacken pilgerten. Ein netter Kerl, sicher, aber zu sehr bemüht, den Harten raushängen zu lassen. Breit stellte er sich in Pose und warf Jan und mir spöttische Blicke zu, während er mit den Griffen auf seiner Seite des Tisches auf Fühlung ging. Ich ahnte gleich, dass er vielleicht ein interessanter Gegner sein konnte, dass ich aber durchaus Chancen gegen ihn hatte. Viel schwieriger war sein Partner Erik. Das war ein ruhiger Wildledermann mit glatten langen Haaren, dem man am Kickertisch auf den ersten Blick ansehen konnte, dass er Poserei schlicht nicht nötig hatte – er beherrschte das Spiel. Erik war einer dieser ruhigen Kiffer, deren Souveränität im Kokainlärm gern übersehen wird. Wehe dem, der nicht mit ihm rechnet.

Die ersten drei Tore schoss natürlich dann auch er, aber Hammer gab die selbstsicheren Kommentare dazu. Er warf die Matte nach hinten und schlüpfte aus seiner mit Aufnähern übersäten Schwermetalljacke. Traut ihr euch noch?, wollte sein grinsender Blick uns fragen und fast schon wollte Jan mit mir tauschen, wollte vorne mal das eine oder andere Tor schießen, denn das hatte ich bisher nicht fertiggebracht, aber da wusste ich schon Bescheid. Ich hatte Hammer erkannt und bedeutete Jan, zumindest für dieses

Spiel unsere Konstellation genauso zu lassen, wie sie gerade war. Null zu drei? Kein Problem. Mir war klar geworden, dass ich über Hammer gut lachen konnte, und das tat ich dann auch. Und je mehr ich mich amüsierte, desto mehr wunderte sich Hammer und desto fahrlässiger wurde er im Tor, weil ihn meine plötzliche gute Laune ablenkte, ja vielleicht sogar verwirrte. Die nächsten fünf Tore schossen wir. Zwei Jan, drei ich. Nach jedem Tor fielen wir uns lachend und johlend in die Arme und bei jedem ersten Zug der Gegner kicherten wir wie Gymnasiasten, die feststellen, dass dem Lehrer der Pimmel aus der Hose hängt.

Das hatte keine Methode, das war nicht absichtlich herbeigeführt, aber nur so konnte ich spielen. Wenn der Gegner entkleidet ist, hat er kaum noch eine Chance, es sei denn, er spielt so gut wie Erik, aber dann hätte der einen anderen Partner gebraucht. Hammer kam nicht mehr hinterher, schien sich nur noch zu fragen, worüber Jan und ich eigentlich lachten. Ich weiß nicht, ob Jan es wusste, ich wusste es ja selbst nicht, aber plötzlich klappte alles.

Ich stand mal einer Frau am Kickertisch gegenüber, der ich genauso die Tore reingesetzt habe wie an diesem Abend Hammer. Ewig gelacht und gekichert und die hat gedacht, ich würde mich über sie lustig machen, aber das stimmte nicht. Nur Spaß war dabei, das war wie angesoffen zu tanzen. »Du hältst dich wohl für den Geilsten?«, hat sie gefragt und ich hab gar nicht verstanden, was sie meinte. Später wurde mir klar, dass sie selbst mich für den Geilsten gehalten und sich von mir verarscht gefühlt hatte. Schade! War gar nicht so gemeint gewesen.

Das letzte Tor des ersten Spiels gegen Hammer und Erik ließ unerträglich lange auf sich warten und es schien bald so, als ob der Wettkampf eher zwischen Jan und mir stattfinden würde. Wer würde es schießen, das Tor zum Sieg? Aber dann schalteten sich unsere Gegner noch einmal ein, indem Erik sein viertes Tor schoss, bevor Jan dann mit dem Torwart den Ball über die Bande im gegnerischen Tor versenkte.

Jeder andere, der an diesem Abend keine aufputschenden Drogen genommen hatte, hätte unsere Art zu spielen nicht überlebt. Wir spielten nicht »zu Null gibt'n Sauren«. Wir hatten eine Flasche Korn am Tisch und das Team, das ein Tor schoss, bekam die Gläser gefüllt.

Zwei Spiele lang konnten Jan und ich uns besaufen, bevor wir zu breit waren, als dass wir das Aufholen der Gegner hätten verhindern können, aber am Ende hingen wir alle in den Seilen beziehungsweise über den Griffen. Neue Nasen mussten her und neue Nasen waren schnell gelegt.

Die zweite Flasche Korn war leergespielt, als aller Tabak leer und alle Zigaretten geraucht waren, also machte ich mich auf zum Automaten, der am anderen Ende des Tresens hinter der Kurve bei der alten Jukebox lag, die da nur noch wegen dekorativer Optik herumstand.

Als ich mich aus unserer lärmenden Runde heraus zu den Zigaretten in den hinteren, etwas ruhigeren Teil der Kneipe bewegte, machte der Kokainrausch für einen Moment Pause und das Psilocybin wogte am Alkohol vorbei aufs Neue durch meinen Kopf. Nicht dass ich jetzt neben dem Zigarettenautomaten zu Boden gesunken wäre und mich in der Betrachtung der Farben und Muster an den Wänden ergangen hätte, ich stellte einfach nur fest, dass der Sound der Musik, der vom Tresen herüberschwang, in dieser letzten Ecke der Kneipe einen ganz besonders angenehm weichen Charakter bekam und ich mich vor dem Automaten zu diesem Sound gern ein wenig hin und her wiegen wollte. Es war, als erklinge er in meinen Hüften und als stupsten mich seine Wellen an und setzten mich in Bewegung. Mit einem Mantel aus Klang bekleidet tänzelte ich so für mich hin, als plötzlich ein ungeduldiger Jan neben mir stand und mich fragte, wieso ich denn bitte zehn Minuten bräuchte, um Zigaretten zu besorgen.

»Was?«

»Hast du die Ziesen?«

»Ziesen?«

»Wir wollen rauchen!«

Ach, ja. Richtig. Kette. Eine nach der anderen, wie hatte ich das vergessen können. Meine Hand glitt in meine Hosentasche und angelte das Geld hervor. Jan zog Ziesen. Ich wollte eigentlich nur weitertänzeln, aber Jan hatte das Koksgefühl zurück in den Augenblick gebracht, was mich einen Moment lang verwirrte. »Gib mal eine«, sagte ich, nahm sie, ohne sie anzuzünden, und tänzelte Jan hinterherblickend weiter, bevor mir einfiel, dass die anderen mich vielleicht noch als Kickerpartner bräuchten. Außerdem war der Mantel aus Klang von mir abgefallen, als Jan aufgetaucht war, und so hatte ich bei den Zigaretten eh nichts mehr verloren. Ich lehnte mich an die Wand und ließ meinen Blick durch die Kneipe schweifen. Menschen. Allüberall Menschen, die am Abend das Vergnügen, das Leben selbst suchten, und die doch alle scheitern würden, zumindest der größte Teil von ihnen, das wusste ich plötzlich, während ich von enormem Mitgefühl durchströmt wurde. Alle, die da rumsaßen und -standen, wirkten befremdlich traurig auf mich, abgesehen natürlich von den durchgeknallten Möbelpackern am anderen Ende der Kneipe, am Kickertisch. Ich wollte gerade beginnen, ein wenig schwermütig zu werden, da sah ich am mir nächsten Ende des Tresens die schönste Frau sitzen, die ich je in meinem Leben gesehen hatte. Die war noch schöner als Anna van Zaelen. Die hatte sogar eine Aura. Ich hatte immer über die Esoteriker gelacht, die von der Aura des Menschen zu quatschen pflegen, aber bei dieser Frau sah ich die Aura und die Aura leuchtete. Das war nicht nur die schönste Frau, die ich je gesehen hatte, das war das Schönste überhaupt, was ich je gesehen hatte, das war eine Vision. Ich starrte und starrte und es muss mir anzusehen gewesen sein, dass ich gerade eine Offenbarung erlebte, denn als sie mein Starren bemerkte, begann sie zu lächeln. Ich lächelte zurück, trat an sie heran und sagte etwas wie: »Du bist wunderschön« oder so was, ich weiß es nicht mehr.

»Danke«, sagte sie.

Ich steckte mir meine Zigarette in den Mund und fragte sie, ob sie Feuer habe, und das war kein Versuch, sie anzubaggern, das kam einfach wie mechanisch aus meinem Hintergrund. Wie hätte ich die anbaggern können? Ich bestellte ihr auch keinen Drink. Nicht weil sie sowieso noch einen hatte, sondern weil ich gar nicht auf die Idee gekommen wäre. Man fragt eine Vision nicht, was sie trinken will.

»Wie heißt du?«, fragte ich.

»Sabine«, sagte sie. Sabine. Ein Name wie eine Melodie! Ich strahlte sie an. »Wow!«, sagte ich und dann erzählte ich ihr, wie wunderbar es sei, sie hier zu treffen, und vielleicht hätte ich sie auch noch gefragt, ob sie öfter mal auf diesem Planeten Station machte, wenn mir nicht der Wirt ein Bier hingestellt hätte, das ich wohl bestellt hatte, ohne mich eine Minute später noch daran erinnern zu können.

»Bist du gut drauf?«, fragte Sabine.

»Oh ja«, sagte ich.

»Was machst'n so?«, fragte sie und ich hielt das für eine seltsame Frage von einer Erscheinung.

»Ich bin Möbelpacker«, erklärte mein Kommunikationsprogramm, ohne mich vorher zu fragen. Und dann fügte es ein »Und du?« an, das mir selbst in diesem Moment niemals eingefallen wäre. Ich hätte das nie gefragt. Erscheinungen braucht man so was nicht zu fragen. Die erscheinen. So ist das.

»Ich bin Krankenpflegerin«, sagte Sabine und plötzlich leuchtete mir ihr Outfit entgegen: Lederjacke und Jeans zu langen braunen Haaren. Dazu das unbedarfte Gesicht einer Frau, die nach harter Woche Arbeit auf den Kiez fährt, um das Leben, um sich selbst zu spüren. Ich verdrängte das Gewöhnliche an dieser Frau so schnell, wie ich es ahnte, und verlor mich in ihrem Blick, in ihren Augen. Sie blickte zurück. Es gab selten in meinem Leben derartig reine Blicke, Blicke, die nichts wollten. Ein wichtiger Teil von mir wusste, dass ich nicht hier war, um diese Frau aufzureißen, sondern nur, um sie anzuschauen. Ein wichtiger Teil von ihr wusste das auch.

Wer es nicht wusste, war der Typ, der plötzlich neben mir stand und mich in die Seite stupste.

»Ey, hör mal auf, meine Freundin anzubaggern!«

Ich drehte den Kopf. Anderthalb Köpfe größer und zwei Schultern breiter als ich stand ein Typ neben mir, dessen gute Laune wohl gerade auf der Toilette zurückgelassen worden war. Sabines Freund.

Anbaggern? Nichts in der Art hatte ich vorgehabt und das sagte ich ihm und vor allem sagte ich ihm, dass Sabine mir ja wohl selbst sagen könne, dass ich sie in Ruhe lassen solle, wenn sie das wolle. Mal im Ernst, die Geschichte der Emanzipation war lang genug, dass eine Frau mir bitte selbst sagen konnte, dass ich jetzt mal lieber die Tür suchen sollte.

»Ey, wir haben uns nur unterhalten«, sagte ich deshalb auch, bevor ich ihm (kann man es »frech« nennen?) erklärte, dass er uns doch bitte mal ausreden lassen könne.

Sabine grinste und ihr Freund war zu verblüfft, um zu antworten. Das tat sein Freund, der nur Sekunden nach ihm aufgetaucht war. Breit wie sein Kumpel, in Jeansweste und mit Schnurrbart, stierte er mich an, fassungslos.

»Schick den Scheißer vor die Tür«, riet er Sabines Freund.

»Warte mal, Mann«, wollte ich ansetzen, denn ich fühlte mich im Recht, das besagt, dass in gepflegtem Umgang miteinander die Beteiligten einer einvernehmlichen Konversation selbst bestimmen, wann diese zu Ende ist.

»Das geht euch beide einen Scheiß an, wenn ich mich hier mit Sabine unterhalte«, hatte ich Sabines Freund noch klarmachen können, aber nicht dessen Freund.

Ich sah die Aura seiner Faust und fiel in einen Stuhl hinter mir. Und dann, noch bevor ich mich aufrappeln konnte, ging alles sehr schnell.

»Du Idiot«, hat Jan van Zaelen später gesagt. Meine drei Kollegen hatten mich die ganze Zeit über im Auge gehabt und ihre Wetten darüber am Laufen, wann mir der Erste aufs Maul geben würde. Als es dann so weit war, stürzten sie sich ins Geschehen. Wie sich herausstellte, hatte Sabines Freund nicht nur einen Kumpel dabei, sondern ihrer fünf, die allesamt auch gleich dabei waren, als Jan, Erik und Hammer mir zu Hilfe eilten. Sie eilten gern, nicht nur, um mir zu helfen, sondern weil sie eine anständige Rangelei seit Jahren nicht mehr erlebt hatten.

Als ich endlich wieder auf den Beinen war, hörte ich den Wirt Jan vergeblich zur Ordnung rufen und erspähte neben mir ein Knäuel aus belederten Leibern, die einander schlagend über den Boden rollten. Jan und die Möbler waren von der alten Schule, das hieß, auf jemanden, der am Boden lag, wurde nicht eingetreten. Die anderen waren da anders. Während mir die Illusion Sabine von der Gestalt der Krankenpflegerin, die kreischend um ihren Freund herumsprang, zerstört wurde, traten dessen Kumpels auf die am Boden liegenden Hammer und Jan ein. Erik wurde unterdessen von zwei weiteren am Tresen festgehalten. Die anderen Gäste in dem Laden versuchten, sich, so gut es ging, aus dem Geschehen herauszuhalten. Im Augenwinkel bekam ich mit, dass der Wirt noch zögerte, die Bullen zu rufen. Tu was!, dachte ich. Schließlich war ich es, wegen dem das Ganze gerade am Laufen war. Aber ich wusste nicht, was ich tun sollte. Ich fand nicht nur Schlägereien total scheiße, ich hatte mich auch noch nie geschlagen. So sehr mir meine Situation am Tresen mit Sabine klar gewesen war, so sehr überforderte mich jetzt die Schlägerei vor dem Tresen. Wie oft hatte ich ähnliche Situationen in Western gesehen und mich als Kind schon in solche Momente hineinfantasiert. Klar, dass ich in denen immer der Held gewesen war. Aber jetzt? Sollte ich auch alle Jackie-Chan-Filme umsonst gesehen haben? Ich stand unter Strom, aber dieser Strom konnte sich nicht Bahn brechen. Ich sprach diese Sprache nicht. Mach einfach!, war dann plötzlich ein

Ruf in meinem Kopf, aber noch zögerte ich. Ich konnte das nicht. Ich konnte andere nicht schlagen. Als ich allerdings sah, wie Jan sehr schmerzlich in die Seite getreten wurde, musste ich handeln, und plötzlich ging alles wie von selbst, ohne dass ich begriff, was passierte. So was geht nur auf Droge. Tausend Filme gesehen. Tausendmal den Bewegungsablauf in den richtigen Winkeln betrachtet, tausendmal überlegt, ob ich das auch können würde, und tausendmal versucht, mir vorzustellen, wie ich die Situation einschätzen und das Richtige tun würde, um einen Kumpel »rauszuhauen«.

Plötzlich warf mir die Kraft der Imagination einen Barhocker in die Hand und mit ihm zog ich über den Rücken des Typen, der gerade ansetzte, Jan einen besonders fiesen Tritt in die Nieren zu verpassen, als hätte ich plötzlich alles kapiert, was ich zwischen den billigen Keilereien früher Western und den choreografierten Fightstunts bester Eastern je gesehen hatte. Jan war sofort oben und eilte Hammer zu Hilfe. Ich drehte mich zum Tresen und tauschte einen sehr langen Blick mit einem der Typen, die Erik festhielten, der aber in Wirklichkeit nur eine Sekunde gedauert haben mag. Der Typ erkannte meine Entschlossenheit und ich erkannte die Bahn meiner Faust auf seine Neun. Als ich ihn auf den Wangenknochen traf, schrie in meiner ungeübten Faust der Schmerz auf. Erik riss sich los und dann standen Hammer und Jan neben uns.

»Ich mach das wieder gut!«, rief Jan dem Wirt zu, dann jagten wir hinaus, stürmten die Straße hinunter über den Hans-Albers-Platz hinweg bis zum Spielbudenplatz und liefen weiter, bis wir keuchend anhielten und alle außer mir in Gelächter ausbrachen.

»Lass mal auf die Party gehen jetzt«, sagte Jan.

»Lass mal ersma eine nehmen«, sagte Erik, bevor er das weiße Unglück aus der Tasche zog. Klar, wir waren alle erschöpft und eine weitere Nase würde uns allen guttun.

Mir tat die Hand weh.

Ich beugte und streckte die Finger und hatte ein Zeitlupenbild vor Augen, wie meine Faust in instinktsicherer Bahn das Gesicht des überraschten Gegners fand. Als mich erinnerte, wie kinetische Energie in meinen Knochen explodierte, sah ich noch einmal das Blut aus der Nase des anderen spritzen.

Wir saßen im Kreis am Rande des Platzes, durch eine Litfaßsäule vor der Davidswache verborgen. Erik zog durch die Nase hoch. Hammer und Jan kicherten, während sie mich betrachteten. Erik wischte sich mit dem Finger unter der Nase lang und kicherte mit, als er seinen kleinen Spiegel an Hammer reichte.

»Was ist?«, fragte ich.

»Du warst toll«, meinte Hammer und fast hätte er drei Lines vom Spiegel geprustet. Ich sah zu Jan. Der grinste mich an. »Harhar!«, machte ich. Ich hatte eine Ahnung. Erst hatte ich mich zum Deppen gemacht, mit einer Frau am Tresen, und dann hatte ich den Grautvornix gegeben, der mit den Fäusten fuchtelnd ein »Lasst sie nur kommen!« nach dem anderen von sich gibt, mitten in einer Massenschlägerei zwischen Galliern und Normannen.

»Ey, du warst wirklich toll«, lachte Jan.

Während ich meine Nase über den Spiegel hängte, den Hammer mir gereicht hatte, bekam ich im Augenwinkel mit, wie die drei Blicke tauschten. Erst wollte ich denken, dass die sich über mich lustig machten – und das taten sie ja auch –, aber das war nicht so schlimm, denn eines war klar: Wenn einer auch ein Grautvornix war, so war er doch ein Kollege. Und das in diesem Moment zu wissen war wichtiger, als der Held einer Schlägerei zu sein.

Zur Party waren es zehn Minuten Weg, während derer die anderen alte Geschichten über Schlägereien austauschten, denen ich keine eigenen hinzufügen konnte, denn mit einer harmlosen Rollerei auf dem Hof der Grundschule wollte ich gar nicht erst versuchen, in den Wettbewerb einzutreten, wer das Geilste erlebt hatte. Schweigend latschte ich neben den anderen her und bemerkte, dass die neue Nase meine Schmerzen in der Hand betäubt hatte. Wie gefährlich das war, sollte ich erst am nächsten Morgen merken. Ich hätte mich natürlich auch erinnern können, aber wer erinnert sich schon im Drogenrausch an Naheliegendes?

Auf einer Party Jahre zuvor war ich mal auf einer Treppe umgeknickt und hatte mir die Bänder am Fuß überdehnt. Nüchtern geht man da nach Hause. Breit tanzt man vielleicht die ganze Nacht weiter, so wie ich das damals getan hatte. Der Kater fand am nächsten Tag nicht im Kopf statt, sondern im Fuß. Eine Woche liegende Ruhe war die Folge gewesen. Daran dachte ich auf dem Weg zur Party natürlich nicht. Auf dem Weg zu jener Party, auf der ich die ganze Nacht tanzen würde, wobei ich, breit wie ich war, beim Tanzen immer wieder stürzen und mich dann mit der verletzten Hand auffangen würde, ohne mich zu erinnern oder gar zu spüren, wie verletzt sie schon war.

Grund waren natürlich die Drogen, aber es hatte auch noch einen anderen: Anna.

Es war schon spät, als wir auf der Party ankamen. Und während Erik, Hammer und Jan in der überfüllten Altbauwohnung in jenem Haus, in dem anscheinend kein Bewohner am Wochenende wegen einer Party mit bis zum Anschlag aufgedrehter Musik Probleme mit seinen Nachbarn bekam, auf der Suche nach Bekannten durch die Gänge schwammen, machte ich mich sofort auf den Weg zur Tanzfläche, die im größten Raum der Wohnung, dem Wohnzimmer, eingerichtet war.

Tanzen ist mir eine seltsame Sache. Die meisten Menschen unserer Breitengrade können das nur, wenn sie sich ihrer selbst sicher sind. Das liegt natürlich daran, dass Tanz mit Sexualität assoziiert wird. Wir sind alle mehr oder weniger gehemmt, wenn es um eines von beiden geht.

Wenn ich ungehemmt bin, erfinde ich für mich selbst neue Bewegungen, und das ist mir Befreiung. Ich kann dann die ganze Nacht tanzen, nie werde ich müde. Zwischendurch vielleicht einmal erschöpft, aber nach kurzer Atempause geht es weiter.

Manchmal sehe ich Leute (bei Metalfans, die hauptsächlich Luftgitarrenposen einnehmen, wird das am deutlichsten), die sich nicht gehen lassen, und ich verstehe das. Es ist schwer, alles Körperempfinden öffentlich zu machen, wenn kritische Betrachter danebenstehen.

Wenn ich ungehemmt bin, dann ist mir das egal.

Auf der Party war ich ungehemmt und dazu kam noch ein anderes: Anna war da und ihre Blicke zeigten mir, dass sie mein Tanzen nicht kritisch beäugte, sondern es sogar mochte und mittanzte. Und so tanzte ich sie an und sie tanzte mich an und wir tanzten zusammen, bis die Nacht spät wurde, bis der Morgen sich in unserer Häuserschlucht durch Lichtzunahme draußen vor den Fenstern ankündigte. Es war wunderbar, mit Anna zu tanzen. Es war kein gegenseitiges Anbaggern, es war ein gemeinsames Sprechen, in einer Sprache, die keiner verstehen konnte, der nicht mittanzte.

Am Anfang waren da natürlich noch ein paar Gäste, aber die verloren sich mit der Zeit und verschwanden von der Tanzfläche, bevor draußen vor dem Fenster das Tageslicht auftauchte.

Anna und ich blieben.

Als wohl längst schon die allerletzten Reste von Knoblauchwurst und Fladenbrot vom Buffet in der Küche verschwunden und die meisten Gäste entweder gegangen oder eingeschlafen waren, tanzten sie und ich noch in einer gefundenen Gemeinsamkeit, zu der niemand anders Zugang gefunden hätte.

Recht spät (oder früh?) sah ich Jan mit einer Flasche Schnaps in einer Ecke des Zimmers im Sessel sitzen und grinsen. Mit seiner sich an meinem ausgestreckten Arm drehenden Schwester tänzelte ich an ihm vorbei.

»Was?«, rief ich.

Jan lachte, griff sich an die Stirn und versank kopfschüttelnd in seinen Gedanken. Da begriff ich, warum er mich mochte und ich ihn. Er schaute auf. »Du bist ein Spinner!«, rief er, als er mir die Schnapsflasche reichte, die einen Rest enthielt, den ich mir mit Anna teilte.

Jan kam von der Prügelei.

Ich kam eher vom Tanz.

Wir hatten beide unsere Art, Bewegung zu begreifen. Wir achteten einander für das, was wir aneinander nicht verstanden, aber schätzten, weil wir es an uns selbst vermissten. Gemeinsamer Berührungspunkt war das Möbelschleppen. Wäre einer von uns ein schlechter Möbler gewesen, hätte unsere Freundschaft nicht stattfinden können. Aber weil wir so geil zusammen schleppen konnten, weil wir zusammen die Qual der Arbeit, jeder auf seine Art, aber unbedingt mit dem anderen und dessen Art, so geil erledigen konnten, deswegen konnten wir Freunde werden und bleiben.

Jan hätte sich gern mal zu solch »soften« Bewegungen, wie ich sie mir beim Tanzen erlaubte, hinreißen lassen, allein, er hatte das niemals gelernt. In seiner Geschichte wäre das »schwul« gewesen. Also lehnte er sich zurück und genoss das Schauspiel, das ich mit seiner Schwester veranstaltete.

Wie lange Anna und ich getanzt haben, weiß ich nicht mehr. Ob ich wirklich meine Hand unter ihrem Hemd hatte, ob unsere Lippen sich berührt hatten oder ob ich das geträumt hatte, kann ich nicht sagen. Irgendwann hatten die Drogen mich erledigt.

Klar wurde ich wieder am Strand von Övelgönne, wenn man von »klar« überhaupt reden kann.

Ich erwachte im Sand. Neben mir saßen Jan und Erik. Gegenüber rumpelten Kräne mit Containern und der Stand der Sonne erweckte in mir ein Gefühl von neun Uhr oder so.

Hä?, dachte ich, als ich Jan und Erik neben mir erblickte. Die beiden saßen da im Sand und jede Frage an sie wäre überflüssig gewesen, denn es gab nichts zu fragen. Hier war ich, am Beginn eines neuen Tages, nach dem Ende einer alten Nacht, und wie ich hier hingekommen war, das war wirklich egal.

War es Sonntag? War es Samstag? Scheiß drauf, genau wie die Möwe dahinten, die sich gerade auf einer Wolldecke entleerte, die ein Strandbesucher am vorigen Abend zurückgelassen hatte und die vom Laufe der Zeit in den Sand eingearbeitet werden würde.

Erik hielt mir eine Zigarette hin, die ich gern nahm, und dann saßen wir rauchend da und blickten auf das Wasser.

Alles, was das Wasser uns in unserer Stadt, dem Tor zur Welt, an Sinnbild für Fernweh bedeuten könnte, war uns egal. Wir saßen nur zusammen und jeder versuchte, mit dem Nachhall des Rausches klarzukommen.

Drei Zigarettenlängen brauchte ich, bevor ich mich dieser Szene entziehen konnte.

»Ciao«, habe ich dann gesagt.

»Karsten, machs gut«, hat Erik gesagt.

»Ey, Mann«, meinte Jan. »Geiles Veilchen.«

Dann bin ich weggestapft von diesem Morgen, dessen Sonnenaufgang vielleicht vielen viel versprach, aber nicht mir, denn ich war im Arsch.

Dreißig Minuten lang schleppte ich mich nach Hause und klar waren die tollen Bäume im Park unterwegs toll, aber ich wollte nur ins Bett.

Und da bin ich glücklicherweise auch gelandet.

Kapitel 9

ANNA

»Mich hat mal ein Kind gefragt, ob ich noch mal ein Loch bohren würde, es würde sich gern noch mal schlapplachen.«

Als ich Jan am Telefon erzählte, dass ich die nächste Woche wegen verstauchter Hand nicht würde arbeiten können, lachte er laut los. Ich wusste gleich, das würde eine Geschichte sein, die die Runde macht. Karsten verstaucht sich bei einer Prügelei die Hand! Ist ja auch total komisch und nicht jeder, der über einen lacht, lacht einen auch aus. Und selbst wenn, dann wäre das nicht schlimm. Es gibt Leute, die dürfen mich auslachen, ohne dass mir das zu schaffen macht. Was mir zu schaffen machte, war mein Zustand. Von Alkohol und Drogen erledigt, war ich tagelang nicht in der Lage, irgendetwas zu tun, außer mir zu schwören, nie wieder Kokain anzufassen, und im Bett zu liegen und zu lesen.

Gelesen habe ich schon immer gern, und zwar alles, solange es interessant war. Interessant sind alle guten Texte, egal, worum es da geht, und interessant sind unter Umständen auch schlechte Texte, solange sie ein Thema berühren, das mich betrifft, wie zum Beispiel der *Umzugsratgeber*, der mir in jenen Tagen beim Wühlen in alten Kartons in die Finger kam.

Bevor Sie das erste Mal Ihren großen Umzug von einer Möbelspedition durchführen lassen, sollten Sie auf jeden Fall solch einen Ratgeber lesen. Da stehen einige nützliche Dinge drin und in jeder Umzugsfirma, die auf sich hält, werden Sie solch einen Ratgeber bekommen, und zwar gratis. Wenn die Broschüre gut ist, dann finden Sie da mehr drin als die gewöhnlichen Tipps, wie die Umzugskartons zu packen seien und dass Sie Ihre Zeitung termingerecht umbestellen sollten. Begrüßt habe ich bei meiner Lektüre, dass da auch auf die Frage nach dem Trinkgeld und Erfrischungen für die Möbelpacker eingegangen wurde. Wie es da richtig hieß: »Das liegt alles allein in Ihrem Ermessen, aber bedenken Sie ruhig, zu welch erstaunlicher Arbeit gut gelaunte Möbelpacker fähig sein können.«

An anderer Stelle las ich die Empfehlung für Eltern, ihre Kinder während des Umzugs mit »kleinen Aufgaben« zu beschäftigen, die direkt mit dem Umzug zu tun haben, und sie auch ruhig ihre eigenen Kartons mit ihrem Spielzeug packen zu lassen.

Ich kann diese Empfehlung nur begrüßen. Glauben Sie bloß nicht, dass Ihre Kinder einem Umzug nicht gewachsen sind. Natürlich gibt es immer wieder kleine Nervensägen, die stören und im Weg stehen, aber die sind die Ausnahme, und wenn Sie selbst solche Kinder haben, dann fragen Sie sich, woran das liegen mag. Vielleicht sollten Sie dann nicht nur die Kinder bei der Großmutter unterbringen, sondern sich selbst auch.

Ich bin einmal mit einem Karton auf der Schulter und einem Stuhl in der Hand aus einem Zimmer heraus auf den Flur gekommen, wo das Kind der Kunden stand und mich beobachtete. Gerade als wir uns wortlos aneinander vorbeidrehen wollten, kam aus einem anderen Zimmer die Mutter gesprungen, um dem Kind zu erklären, dass es nicht im Weg stehen solle, womit sie unsere instinktsichere Choreografie zunichte machte. Während ich beobachtete, wie falsches Elternverhalten die angeborenen Fähigkeiten zur Kommunikation in Räumen etwas mehr zerstörte, wurde mir der Karton auf der Schulter schwer. Ich hätte damit längst aus der Wohnung sein können, wenn die Mutter ihr Kind gekannt hätte.

Jeder, der sich daran erinnert, wie wichtig es war, als Kind ernst genommen zu werden, kann solche Situationen nicht ohne mindestens einen Anflug von Bedauern erleben.

Später steht Muttern vielleicht selbst im Weg. Wie kommen die eigentlich immer darauf, ausgerechnet in dem Zimmer »eben noch mal« Staub zu saugen, in dem ein Möbler gerade einen Schrank auseinandernimmt? »Entschuldigung, kann ich mal eben?« Furchtbar!

Da könnte vielleicht der eine oder andere Umzugsratgeber noch ein paar Tipps loswerden.

Was ich in solchen Ratgebern aber am meisten vermisse, ist das, was in Reiseführern »Dos and Don'ts« genannt wird. Ein absolutes »Don't« ist für mich und die meisten Kollegen der

Spruch: »Ach, das tut mir aber leid, die Kaffeemaschine ist schon verpackt.«

Geht gar nicht. Wir sind vielleicht zehn Stunden oder mehr bei Ihnen beschäftigt und wenn nicht in Sichtweite ein Stehcafé oder ein Bäcker ist, dann verzögert das Verpacken der Kaffeemaschine den Umzug unnötig. Viele Kunden fragen sich oder uns auch gern mal, ob sie sich nicht irgendwie nützlich machen könnten. Klar: Kaffee kochen. Den Umzug machen wir und wenn Sie den Kaffee kochen, dann werden unsere Pausen nicht so lang, als wenn wir erst loslatschen müssen – und Ihr Umzug ist früher fertig.

Auch beim Small Talk ist hin und wieder mal Vorsicht geboten. Normalerweise ist der Möbelpacker den gewöhnlichen Sprüchen der Kundschaft tolerant gegenüber eingestellt, aber auch Möblers Nerven liegen manchmal blank, besonders gegen Ende eines anstrengenden Umzugs. Nie werde ich vergessen, wie Sunny zu einer Rauchpause um 23 Uhr aus dem Haus kam, in dem er sechs Stunden lang wie ein Wahnsinniger montiert hatte, um die etlichen kleinen Zusatzwünsche der Kundschaft erledigt zu bekommen. »Passt, wackelt und hat Luft!«, grätzte er mit zusammengebissenen Zähnen, dass ich schon die Kiefer krachen hörte. »Der Nächste, der zu mir sagt ›Passt, wackelt und hat Luft!‹, dem jag ich meine Bohrmaschine in die Stirn!«

Mich hat mal ein Kind gefragt, ob ich noch mal ein Loch bohren würde, es würde sich gern noch mal schlapplachen. Das war lustig. Ich war damals als Schrauber nicht so gut und als das Mädchen noch fragte, ob ich mir denn ganz sicher sei, dass es jetzt seine Jacke an die kleine Kindergarderobe hängen könnte, musste ich auch lachen.

Achten Sie darauf, ob ein Monteur entspannt dabei ist oder ob er gestresst ist, bevor sie seine Arbeit mit vermeintlich lockerem Spruch bedenken. Ist er im Stress, dann lassen Sie ihn lieber allein, dann findet er seine Ruhe wieder und arbeitet besser. Sie können immer noch mit den anderen Kollegen smalltalken, zum Beispiel über das Wetter – immer wieder originell: »Na, mit dem Wetter habt ihr aber Glück gehabt.« Das stimmt zwar nie, ist aber harmlos. Wir hätten Glück mit dem Wetter, wenn es nie schlecht wäre, wenn wir arbeiten. Sie sind es, die Glück mit dem Wetter haben, denn Sie ziehen ja wohl nicht hundert- oder zweihundertmal im Jahr um. Sie ziehen einmal um und wenn dann die Sonne scheint, dann haben Sie Glück. Wir haben kein Glück oder Pech. Wir arbeiten und das Wetter ist, wie es ist.

Stellen Sie sich vor, Sie sitzen im Büro und schauen aus dem Fenster. Draußen regnet es. Denken Sie da vielleicht: Na, mit meinem Job habe ich aber Glück gehabt?

Übrigens: Schreiben Sie nicht auf jeden Karton »Vorsicht: zerbrechlich!«. Das ermüdet die Aufmerksamkeit. Die Warnung verflacht und verkommt zur Floskel und zwar so sehr, dass im Slang der Möbelpacker ein neues Wort hermusste. »Rohes Ei« wurde ein Ausdruck, den wir benutzten, wenn etwas wirklich zerbrechlich war.

Stellen Sie sich vor, Sie sitzen mit Ihrem Anwalt zusammen in dessen Büro. Würden Sie ihn plötzlich fragen: »Machen Sie das eigentlich jeden Tag?« Oder beim Zahnarzt: Er beugt sich über Sie und leuchtet Ihnen in den Rachen, da fragen Sie: »Na, Sie wissen abends aber auch, was Sie gemacht haben, was?« Wenn ein Klempner bei Ihnen in den Rohren hängt, fragen Sie den dann: »Und was machen Sie hauptberuflich?«

Möbelpacker werden solches ständig gefragt und das ist ja auch nicht wirklich schlimm. Ich schreibe das nur, damit Sie schon mal wissen, was Sie nicht sagen sollten, wenn Sie originell plaudern wollen. Es ist für den einen oder anderen Kollegen vielleicht ganz schick, wenn die Kundschaft ihn für einen Studenten hält, aber man kann sich in solchen Situationen auch fragen, wie sehr man als Möbelpacker ernst genommen wird.

Ein tausendmal gehörter Spruch macht mich allerdings doch immer wieder schmunzeln, wenn wir ein Möbelstück millimetergenau um Kurven und durch Türen gedreht haben und es zum Staunen der Kundschaft überall gepasst hat. »Na, das war ja Maßarbeit!« Ja, das war es, aber nicht von uns. Ist nämlich alles genormt heutzutage. Die Treppenhäuser, die Eingänge und die Möbelstücke aus Ihrer individuellen Einrichtung. Alles exakt vermessen. Danke trotzdem, für das Lob.

Wenn Kunden uns fragen, ob wir auf Ferntour im Hotel schlafen, dann antworte ich mal knapp mit Nein, oder, wenn eine entspannte Atmosphäre es zulässt, ausführlich. Wenn Sie doppelt so viel für Ihren Umzug ausgäben, als Sie es tatsächlich tun, dann könnten wir vielleicht im Hotel schlafen, denn dann müssten wir nicht möglichst viele Aufträge auf einer Tour erledigen, sondern könnten ganz exklusiv für Sie fahren. Vielleicht könnten wir dann sogar in fremder Stadt noch eine kulturelle Veranstaltung besuchen.

Viele glauben, dass wir in unserem Job viel rumkommen, und in gewisser Hinsicht stimmt das auch. Die Unterschiede zwischen dem Fahrbahnbelag der A7 bei Ulm und dem der A1 bei Wildeshausen kennenzulernen, schafft man nicht, wenn man zu Hause herumhängt.

Manchmal hat man abends ein paar Stunden Zeit, aber meistens muss man doch bald weiter. Und geschlafen wird im Lkw, außer bei Minusgraden, wenn die Standheizung kaputt ist. So ist das auf Ferntour.

England? Schönes Land, da fahren sie links. Und sonst? Möbel rein, Möbel raus. Und die Autobahn ist genauso stinklangweilig wie überall.

Ein Wort an diejenigen, die nach Bayern ziehen: Ja, es ist total nett und lieb gemeint und ich esse auch alles, was mir vorgesetzt wird. Aber zu den Sprüchen, die ich irgendwann wirklich nicht mehr hören konnte, zählte leider auch: »Geh, mogst no an Leberkäs?« Ehrlich, ich finde das supernett, aber leider denken alle, die nach Bayern ziehen, dass sie den Möbelpackern aus Hamburg unbedingt eine »bayerische Spezialität« servieren müssen, die sie zu Hause im Norden nicht kriegen. Ich war stets zu dankbar, wenn mir Essen angeboten wurde, und zu höflich, als dass ich die Kundschaft jemals über ihren Irrtum aufgeklärt hätte. Es gab eine Zeit, in der war ich dreimal im Monat mehrere Tage lang in Bayern. Ich habe mehr Leberkäse vorgesetzt bekommen, als der durchschnittliche Bayer im Quartal zu sich nimmt. Ich aß, war und dachte Leberkäse und im Hochsommer schwitzte ich reines Schweinefleisch. Was hätte ich für ein Fischbrötchen gegeben, das ich zu Hause in Hamburg zwar so gut wie nie aß, aber das mir plötzlich als das leckerste Essen der Welt erschien – was Münchner Kollegen auf Ferntour in Hamburg vielleicht anders empfunden hätten.

Als ich mit verstauchter Hand eine Woche lahmgelegt war, hatte ich noch keine Ahnung davon, wie sehr mir Leberkäse einmal zuwider sein würde. Ich hatte sogar Appetit darauf.

Es war Freitagmittag, als ich im Supermarkt stand und ratlos ins Wurstregal schaute. Als ich Leberkäse entdeckte, kombinierte ich in Gedanken mit Spiegelei und versenkte ihn im Einkaufswagen.

Abends brutzelte es in der Pfanne und ich freute mich auf meinen kleinen Imbiss, hatte ich doch sonst vom Tage kaum noch etwas zu erwarten. Kneipen aufzusuchen wäre mir nicht in den Sinn gekommen nach dem letzten Wochenende, das zwar nicht mehr nachwirkte, mit seinen schlimmen Folgen mir aber noch gegenwärtig war. Ein Snack, ein Buch, ein ruhiger Abend, das war es, was ich wollte, als es plötzlich klingelte. Ich öffnete die Tür. Im Hausflur stand Anna. Ich war verblüfft.

»Hi«, sagte sie.

»Hi«, sagte ich.

»Ich war gerade in der Gegend«, sagte sie. Ich guckte verdutzt, aber da warf sie mir einen Blick zu, der mir die Frage, wo sie denn meine Adresse herhätte, als größte Dummheit der Welt erklärte. Sie wusste, dass ich wusste, dass sie meine Adresse gesucht hatte, und sie wusste, dass ich wusste, dass sie wusste, dass mir das gefiel. Und das gefiel mir.

»Komm rein«, sagte ich. »Hast du Hunger?«

»Nö«, sagte sie und als wir in die Küche kamen, konnte sie sich ein Grinsen nicht verkneifen.

»Nur ein kleiner Imbiss«, sagte ich, während ich über ihr Grinsen grinsen musste. »Sonst koche ich ganz raffiniert.«

»Logisch«, sagte sie. Sie war wunderbar. Obwohl uns beiden klar war, was sie wollte, und obwohl ebenso klar war, dass ich das auch wollte, war sie verlegen.

»Kaffee?«, fragte ich.

»Ich habe Bier dabei«, sagte sie und deutete auf die Plastiktüte, die sie in der Hand hielt.

»Gut«, sagte ich, bevor ich das Gas unter der Pfanne abdrehte und wir meinen Imbiss zum Erkalten in der Küche zurückließen.

Wir saßen in meinem einzigen Zimmer, Anna auf dem Rand der Matratze, die auf dem Boden lag, ich in der Mitte des Zimmers davor, die Biere zwischen uns. Anna blickte über meine spärliche Einrichtung, sah kurz auf meine Bücher, Schallplatten und Videos und prostete mir zu.

»Gemütlich«, sagte sie, nicht ohne weiterzugrinsen, und dieses Mal war ich mir nicht sicher, ob mir der Spott in ihrem Blick recht war. Aber dann entspannte ich mich. Diese Frau wollte mich. Es konnte gar kein Problem geben. Nur der allerletzte Vollidiot hätte jetzt noch etwas falsch gemacht. Es wurde mir gerade klar, wie der Abend verlaufen würde, da stellte Anna eine Frage. »Willst du auch 'ne Nase?« Ich dachte, ich hätte mich verhört. Ungefähr fünf schmerzhafte Tage hatte ich damit verbracht, mir selbst klarzumachen, dass Kokain der dämlichste Scheiß sei, dem man sich hingeben konnte, da tauchte diese begehrenswerte Frau bei mir auf, die mich fragte, ob ich auch davon wolle, in einem Tonfall, der klang, als hätte sie gefragt: »Wollen wir ficken?«, »Soll ich dir einen blasen?«, »Wollen wir alles machen?«

Da kann man nicht sagen: »Du, ey, ich nehme ja keine Drogen mehr.« Das geht nicht. Da macht man mit. Und dann schnieften wir und wir brauchten nicht mehr zu wissen, wie man sich einander nähert. Jede Pore unserer Häute funktionierte wie ein Magnet und bald lagen wir nackt beieinander und ich wusste nicht, an welchen ihrer Lippen ich meinen Mund öfter hatte. Wir trieben es die Nacht hindurch, immer wieder, bis in den Morgen, legten neue Nasen nach, vögelten uns in den Himmel und blieben einander doch fremd. Aber das sollte ich erst später begreifen.

Nachdem Anna am Vormittag gegangen war, weil sie »Termine« hätte, lag ich allein in meinem Bett und lauschte dem Sound des Gartens hinter meinem offenen Fenster und dem Sound der Nachbarn hinter den geschlossenen Wänden. Mir fiel plötzlich auf, wie laut Anna und ich in dieser Nacht gewesen waren.

Ich hatte in meiner Wohnung schon länger gewohnt, aber in der ganzen Zeit niemals einen Nachbarn gehört. Ich selbst hatte immer gern laut Musik gehört, weil ich nie wusste, wie dünn die Wände nun wirklich waren. Jetzt, nach der Nacht mit Anna, musste ich daran denken, wie ich einmal, ein einziges Mal, hinter der Wand einen Nachbarn deutlich sich räuspern gehört habe. Das war das Einzige, das ich je von dem gehört hatte. Wie musste er meine Nacht mit Anna erlebt haben? Ich hätte mich noch länger mit dieser Frage beschäftigen können, aber ich war zu sehr in Anspruch genommen von dem vermischten Gefühl, einerseits Anna zu begehren und andererseits auf einer entsetzlich gefährlichen Droge mit einem Phantom geschlafen zu haben. Anna war jünger als ich. Nicht nur von der Jahresanzahl her. Sie suchte die Party noch mehr als ich. So geil, wie es gewesen war, überlegte ich morgens doch, ob es nicht viel geiler, schön sozusagen gewesen wäre, wenn wir die Nacht ohne Drogen zusammen verbracht hätten. Ich hätte Anna gern nüchtern kennengelernt, aber war das überhaupt etwas, was sie selbst auch wollte?

Ich lag einige Stunden und träumte und grübelte, bevor ich mir einen Kaffee machte, mit dem ich mich wieder ins Bett legte, um zu lesen oder einfach nur aus dem Fenster hinaus in den Himmel zu schauen und weiterzugrübeln. Nach einiger Zeit klingelte es. In Unterhose und T-Shirt latschte ich durch den Flur und kaum hatte ich die Klinke heruntergedrückt, explodierte die Wohnungstür. Mein rechtes Auge war durch die Tür verdeckt, also traf mich Jans Faust am linken. Ich stürzte nach hinten, als Jan auf mich sprang und mir eine zweite verpasste. Dann packte er mich unter den Armen, trat mit dem Hacken die Tür hinter sich zu und schleifte mich in mein Schlafzimmer, wo er mich auf das Bett warf.

»Du Arschloch!«, rief er und gab mir eine Ohrfeige, von der mir das Gesicht brannte. »Dir habe ich echt vertraut!« Zerschlagen sah ich, wie er in meinem kleinen Zimmer vor meiner Matratze hin und her ging. Er haute mit der Faust gegen die Wand. »Scheiße!«, sagte er und ich ahnte, dass er nicht nur wütend war, sondern auch verzweifelt.

»Was ...«, versuchte ich. »Was ist denn los?«

»Du scheißblödes Arschloch!«, rief er und dann war er wieder über mir. Seine Knie auf meiner Brust, meine Ohren mit beiden Händen packend, hob er meinen Kopf und schlug ihn zurück aufs Bett.

»Saufen und tanzen«, rief er. »Alles schön und gut. Aber bring meine Schwester nicht auf Koks«, und jetzt brüllte er und jagte mir eine weitere Ohrfeige über das Gesicht, »um sie zu ficken!«

»Ich«, ächzte ich, während ich versuchte, mich aus seinem Griff zu befreien. Ich packte seine Arme, aber ich hatte keine Chance. »Sie hat das Koks mitgebracht«, japste ich. Jan ließ von mir ab. »Was?«, fragte er.

»Sie hat das Koks mitgebracht«, wiederholte ich.

Jan guckte doof, begriff, glaubte mir und sackte zusammen. Er nahm es mir nicht übel, dass ich mit Anna im Bett gewesen war.

Er wollte Anna nur vor dem Drogensumpf bewahren. Dass sie den auch alleine finden könnte, hatte er nicht bedenken wollen.

»Sie?«, fragte er und dann, nachdem ich genickt hatte, versuchte er nachzudenken.

»Wirklich?«, fragte er.

»Ja.«

Ich sah ihm an, dass er versuchte, sich zu überlegen, wer aus seinem Bekanntenkreis so dreist sein könnte, seiner Schwester Kokain zu geben. Dann sah er mich an, wie ich mir den Kopf hielt. Er zeigte auf mein lädiertes Gesicht.

»Tut mir leid«, sagte er und ich beteuerte, dass es nicht weiter schlimm sei, dass ich jetzt zwei Veilchen hatte.

»Komm«, sagte er. »Wir gehen ein Bier trinken.«

Um die Ecke war eine kleine Arbeiterkneipe, in der Jan ab und zu gern Mittag machte. Eine kleine vergilbte Kneipe, in der man garantiert keine Leute treffen würde, die man kannte. In dieser Kneipe saßen wir eine Viertelstunde später am Tresen und stierten schweigend mit unseren Bieren vor uns am Zapfhahn vorbei, entweder nach unten, zu den Getränkefächern hinter dem Tresen, oder nach oben zu den verblichenen Urlaubspostkarten alter Stammkunden.

Ich spürte, dass in Jan etwas dabei war zu nagen. Ich wollte etwas sagen, aber ich wusste nicht was. Ich brauchte noch zwei Bier und einen Korn, bis mir die Rede flüssig wurde.

»Vielleicht solltest du mal begreifen, dass Anna ihr eigenes Leben hat. Du kannst nicht immer nur auf sie aufpassen.« Auf die sowieso nicht, hätte ich hinzufügen können, aber das konnte ich mir auch sparen. Wie unzähmbar seine Schwester war, das wusste Jan am besten.

»Ich mach alles falsch«, sagte er dann kopfschüttelnd mit einer leichten Andeutung eines Schmunzelns.

»Lass sie doch einfach ihr Leben leben«, sagte ich. »Die wird sich schon wieder fangen und wenn nicht, dann bist du wirklich gefordert. Aber vorher ...«

»Du weißt nichts«, unterbrach mich Jan. Ich sagte nicht einmal »Hä?«. Ich spürte, dass er mir etwas sagen wollte, aber ich hielt mich zurück. Ich nahm einen Schluck von meinem Bier und bestellte noch einen Korn und wir saßen und tranken. Dann hatte ich eine Idee. Klar, der ältere Bruder wollte seine kleine Schwester beschützen, aber hatte er auch bedacht, was die kleine Schwester wollte?

»Deine Schwester …«, setzte ich an.

»Anna ist nicht meine Schwester.«

»Was?«

Jan stierte mit glasigen Augen auf sein Bierglas, dann sah er mich an und blickte wieder auf sein Glas. Er drehte es in den Händen, kippte es, beobachtete, wie das Bier darin schwappte, und stellte das Glas zurück auf den Tresen. Dann drehte er sich zu mir und sah mir direkt in die Veilchen. »Ich erzähl dir jetzt was«, sagte er. »Und wenn du das irgendjemandem weitersagst, dann bringe ich dich um.«

Ich nickte.

»Ich häute dich«, sagte er und ich nickte wieder.

Jan nahm einen Schluck. »Anna ist meine Halbschwester.« Ich sagte nichts und wartete. »Mein Vater hat einen Zwillingsbruder. Der ist der Vater von Anna.« Jan stürzte sein Bier und glotzte schräg über den Tresen zu der alten Wirtin hin, die einem Gast am anderen Ende der Kneipe ein Getränk hinstellte. Sie war von der alten Schule und erkannte gleich, dass sie es bei uns mit zwei Gästen zu tun hatte, die alleine sein wollten, weil sie etwas zu klären hatten. Von ihr hatten wir keine »Na, Jungens, wie läuft es«-Sprüche zu erwarten.

»Ungefähr neun Monate bevor Anna geboren wurde, war mein Vater bei Überseepartnern in Amerika.« Jan rülpste, nahm eine Zigarette aus der Packung, die vor uns zwischen den Bierdeckeln lag, und zündete sie an. »Keiner«, sagte er, nachdem er einen tiefen

Zug genommen hatte, »keiner weiß Bescheid, außer meiner Mutter, dem Onkel und mir.« Er aschte ab und sah mich an. »Und jetzt du.«

»Und woher weißt du das?«

»Es gab immer viel Streit bei uns zu Hause. An einem Abend, nachdem ich mich heftig mit meinem Alten gestritten hatte, ist er abgehauen und ich saß mit Muttern allein zu Hause. Anna war bei einer Freundin, da hat mir die Alte alles erzählt.« Jan machte eine Pause. Er wollte seine Gedanken ordnen, das war klar, aber was er da aus seiner Vergangenheit herauswühlen wollte, das war nicht klar. Zumindest nicht mir. Ich lauschte in sein Zögern und nahm einen Schluck Bier.

»Als meine Mutter meinen Alten kennengelernt hat, hat sie auch meinen Onkel kennengelernt. Beide waren in Muttern verliebt. Onkel schien mehr der Romantische zu sein. Vaddern war handfester, konnte mehr Zukunft versprechen, also hat er sie dann gekriegt. Onkel ist Junggeselle geblieben, aber dann hat er Muttern auch noch gekriegt. Sie hat beide gekriegt. Für sie ist es genau so gelaufen, wie sie sich das gewünscht hätte, aber so geht es natürlich nicht. Männer heiraten Frauen und Frauen heiraten Männer und dann ist es das. Ein Mann, eine Frau. Das muss so sein und letzten Endes leiden alle darunter. Aber sie würden auch leiden, wenn es freier wäre. Als Mutter mir damals alles erzählt hat, da hat sie das nur aus einem Grund getan. Ich sollte auf meine Schwester aufpassen.«

Jan schielte mich an. »Kannst du das verstehen? Ich war damals gerade nach einem extremen Streit mit Vater nach Hamburg gegangen und Mutter ahnte, dass Anna bald nachkommen würde. Sie hat mir alles erzählt, vor allem …«, hier lachte Jan, »weil ich ja der ältere Bruder war.« Er stürzte einen Korn und lachte noch einmal. »Ältere Brüder sind ja immer so erwachsen und können alles«, sagte er mit einer Ironie in der Stimme, die mit dem MTV Music Award für die beste Vertonung von Verzweiflung hätte ausgezeichnet werden können.

»Lass Anna laufen«, sagte ich. »Sie muss ihrs selbst finden.

Jan schwankte sacht. »Vielleicht«, sagte er.

»Oder du sagst es ihr einfach mal«, schlug ich vor. »Vielleicht hat sie ein Recht, die Wahrheit zu wissen.«

»Spinnst du?« Jan sah mich an, als hätte ich den Verstand verloren.

»Aber«, sagte ich, »ihr belügt sie. Ihr sagt ihr nicht, wer ihr Vater ist. Vielleicht zieht sie den Romantischen ja dem Handfesten vor.«

»Vielleicht«, sagte Jan. »Aber was glaubst du, würde passieren, wenn Anna die Wahrheit erfährt? Meinst du, sie würde sagen ›Oh Mutter, ich verstehe das alles und jetzt haben wir ein Geheimnis zusammen‹?« Jan schüttelte den Kopf. »Ach komm, Karsten, ein bisschen kennst du sie doch auch schon. Die würde auf den Tisch hauen. Die würde einem Skandal den Weg bereiten in dieser so wohlgeordneten Spediteursfamilie van Zaelen in Hannover. Vergiss es!«

»Vielleicht«, sagte ich, war mir aber nicht sicher, ob man dieser tollen Frau, mit der ich gerade eine tolle Nacht verbracht hatte, die Wahrheit über ihre Herkunft so ewig vorenthalten dürfe. Aber das war nicht meine Sache. Ich durfte mich da nicht einmischen.

Das zumindest war mir klar, als ich mich sehr verwundert daranmachte, mit Jan weitere Biere zu stürzen und ihm, der mir in den letzten Monaten ein echter Freund geworden war, an diesem Abend einfach nur mit Verständnis zur Seite zu stehen. Mit Verständnis dafür, dass er mir ein blaues Auge gehauen hatte, obwohl ich doch schon eines trug. Aber solches ist gern mal egal, wenn es um echte Freundschaft geht, und so saßen wir und tranken, bis Jan plötzlich alle seine familiären Gegebenheiten vergessen hatte.

»Sag mal«, fragte er nach dem achten Bier, »hast du eigentlich mal darüber nachgedacht, ob du nicht einen LKW-Schein machen willst?« Ich zog wohl fragend die Augenbrauen hoch, denn: »Tourfahren«, lallte Jan. »Schnelles Geld, viele Stunden«, sagte er.

»Wenn du ein paar Jahre für mich fährst, dann geb ich das Geld dazu. Ich brauche Fahrer.«

Ich dachte nach und versuchte, mir das vorzustellen. Drei-, viermal war ich schon für ihn auf Ferntour gewesen. Entweder als dritter Mann im großen Lkw oder als Fahrer eines Siebeneinhalbtonners. So richtig schlecht war das gar nicht gewesen. Durch lange Fahrzeiten kam man schneller auf Stunden und konnte öfter mal frei machen. Außerdem gab es noch die Spesen.

Ich nickte. »Klar, Mann«, sagte ich. »Das mach ich. Du zahlst das, ich mach das.« Dann lachte ich betrunken.

»Kannawojeder«, war das Letzte, was ich von mir gab, bevor ich für diesen Tag den Faden verlor.

Kapitel 10

KLEIDER MACHEN MÖBLER

»Aber nun ist das ja so: Wenn man nicht so drauf ist, dass man solch einem Typen gleich was aufs Maul haut, dann isst man sein Essen zu Ende und drängt dann zum Aufbruch.«

Als ich verkatert aufwachte, hätte ich am liebsten sofort Jan angerufen, um ihm zu sagen, er solle die Sache mit dem LKW-Lappen vergessen. Ich konnte es mir einfach nicht vorstellen, mit einem achtzehn Meter langen Hängerzug durch Sankt Pauli oder Ottensen zu fahren. Klar, mit Siebeneinhalbtonnern kam ich seit Langem zurecht, aber das war auch eine ganz andere Liga. Allein der Gedanke an dreißig oder vierzig Tonnen schickte mir kalten Schweiß ins Hemd. Mit Anhänger! Ich! No way …

Ich stand auf, latschte in die Küche und setzte Kaffee auf. Als das Unbehagen für einen Moment Pause machte, dachte ich an viele Arbeitsstunden und schnelles Geld auf Ferntour und plötzlich erinnerte ich mich an einen anderen Abend am Tresen, der einige Jahre zurücklag.

Eine Gruppe von Gästen und der Wirt hinter dem Tresen hatten über eine »total geile Idee« geredet, die einer der Gäste gehabt hatte, nämlich, dass die alle zusammen rausfahren würden zum Flugplatz Bordesholm, um jeder einen Tandemsprung zu machen, also einen Fallschirmsprung, bei dem der Kunde an einem Profi dranhängt. Und weil ich mächtig einen im Tee hatte, war ich sehr von der Idee begeistert und bereit mitzumachen. Bis ich am nächsten Morgen aufwachte. Scheiße!, habe ich damals gedacht. Und auch damals habe ich eigentlich einen Rückzieher machen wollen. Habe ich aber nicht getan. Mit elend flauem Magen saß ich zwei Wochen später in einem kleinen Flugzeug neben dem Typen, an dem ich beim Sprung hängen sollte, und betrachtete das Gesicht eines Kunden, der wohl auch überlegte, ob es eine so gute Idee sei, in viertausend Metern Höhe auszusteigen. Worauf hatten wir uns nur eingelassen?

Und dann hatte ich eines der geilsten Erlebnisse. Noch eine ganze Woche danach war ich immer wieder high von der Erinnerung an den freien Fall.

Mann, dachte ich, als ich in der Küche an meinem Kaffee nippte. Was ist schon ein Scheiß-Lkw?

Wirklich sicher war ich mir zwar noch nicht, aber trotzdem meldete ich mich ein paar Tage später in der Fahrschule an. Und dann kamen die langweiligen Stunden im Theorieunterricht. Es leuchtete mir zwar nicht ganz ein, warum ich den ganzen Kram für den Pkw-Führerschein noch einmal lernen sollte, aber ich biss mich durch. In der Theorie für Lkw wurde es entsetzlich kompliziert, denn da ging es unter anderem um Fahr- und Ruhezeiten, die alle gesetzlich geregelt waren. Von Tagesruhezeit und Wochenarbeitszeit wurde da geredet und als das alles für zwei Fahrer erklärt wurde, die zusammen im Lkw sitzen, warf ich das Handtuch. Ich versuchte gar nicht mehr, die komplizierten Grafiken und seltsamen Diagramme zu verstehen, die erklären sollten, welcher der beiden Fahrer wann eine Pause zu machen hatte, während dem anderen vielleicht noch gestattet war, auf einem Umzug zwei Stunden lang Kartons zu tragen, bis auch er ruhen musste. Das war mir alles zu doof. Ich lernte einfach sämtliche Antworten in den Bögen auswendig.

Mit dem gar nicht mal so großen Zwölftonner der Fahrschule konnte ich nach einigen Fahrstunden sogar umgehen, also konzentrierte ich mich zu Hause auf den Lernstoff.

An einem Abend, als ich mittendrin war zu kapieren, um wie viel einfacher als die damalige Pkw-Theorieprüfung ich die Lkw-Theorie bestehen würde, klingelte es und Anna stand vor der Tür.

Seit unserer gemeinsamen Nacht waren zwei, drei Wochen vergangen, in denen wir uns ein paar Mal in der Kneipe getroffen und hin und wieder telefoniert hatten. An einem Abend am Tresen hatte Anna sich einen heftigen Streit mit Jan geliefert. Wegen meines zweiten Veilchens. Ich hatte mich nicht eingemischt, weil es ja gar nicht um mich ging, sondern um Annas Freiheit. Mit einem »Mach doch, was du willst« von Jan hatte der Streit geendet und seitdem hatte ich das Gefühl, dass Anna erst recht voll durchstartete.

Ich wusste, dass sie andere Männer hatte, aber das war mir nicht schlimm. Ich wusste nicht mehr, ob ich noch in sie verliebt war, ja ich zweifelte sogar daran, dass ich das je gewesen war, aber ich hatte immer noch Bock auf sie. Mein Schwanz, meine Haut, meine Lippen hatten Bock auf sie.

Ich wusste aber nicht, wie viel Bock Anna noch auf mich hatte. Als ich sie hereinbat, beschlich mich das Gefühl, dass sie gekommen war, weil sie es mindestens noch einmal tun musste. Um Jan zu trotzen.

Diesmal hatte sie kein Bier mitgebracht. Sie fragte, gleich nachdem sie sich gesetzt hatte, ob ich eine Nase wolle. Ich schüttelte den Kopf. »Keinen Bock mehr«, sagte ich.

»Was?«

»Ich habe keinen Bock mehr auf den Scheiß.«

»Wieso das denn nicht?«

»Weil es Scheiße ist.«

»Hast du Schiss vor Jan?«

»Das hat nichts mit Jan zu tun. Ich finde es einfach scheiße, immer wieder einen tagelangen Kater für nichts zu haben.«

»Man muss es ja nicht übertreiben.«

Ich sah Anna an. Sie saß am Ende meiner Matratze und hatte, seit sie bei mir war, noch nicht ein einziges Mal auf die entzückende Art und Weise gegrinst, die ich so an ihr mochte. Sie war ungeduldig. Sie wollte das Gespräch hinter sich bringen, damit sie endlich eine Nase nehmen konnte, und sie wollte, dass ich auch eine nahm.

»Du bist doch schon dabei, es zu übertreiben«, sagte ich.

»Quatsch«, sagte sie.

»Ich würde gern mal nüchtern mit dir schlafen«, sagte ich.

Anna sagte nichts. Fast hatte ich den Eindruck, meine Ansage habe sie erschreckt. Mach dich auf, dachte ich. Lass mich rein.

»Ich hau dann mal wieder ab«, sagte Anna. Als sie aus dem Zimmer ging, sah ich ihr hinterher, dann hörte ich die Tür ins Schloss fallen.

Scheiße!, dachte ich. Scheiße! Scheiße! Scheiße!

Ich nahm mir vor, Anna die nächsten Tage anzurufen. Am besten morgens oder mittags abzuholen und zum Ausnüchtern mit ihr im späten Herbst im Wind an der Elbe spazieren zu gehen. Dann fragte ich mich, was ich mir eigentlich einbildete. Mit Spaziergängen einer jungen Frau klarmachen, wie ätzend Koks ist? Plötzlich hatte ich Annas Bild vor Augen, wie sie frierend und fluchend durch den Sturm stapft. Aber war es bei ihr wirklich schon so weit?

Ich sah auf mein Fahrschullehrbuch. Was wollte ich eigentlich in meinem Scheißleben? Lkw-Fahrer werden? Ey, was? Sollte das etwa mein Ernst sein? Oder wollte ich noch etwas anderes?

Ich wusste, was ich nicht wollte. Ich wollte keiner von den Idioten sein, die koksten, damit sie ihren Job als Möbelpacker durchstehen konnten, und die Möbel schleppten, damit sie sich ihr Koks leisten konnten.

Ja geil, aber sonst?

Scheiße! Wieso hatte ich eigentlich keine Gitarre mehr? Früher hatte ich eine Gitarre gehabt. Immer. Hatte zu Hause gespielt und gesungen. Und jetzt? Nichts mehr. Meine letzte Gitarre hatte ich im Suff an der Wand zerschlagen wegen irgendeines Streits mit irgendeiner Freundin. Wegen der Freundin? Nein, einfach weil ich besoffen war.

Und dann war es mir wieder klar. Ich würde Fahrer sein, weil ich auf Ferntour schneller auf meine Stunden kommen und mehr Geld verdienen würde. Geld, mit dem ich mal was anfangen könnte, anstatt es nur zu versaufen. Ich würde reisen. Das war mir jetzt klar.

Also, scheiß auf den Blues. Das mit Anna würde ich klären. Jetzt musste ich lernen.

Und ich lernte.

Die Theorieprüfung bestand ich mit null Fehlern, in der Praxis schrappte ich beim Linksabbiegen mit dem Hinterrad über den Rand der Verkehrsinsel am Ende der Straße, in die ich einbog.

Ein klarer Grund durchzufallen. Aber mein Lehrer hat mich rausgehauen. Die ganze Zeit schon hatte er dem Prüfer Geschichten erzählt, über das, was er erlebt hatte, als seine Frau im Krankenhaus lag. Als ich den Kantstein mitnahm, beugte er sich nur kurz vor, sah in den Rückspiegel, murmelte was von wegen »Die bauen aber auch, hier in Schenefeld«, schüttelte den Kopf und erzählte weiter. »Ja, und dann sage ich zu dem Arzt ...«

Ich wusste nicht, ob der Prüfer meinen Fehler bemerkt hatte, aber sowieso schon hilflos dem Fahrlehrer ausgeliefert war, oder ob er ihn gar nicht mitbekommen hatte. Es hatte ein kleines Zeitfenster gegeben, in dem der Prüfer die Bedeutung meines Fehlers hätte herausstreichen können, aber dieses Fenster schloss mein Lehrer sehr schnell. Ihm verdanke ich meinen Lappen. Den ganzen Tag habe ich gedacht, dass ich ihm mit einer Flasche Champagner danken sollte. Habe ich aber nie getan, Arschloch, das ich bin.

»Glückwunsch!«, sagte Jan, dann prosteten wir uns zu. Wir saßen am Tresen in der Kneipe, in der ich Jan vor Wochen auf Pilztrip getroffen hatte.

»Ich zeig dir mal was«, sagte er, bevor er ein dunkelblaues T-Shirt aus einer Tasche kramte.

Dort, wo andere Hemden eine Brusttasche haben, prangte auf diesem T-Shirt eine kleine rote Aufschrift: »Verhuizer«. Jan drehte das Shirt herum. In größeren Lettern stand auf dem Rücken wieder »Verhuizer« und darunter »Umzüge«.

»Is das geil, oder was?«

»Eine Uniform?«, fragte ich.

»Quatsch«, sagte Jan.

Mir hatte der Gedanke an gleichmacherische Arbeitskleidung nie gefallen. Ich wollte mich nicht uniformieren lassen. Aber ich sollte noch merken, dass Jan recht hatte. War ja nur ein T-Shirt. Was man sonst noch trug, war egal. Und das Shirt konnte man noch gestalten. Ärmel abschneiden und Kragen und so weiter.

Sunny hat sich später sogar das komplette Hemd gekürzt, um im Sommer nabelfrei zu tragen.

»Man kriegt keine Umzüge von großen Firmen, wenn da jeder wie der letzte Hippie aufläuft«, sagte Jan. »Stell dir ein riesiges Büro vor, das umzieht. Mein Gott, die Leute wollen wissen, wer du bist. Denen sind doch deine langen Haare scheißegal, wenn sie gleich sehen, dass du einer von den Möbelpackern bist. Aber wenn du da einfach so rumrennst ...«

Klar, so war das. Also T-Shirt. Warum eigentlich nicht?

Später kam ich mal nach der Arbeit mit dem Verhuizer-Hemd am Leib in die Kneipe und hörte, wie ein Typ sagte: »Jetzt läuft er auch noch Werbung für den Laden!«

Ich bin da nicht drauf eingegangen. Ich kannte den Mann und wusste, dass er sich als »Bühnenarbeiter« bezeichnete. Ich wusste, dass der Mann, wenn er auf einer Tournee der Rolling Stones in einem Stadion dem allerletzten Beleuchter mal das Gaffer Tape reichen durfte, mit stolzgeschwellter Brust das offizielle T-Shirt trug, auf dem alle Tourdaten standen.

Plötzlich trug ich das Hemd von Verhuizer gern. Ich war nicht stolz darauf, Möbelpacker zu sein, aber ich hatte meinen Stolz. Ich wusste, dass man, um innerhalb einer Woche sieben Familien in ihr neues Heim zu verfrachten, wesentlich mehr draufhaben musste, als einem kabelverlegenden Techniker Gaffer Tape zu reichen, wenn der einem das sagte.

Die Leute bilden sich ja so viel auf ihr ersetzbares Selbst ein. Oder sie haben schlicht keine Vorstellung.

Jahre später war ich mal mit meiner damaligen Freundin in Asien unterwegs. In Kambodscha. In Phnom Penh wollten wir am See zu Abend essen, in einem jener Restaurants, die den Kiffern dieser Welt genug Hängematten zur Verfügung stellen, dass sie den Rest der Welt für immer vergessen könnten.

Wir saßen bereits eine Weile auf der Terrasse am Seeufer, als ich hinter mir hörte, wie jemand sagte: »Verhuizer Umzüge.«

Als der Deutsche in Phnom Penh die Aufschrift meines Hemdes las, nahm er unser Deutschsein zum Anlass, sich mit seinem Freund zu uns zu setzen, und kaum, dass sie bei uns saßen, fragte er auch schon: »Aber da arbeitest du nicht wirklich, oder?«

»Doch«, sagte ich und begann, den Typen zu hassen. Leider hatten wir schon unser Essen bestellt, denn sonst hätte ich meine Süße dazu überredet, wieder zu gehen. Ich war zu friedfertig, als dass ich ihn einfach in den See hineingeprügelt hätte, doch wenn ich nicht so friedfertig und etwas schneller mit der Faust gewesen wäre, dann hätte ich genau das getan. Ich bekam nämlich langsam mit, dass dieser notgeile Backpacker mich nur benutzte, um mit meiner Frau ins Gespräch kommen zu können. Wie erbärmlich!

Aber weil er ja schon da gewesen war, wo wir noch hinwollten, in Vietnam nämlich, unterhielt sich die Süße noch mit ihm, wie das »Traveller« eben so tun, um Tipps auszutauschen. Und dann erzählte diese Pfeife von Vierteln und Straßen in Saigon, die »irgendwie noch so richtig geil« seien, nämlich so »wie die Khaosan Road vor dreißig Jahren«.

Jaha!, hab ich da gedacht. Jetzt erzähl mir noch, dass du dich im Alter von zwei Jahren nachts in Bangkok herumgetrieben hast! Denn viel älter als dreißig war der Junge nicht, in dessen Weltbild Möbelpacker nicht über die Grenzen Europas hinauskamen, denn Möbel schleppten ja nur Leute, deren Ideal von Urlaub irgendwo auf Mallorca stattfindet. Die sind ja nicht so cool wie Backpackers in Asien.

Aber nun ist das ja so: Wenn man nicht so drauf ist, dass man solch einem Typen gleich was aufs Maul haut, dann isst man sein Essen zu Ende und drängt dann zum Aufbruch. Einmal mehr habe ich mein Möblerhemd mit Stolz getragen.

Die kleine Backpackersau, die glaubte, sie würde die Welt kennen, hatte nichts begriffen. »Aber du arbeitest nicht wirklich da?« Doch, Alter. Und bevor ich solch ein nichts-schnallender dummer »Weltenkenner« werde wie du, schleppe ich lieber mit einem Kumpel Möbel, der noch nicht einmal eine Pfeife braucht, um dich zu rauchen.

So habe ich das damals gesehen.

So sehe ich das noch heute.

Kapitel 11

HERZALLERLIEBST

»›Logisch‹, sagte ich und grinste die junge Blonde an, die mir bei meinem nächsten Gang ins Haus tatsächlich von der Seite her in den Hals biss.«

WOW, KANN ES MANCHMAL NETT SEIN! Wenn alle Kunden immer so nett wären wie die, die meine ersten Kunden auf meiner ersten Tour zusammen mit Jan waren, dann wäre mein Leben als Möbelpacker stets und immer voller Freude.

Eine fünfköpfige Familie haben wir mit ihren sechzehn Möbelwagenmetern, also einem Hängerzug voll, von Hamburg nach Kassel gebracht. Einen Vater, eine Mutter, zwei junge Töchter und einen siebzehnjährigen Sohn, der zwar seine kleinen Schwestern nicht hasste, aber gern auch mal auf sehr sympathische Weise von ihnen genervt war. Schon beim Aufladen in Hamburg durften wir den Fernseher im Wohnzimmer erst sehr spät aufladen. Genauso das Sofa, auf dem der Junge sich lümmelte, um auf MTV oder sonst wo noch extrem wichtige Musikvideos gucken zu können. Nicht, dass er einer jener ätzenden Jugendlichen gewesen wäre, die dem Möbelpacker mit peinlicher Arroganz begegneten und obendrein auch noch zu faul waren, ihren eigenen Kram in Kartons zu verpacken. Gar nicht. Von den Geschwistern war er derjenige gewesen, der als Erster mit allem fertig war, und er fand nun, dass er das Recht hatte, während des Umzugs noch das eine oder andere Musikvideo zu sehen. Gern hätte ich mich zu ihm gesetzt und mit ihm einen Joint geraucht, allein, er war Teil der Kundschaft und ich war auf der Arbeit. Das Abhängen des Kundensohnes konnten meine Kollegen tolerieren, meines hätten sie nie und nimmer hingenommen, also musste ich schleppen. War aber auch okay, denn die Schwestern des MTV-Teenagers machten sehr fleißig mit und die Ältere von ihnen, sie mochte etwa fünfzehn gewesen sein, machte sich ihren Spaß daraus, mit den Möbelpackern zu flirten – und das war lustig und hat uns allen gefallen. Zum Glück war keiner von jenen Idioten dabei, die gern mal zotig werden, und so waren wir alle irgendwie »große Brüder« für dieses Mädchen, das sich im Männerprovozieren übte, wenn sie zum Beispiel, nachdem sie selbst saftig abgebissen hatte, einem von uns ihren Apfel hinhielt und sich die Lippen leckend und grinsend fragte: »Willst du auch mal?«

Ich finde es immer toll, wenn Kinder, Jugendliche und auch Erwachsene keine Angst haben. Wenn sie nicht skeptisch und zurückhaltend den Möbelpackern gegenüberstehen. Und diese Jugendlichen wussten wahrscheinlich gar nicht, was Angst irgendwelchen Leuten gegenüber war, denn sie hatten tolle Eltern. Beruflich hatte der Vater in Amerika zu tun gehabt und also hatten sie da auch schon gewohnt. Einen Umzug von Hamburg nach Kassel machten die spielend mit. Die ganze Zeit des Aufladens über waren meine Kollegen und ich von einem Gefühl der Freundschaft erfüllt, ohne dass da ein dummer Möbelpacker eine Grenze überschritten hätte.

Wir waren einfach willkommen, da, wo wir unsere Arbeit erfüllten. Und wir wurden geachtet für das, was wir taten.

»So, jetzt macht aber mal Pause, die Pizza ist da.«

Und dann sitzt man da mit sehr netten Menschen in deren Wintergarten und isst Pizza, draußen kippt der späte Herbst in den Winter und das Leben ist irgendwie so, wie es sein soll.

Bevor wir dann nach der Mittagspause das Klavier aufladen durften, musste die jüngere Tochter uns noch was vorspielen, wozu der Sohn bemerkte: »Jetzt geht das schon wieder los!«

Schmunzelnd beobachtete ich ihn, wie er sich genervt zum Fernseher schleppte, und lauschte dann dem »Boogie« und dem »Woogie«, die das Mädel gelernt hatte. Otis war dabei und sang eine Improvisation über *Hound Dog* und *Jailhouse Rock* und alle hatten ihren Spaß, aber dann musste die Arbeit weitergehen.

Als Jan und ich abends durch den Elbtunnel fuhren, ich am Steuer, die Augen immer im Rückspiegel, weil ich als Anfänger wegen des Anhängers noch nervös war, freute ich mich und dachte, dass das Tourfahren eine ganz herrliche Angelegenheit sei. Ich hatte damals ja noch keine Ahnung.

In Kassel hatten wir keine Ladehilfen, was ich in den folgenden Jahren als »nackten Wahnsinn« bezeichnet hätte, aber wir hatten zwei Tage Zeit. Da ging das schon mal, auch wenn außer dem reinen Abladen noch reichlich Montagen zu erledigen waren.

Ein wunderbar sonniger Frühwintertag bescherte allen Beteiligten die beste Laune und der älteren Tochter standen für ihre Flirtübungen nur noch zwei Möbelpacker zur Verfügung, wobei sie sich erstaunlicherweise mehr an mich hielt als an Jan.

»Findest du mich schön?«

»Klar«, sagte ich, grinste und schleppte den Sessel, den ich gerade trug, an ihr vorbei, um im Wohnzimmer keine Antwort auf meine Frage zu erhalten, wo der denn stehen solle.

Der Vater wusste es nicht, denn er war auf sehr sympathische Art grundzerstreut. Er hätte sowieso kein Mitspracherecht gehabt in dieser Familie, in der jeder seinen eigenen Kopf zu haben schien.

Dem Sohn war es komplett egal, wo der blöde Sessel stand, und die Mutter war in der Küche beschäftigt, wo sie Hühner auf dem Backblech verteilte und mit Würztunke einstrich. Da wollte ich sie auf keinen Fall stören. Es war die jüngere Tochter, die mir die Augen öffnete. »Der muss natürlich am Fenster stehen.« Natürlich! Da hätte ich auch selbst drauf kommen können.

Kurz nachdem ich dann den Fernseher im Wohnzimmer abgestellt hatte, beschwerte sich der Sohn beim Vater, dass da wohl was mit der Schüssel auf dem Dach nicht stimme, denn der Empfang sei so scheiße. »Guck doch selbst«, sagte der Vater, ohne dabei unfreundlich zu sein. In Gedanken war er, konzentriert auf irgendein Problem, das ihm durch den Kopf ging, und er konnte sich ja nicht um alles kümmern.

Auf dem nächsten Karton, den ich ins Haus trug, stand etwas drauf. »Guck mal«, sagte ich zu der älteren Tochter und zeigte ihr die Aufschrift.

»Leb wohl, Martina. Ich liebe dich!«, war da zu lesen.

»Klar«, sagte Martina und sah mich an, als hätte ich etwas ganz Wesentliches nicht begriffen. »Die lieben mich alle.« Sie grinste. »Ich bin ja auch toll, oder nicht?«

»Logisch«, sagte ich und grinste die junge Blonde an, die mir bei meinem nächsten Gang ins Haus tatsächlich von der Seite her in den Hals biss. Nu is aber gut, hab ich gedacht, und trotzdem gegrinst.

Das kulinarische Timing der Mutter war perfekt. Morgens gab es Kaffee und Brötchen, am frühen Nachmittag ein paar Snacks vom Bäcker und abends dann, als wir nur noch zwei Reihen Kartons (also etwa sechzig Stück mit Kleinkram obendrauf) auf dem Wagen hatten, gab es die knusprig durchgebackenen Hähnchen vom Backblech mit Kartoffeln in exzellenter Sauce. Ein üppiges Mahl, das wir durch das Abladen von zwei Reihen Kartons in solcher Art vorverdauen konnten, dass wir wieder Platz hatten für die Biere und Schnäpse, die der Vater dann später am Abend nach dem Abladen servierte.

Wir lagen sehr gut in der Zeit. Es war nicht einmal vorgesehen gewesen, dass wir die Ladung komplett am ersten Tag ins Haus schafften, und so sagte der Vater, als der Hängerzug leer war, dass er jetzt »keinen Bock« mehr hätte, noch weiterzumachen und womöglich bis Mitternacht zu montieren, und dass man sich ja auch mal entspannen könne. Danke, sehr gern.

Und so saßen wir dann noch zusammen und tranken und der Vater erzählte von seiner Arbeit als Auslandskorrespondent einer Nachrichtenagentur und die Mutter träumte mit zunehmendem Pegel Erlebnissen in anderen Ländern hinterher. Der Sohn hatte sich vor den Fernseher verfrachtet und die jüngere Tochter überprüfte die Stimmung des Klaviers.

»Da bestellen wir aber jemanden für«, hatte der Vater gesagt, aber die Tochter wollte sich nicht drauf einlassen.

»Wozu habe ich denn das Stimmgerät?«, fragte sie. Kurz diskutierte die Familie die Frage des Klavierstimmens und als alle anderen der Tochter zur Seite standen (»Ist doch nur gut, wenn sie das selbst kann«), war es auch dem Vater egal. Der wollte mit Jan und mir sowieso noch von jenem echt karibischen Rum trinken, den er seit gut zehn Jahren aufbewahrt und völlig vergessen hatte, bis die Flasche ihm im Laufe des Umzugs wieder in die Finger geraten war.

»Prost«, war eines der letzten Worte, an die ich mich am nächsten Morgen erinnern konnte, als ich in meiner Koje im Lkw erwachte. Eines der zahllosen Prosts, die wir einander zugerufen hatten, nachdem Kinder und Mutter schon lange zu Bett gegangen waren.

Wie lange hatten wir getrunken? Bis zwei? Bis drei oder vier? Ich wusste es nicht, als ich von meinem Schlafsack nur lose zugedeckt auf der Rückbank im Fahrerhaus erwachte und aus dem Fenster sah. Es war acht Uhr. Jan lag über mir im Topsleeper und schnarchte.

Indien! Über Indien hatten wir geredet, wo ich ja auch schon immer mal hinwollte, und der Vater hatte die politische Situation in Indien erklärt. Natürlich war der Weg von Politik zur Wirtschaft nicht weit und Jan van Zaelen als junger Unternehmer hatte sich von dem gebildeten Journalisten, der unser Kunde war, einiges erzählen lassen können.

Dann wieder hatten wir über Filme geredet und Musik. Natürlich auch über indische Filme, was mir wieder gefallen hatte, denn ich finde es zwar nicht wichtig, aber immer wieder schön, wenn ich jemanden treffe, der zum Beispiel die *Apu-Trilogie* von Satyajit Ray gesehen hat. Mit dem kann man sich dann noch über ganz andere Sachen unterhalten. Schade nur, wenn man sich am nächsten Morgen nur lückenhaft an solche Gespräche erinnern kann.

Gut erinnern konnte ich mich noch, wie ich in der Nacht aus dem Gartentor hinausgestolpert war, aber wie ich es in den Lkw geschafft hatte, davon wusste ich nichts mehr, als ich plötzlich tierischen Bock auf Kaffee bekam.

Als ich zur Uhr sah und bemerkte, dass es kurz vor halb neun war, überlegte ich, ob ich Jan wecken sollte. Aber da ging über mir schon die Luke zum Topsleeper auf und Jan grinste mich von oben an. Er gähnte kurz, dann grinste er wieder.

»Wow«, sagte er. »Das war knapp.«

»Was?«

»Letzte Nacht«, sagte er. »Viel weiter hätten wir es nicht treiben dürfen.«

»Wieso?«, fragte ich, während ich mich aus dem Schlafsack herauswühlte. »Hat sich irgendwer danebenbenommen?«

»Nee«, sagte Jan. »Man muss nur immer darauf achten, dass man den richtigen Abstand beibehält.« Er lachte. »Nicht, dass jemand auf die Idee kommt, er würde zur Familie gehören.«

»Wer macht denn so was?«

»Ich kann dir da Geschichten erzählen«, sagte Jan. »Das glaubst du nicht.«

Er machte eine Pause, in der ich mich auf dem Rücken liegend in meine Jeans hineinarbeitete. »Was für Geschichten?«

»Einmal hat Hecke die Frau vom Kunden angebaggert, als der danebensaß. Völlig dicht ist er gewesen. Ich konnte die Situation nur retten, indem ich ihn nach Hause geschickt habe.«

»War ja wohl richtig so«, murmelte ich.

Jan lachte. »Das war in Stuttgart.«

»Und du hast ihn nicht unterwegs aufgelesen?«

»Wieso das denn? Es war Zeit, dass der mal was kapiert. Von mir aus kann er Party machen, wo er will, aber nicht in meinem Geschäft.«

Ich wollte noch etwas sagen, da erschien plötzlich Martinas Kopf im Fenster auf der Beifahrerseite. Auf den Trittstufen zum Fahrerhaus stehend hielt sie sich mit einer Hand am Arm des Außenspiegels fest und lächelte zu mir herein.

»Na, mein Schöner«, sagte sie. »Möchtest du Kaffee ans Bett oder kommst du rein?«

»Guten Morgen«, sagte ich. »Ich glaube, ich komme rein.«

Martina sah sich im Fahrerhaus um. »Ihr habt es aber gemütlich hier«, sagte sie mit der gleichen Ironie, die ich so an Anna mochte.

Ich deutete nach oben zu Jan. »Kriegt der auch Kaffee oder ist er nicht schön genug?«

Martina schielte abschätzend zu Jan. »So richtig toll sieht er ja nicht aus. Aber, na gut, soll er auch seinen Kaffee haben.« Damit sprang sie auf den Fußweg zurück und verschwand Richtung Haus.

»Wer die mal kriegt, wenn sie groß ist«, sagte ich. Oder dachte ich es nur? In den Möbeln halte ich mich mit meinen Gedanken ja gern mal zurück, denn wenn man an den falschen Kollegen gerät, dann kann es auch mal zotig werden, und das mag ich nicht. Mit Jan allerdings hätte diese Gefahr nicht bestanden. Jan hatte eine kleine Schwester.

»Los, mein Schöner«, sagte er. »Kaffee ist fertig.«

Im Wohnzimmer war der Frühstückstisch gedeckt, auf dem sich alles fand, was den Möbelpacker am Morgen in gute Laune versetzt. Nicht nur frische Brötchen, sondern auch Schwarzbrot und Graubrot, dazu von Käse über Wurst und Salate alle Aufstriche, an die man gar nicht zu denken gewagt hätte, und dazu Wasser und Säfte. Und natürlich Kaffee, und zwar in Bechern. Das ist immer klasse. Tassen sind furchtbar. Aus billiger Keramik oder teurem Porzellan, bei dem ich immer Angst habe, dass ich es aus Versehen einatme – es findet sich in Tassen selten mehr als ein größerer Schluck und dann muss man fragen, ob man noch einen haben könnte. Einen Becher kann man erst einmal in Ruhe eine gute Zeit lang genießen, bevor sich überhaupt die Frage stellt, ob man noch mehr will. Ein Becher voll Kaffee bietet die Möglichkeit, dass einer reicht.

Martina ging der Mutter bei den letzten Kleinigkeiten in der Küche zur Hand, der Sohn fläzte sich schon am Tisch und belegte lustlos ein Brötchen, während der Vater nicht einen verkaterten, also missgestimmten, Eindruck machte, sondern genauso zerstreut im Zimmer hin und her ging, wie er das tags zuvor auch gemacht hatte. Es schien also kein Grund zur Sorge zu bestehen, dass es letzte Nacht so »knapp« gewesen war, wie Jan beim Aufwachen angedeutet hatte.

Aus dem Klavierzimmer war plötzlich scheinbar zielloses Geklimper zu hören, das sich nicht einmal entfernt so anhörte, als würde jemand üben. Die andere Tochter hatte angefangen zu stimmen und nun wurde mir auch klar, warum der Sohn so missgestimmt war. Nach einem Moment bemerkte auch der zerstreute Vater das Getöne und machte sich auf den Weg, die Tochter zu bitten, doch wenigstens zu warten, bis alle gefrühstückt hätten. Und kurz darauf war es für alle, egal wo im Haus sie sich befanden, zu hören.

»Ich will jetzt aber mein Klavier stimmen!«

Und kurz darauf: »Was kann ich denn dafür, dass du bis morgens saufen musst und jetzt einen Kater hast!«

Das arme Mädchen. Scheißpubertät! Ich hatte natürlich keine Ahnung von der Rolle, die sie in dieser Familie spielte, hatte keine Ahnung, welche innerfamiliären Konflikte ihr an diesem Morgen einen Dickkopf bescherten, aber meine Sympathien hatte sie. Ihre Klavierstimmerei machte mir an diesem verkaterten Morgen nichts aus. Wenn ich dieses drecksschwere Instrument ins Haus und seiner Bestimmung entgegengeschleppt hatte, dann fand ich es nur okay, wenn sie es jetzt fit für diese Bestimmung machte. Ich hatte damit kein Problem. Womit ich ein Problem an diesem verkaterten Morgen hatte, war, mit einer netten Familie ordentlich an einem ordentlich gedeckten Tisch zu sitzen und zu frühstücken, bevor ich nicht genug Kaffee drinhatte. Ich drehte mir eine Zigarette und hielt sie hoch. »Hier ist bestimmt Nichtraucher, was?«, fragte ich den Sohn und der nickte. Das war natürlich eine Suggestivfrage, eine, die ich auch bringen würde, wenn ich selbst einmal Nichtraucher sein würde. Die notwendige Zigarette ist immer die beste Ausrede, sich vom Frühstückstisch zu verdrücken, um sich vor der Haustür auf Vordermann zu bringen. Erst mal wach werden, startklar für den Tag. Essen konnte ich auch später noch.

Auch Jan hatte wenig Lust, am Esstisch im Wohnzimmer abzuhängen, während der Streit um das Klavier zu eskalieren drohte, allerdings schnappte er sich noch ein Brötchen, das er mampfend verschlang, als wir im Vorgarten saßen und rauchten und Kaffee tranken. Später beruhigte sich dann alles im Haus. Das Klavierstimmen wurde auf den frühen Nachmittag verschoben und so konnte sich der Rest der Familie daranmachen, in aller Entspannung Kartons auszupacken, während Jan und ich die Montagen erledigten. Ein paar Schränke, Regale und Betten mussten wir aufbauen und natürlich die Lampen anbringen.

Martina assistierte mir mit dem Staubsauger, um den Dreck aufzufangen, wenn ich Löcher in die Zimmerdecken bohrte. Ob ich eine Freundin hätte, fragte sie mich dabei irgendwann, und als ich den Kopf schüttelte, sagte sie: »Seltsam. Ein so schöner Mann wie du.«

Gegen 16 Uhr hatten wir alle Montagen erledigt, hatten alles leere und verbrauchte Packmaterial aufgeladen und Jan machte sich mit dem Familienvater an die Abrechnung.

Martinas Schwester war mit ihrem Klavier beschäftigt, ihr Bruder hing vor dem Fernseher und die Mutter schnürte uns noch ein Esspaket »für den Weg«. Es gab ein mehr als anständiges Trinkgeld und als Jan und ich draußen auf der Straße den abgekoppelten Hänger wieder ankoppelten, stand Martina neben mir. »Tja, dann«, sagte sie. »Mach es gut, mein Herzallerliebster, und vergiss mich nicht!«

Aber nein, dachte ich, als wir aus Kassel hinaus und auf die A7 fuhren. Wie könnte ich dich vergessen, Martina? Alles Gute wünsche ich dir für dein Leben. Pass nur auf, dass du den Männern nicht zu sehr den Kopf verdrehst, und sieh zu, dass du nicht an den Falschen gerätst!

Am Rastplatz machten wir einen kurzen Halt und Jan bereitete sich auf eine Nachtfahrt nach Siegen vor, wo mal wieder eine bemerkenswerte Kundin auf uns warten sollte.

Ich habe früher immer wieder Männer getroffen, die mit schwangeren Frauen nichts anfangen konnten, sie sogar verabscheut haben. »Muttertiere« wurden die Schwangeren von diesen Leuten oft genannt, weil diese Männer den Egoismus, den ein trächtiges Weibchen entwickelt, nicht ertragen können.

Andere Leute, die ich getroffen habe, haben werdende Mütter als Heilige verehrt, haben gefaselt von der bald göttlichen Fähigkeit, Leben schenken zu können, und haben gequatscht von der natürlichen Bestimmung der Frau.

Wegen einer nicht auszurottenden Vorstellung von den Vorgängen bei der Zeugung bringen die Lehrer den Kindern im Sexualkundeunterricht bei, die Frau werde vom Samen des Mannes »befruchtet« und sie »empfange«. Und dann wird da der Wettkampf der Spermien geschildert und es heißt, das schnellste, das »sportlichste«, das beste, der Sieger also, »dringt« in die Eizelle »ein«. Ha! Alles Gesabbel. Ich habe Filmaufnahmen von apfelgroßen Eizellen gesehen, an die ein stecknadelkopfgroßes Spermium andocken wollte und schlicht nicht reingelassen wurde. Da schaffte es nicht der Schnellste, da wurde gewartet, bis der Richtige ankam, und der wurde dann eingelassen. Die Eizelle sucht sich aus, wen sie »empfängt«. Und von da an stellt die Frau ihre kompletten Kapazitäten zur Verfügung und wird zu hundert Prozent beansprucht vom entstehenden Leben. Ist doch klar, dass die dann ab und zu etwas neben der Spur ist. Männer sollten dann gelassen bleiben. Geht es ihr schlecht, dann sollte eine helfende Hand ausgestreckt werden und eine unbeanspruchte (und deswegen starke) Schulter im Angebot sein.

Surft die Schwangere auf einer Hormonwelle der Glückseligkeit, dann sollten Männer das nicht belächeln. Jeder Mann, der in seinem Leben ein einziges Mal eine Minute lang über sich nachgedacht hat, sollte aus eigener Erfahrung verstehen, wie es ist, wenn die Hormone das Steuer übernehmen.

Gelassenheit auf seiner Seite ist im Umgang mit Schwangeren der richtige Weg. Das habe ich mir nicht ausgedacht, das ist mir gezeigt worden. Von schwangeren Frauen.

Ich kam mal abends um halb elf in einer kleinen Straße in München an, wo ich mit meinem Kollegen zu zweit etwa vier Möbelwagenmeter aus dem dritten Stock aufzuladen hatte. Wir hatten vier Stunden Verspätung.

Als unsere Kundin mir die Tür öffnete, ahnte ich sofort, dass es mit dem Aufladen an diesem Abend nichts mehr werden würde. Hochschwanger stand sie vor mir in der Wohnungstür und sagte: »Das geht jetzt aber nicht mehr.« Mir wurde sofort klar, dass diese Frau geschont werden musste. Ich wollte ansetzen, die Gründe unserer Verspätung zu erklären, als sie sagte: »Da machen die Nachbarn nicht mit.«

Eine halbe Sekunde habe ich mich gewundert, dann war es mir klar. Für diese Frau, die kurz vor der Niederkunft stand, somit das Leben von zwei Menschen lebte, war das Aufladen des eigenen Umzugs eine Kleinigkeit. Für ihre Nachbarn nicht. Ihre Nachbarn waren Münchner. In München ist ab zweiundzwanzig Uhr Schluss.

Während wir doch noch aufluden, ging unsere Kundin von einem Nachbarn zum nächsten, um ihn zu beruhigen, und leistete ganze Arbeit. Wie die berühmte Schwangere aus alten Zeiten oder der dritten Welt, die »ihr Kind auf dem Feld während der Arbeit« bekommt. Und die Münchner Deppen haben nichts kapiert. München ist eine Großstadt und wird gern als »chic« präsentiert, aber versuch mal, abends um elf, wenn du von der Autobahn kommst, was zu essen aufzutreiben. Du latschst dir die Hacken ab.

Vom Kaliber der Münchner Kundin war unsere Kundin in Siegen.

Nachdem ich Jan, kurz bevor wir unsere Zieladresse erreichten, geweckt hatte, bogen wir in ein kleines Wohngebiet ein, wo wir in einer netten kleinen Wohnung im zweiten Stock unsere Kunden fanden: ein junges Paar, auf dem Weg, eine Familie zu gründen. Er hatte die Ausstrahlung desjenigen, der sich in seinem Berufsleben auf Erfolgskurs befand, und wusste, dass er seiner Familie die nächsten Jahrzehnte alles würde bieten können. Und sie war, na raten Sie mal, sehr schwanger. Beide waren nett und schienen sich aufrichtig über unsere Arbeit zu freuen. Während er wichtig damit beschäftigt war zuzusehen, dass sein Arbeitszimmer ordentlich verpackt wurde, war sie nicht nur dabei, die letzten Reste aus Küche, Bad und Wohnzimmer in Kartons zu verstauen, sie bemühte sich auch, uns mit Getränken und Schnittchen zur Stärkung unsere Arbeit zu erleichtern. Jedes »Schatz, willst du dich nicht ein bisschen schonen« ihres Mannes winkte sie souverän ab. Und ich bewunderte sie.

So sollten schwangere Frauen sein. Sich nichts erzählen lassen, sich nicht in irgendeine Ecke stellen lassen, sei es nun »die Heilige«, »die Empfangende« oder »das Muttertier«, das schlimme. Einfach nur machen, was sie für richtig halten, das sollten Schwangere tun, jetzt und immer. Und am besten wäre es für die Welt, wenn sie voller solcher tollen Schwangeren wäre. So wollte ich denken, an jenen Tagen.

Bis wir am nächsten Morgen kurz vor acht unsere Abladeadresse in einem Neubaugebiet am Rande von Bremen erreichten.

»Sieh an«, sagte Jan. »Schwangerengetto.«

Bei Loriot gibt es eine Szene, in der fünf gleich gekleidete Geschäftsmänner am Gepäckband im Flughafen ihre gleich aussehenden Koffer verwechseln, um dann, nachdem sie geklärt haben, welcher wessen ist, von fünf gleich gekleideten Frauen empfangen zu werden.

An diese Szene muss ich immer denken, wenn ich morgens um acht erlebe, wie aus jedem Haus in der Nachbarschaft eine Schwangere tritt, um ihren Mann zu verabschieden, der zur Arbeit fährt. Versteht sich, dass all deren Autos aussehen wie aus dem gleichen Werbespot. Ein »Schwangerengetto« ist ein Neubaugebiet, also noch nicht fertig. Als Erstes sticht die Abwesenheit von Grün ins Auge, denn die Garten- und Landschaftsbauer fangen als Letzte mit ihrer Arbeit an. Die Straßen sind noch lange nicht fertig und von Gehwegen kann keine Rede sein.

Trotz alldem sind einige Häuser schon bewohnt, aber eben nicht alle, sonst wären wir nicht hier.

Nie ist in einem Schwangerengetto das Haus fertig, in das wir unsere Kundschaft bringen. Es sind immer noch Handwerker im Haus beschäftigt. Elektriker verlegen die letzten Kabel, Maler lackieren Türrahmen und wenn man Glück hat, rutschen einem Fliesenleger auf Knien im Weg herum. In dem Gewusel aus Möbelpackern, Handwerkern und Kunden telefoniert der Mann von der Telekom verzweifelt mit seinem Chef oder wem auch immer, weil er die Anschlüsse nicht freigeschaltet bekommt.

Ich hatte früher immer gedacht, dass ein Haus, das man sich kauft, auch bezugsfertig ist und keine Baustelle. Aber so ist das heutzutage. Alles Timing zielt auf den letzten Moment.

Wenn das Eigenheim dann fertig ist, kommt auch schon das Kind dazu. »Just in time delivery« nennt man das, wenn sogar der Klapperstorch pünktlich kommt.

Ein seltsam gruseliges Gefühl, wie es sonst nur Science-Fiction-Filme wie *Die Frauen von Stepford* hervorrufen, beschleicht mich, wenn ich in solchen Wohngebieten unterwegs bin, wo alle Eltern im etwa gleichen Alter sind, genau wie die Kinder, und wo keine alten Leute leben.

Wenn dann die Garten- und Landschaftsbauer Gärten gebaut haben, können die Kinder in ihrem aus dem Nichts herbeigeklickten Zuhause aufwachsen. Wenn sie eingeschult werden, dann sieht die ganze Umgebung tatsächlich aus wie eine normale Stadt mit Straßen, an deren Rändern dann auch endlich Bäume stehen. Und wenn sie Abitur gemacht haben und vielleicht zum Studium wegziehen, dann sind sie die Ersten, die die Erinnerung an ein ganzes Leben aus dem Viertel mitnehmen.

Die Frauen von Stepford handelt von einem jungen Paar, das in eine Stadt zieht, in der alle Männer ihre Ehefrauen durch gleich aussehende Androiden ersetzt haben. Die sind folgsamer und mucken nicht auf.

Im »Schwangerengetto« habe ich immer das Gefühl, dort würden individuelle Lebensentwürfe durch eine allgemeine Übereinkunft ersetzt, die sich leichter verwalten lässt. Aber das ist eine Frage der Betrachtungsweise.

Kapitel 12

CAROLA

»Das Ritual, mit Sekt anzustoßen, wurde mir ebenso fremd wie die Freude am Feuerwerk. Ich stellte mir nur die Kollegen von der Stadtreinigung vor, die am nächsten Tag den Dreck wegmachen mussten.«

Das erste Mal in meinem Leben flogen Monate dahin, ohne dass ich es bemerkte, und das fand nicht in einem positiven Sinn statt, so wie zum Beispiel in einem glücklichen Verliebtsein die Tage verfliegen oder auf einer abenteuerlichen Reise, die viel zu schnell vorbeigeht.

Mein erster Winter als Tourfahrer für Verhuizer flog vorbei, ohne dass ich an ihm teilgenommen hätte. Ich war nicht dabei. Der Winter fand ohne mich statt.

Ich ließ mich auf zu viel Arbeit ein, als dass ich etwas von den Tagen am Ende des Jahres hätte mitbekommen können. Weihnachten bedeutete mir schon lange nichts mehr und so vermisste ich nichts an den Feiertagen, als ich nichts anderes tat, als mich auszuruhen, bevor es wieder auf die Autobahn ging.

Silvester zu verschnarchen, das war mir allerdings noch nie passiert. Heute ist mir das neue Jahr so wurst wie damals schon Weihnachten, aber damals war es das noch nicht.

Vor meinem Tourfahrerdasein hatte es Partys gegeben. Jetzt schaffte ich es eben gerade noch, mich an die nächste Ecke zu schleppen, um dort mit Stammgästen ein paar Biere und ein paar Sekt zu kippen, denn das war, entgegen all meiner Absicht, plötzlich mein Leben: fahren während der Woche, am Wochenende mit Spaß oder auch gelangweilt das Feiern suchen, um in der nächsten Woche wieder zu fahren.

Und das Feiern wurde langweilig und routiniert, genau wie das Fahren, das ich am Anfang noch interessant gefunden hatte. Und deswegen scherten mich die Anlässe des Feierns auch nicht mehr und Silvester wurde genauso bedeutungslos wie ein Feierabendschnaps an irgendeinem Wochentag.

Das Ritual, mit Sekt anzustoßen, wurde mir ebenso fremd wie die Freude am Feuerwerk. Ich stellte mir nur die Kollegen von der Stadtreinigung vor, die am nächsten Tag den Dreck wegmachen mussten. Viele würden sich noch Tage später an eine tolle Silvesterfeier erinnern, während ich schon wieder im Süden mich selbst und die Möbel anderer Leute durchs Leben schleppen würde.

Den ganzen Januar malochte ich durch, immer noch dem Glauben verhaftet, ich würde Geld verdienen, mit dem ich mir eine Reise leisten konnte. Ich hatte noch keine Ahnung, wie viel Geld ich für gewöhnlich über den Tresen schmiss, um im Suff zu vergessen, wie sinnlos der Job, den ich machte, wirklich war, wie sehr die Zeit, die ich auf Tour verbrachte, Zeit war, die mir gestohlen wurde, wie sehr diese Zeit gar nicht stattfand.

Ich »erlebte« ja immer was, war immer mit mindestens einem Kollegen unterwegs und während das so war, hatte ich durchaus den Eindruck, als fände etwas statt, das man als »Leben« bezeichnen könnte.

Aber da passierte nichts. Nie. Es war immer die gleiche Lüge, mit der ich mich selbst beruhigte, wenn ein Umzug mal scheiße war: Das ginge vorbei, das wusste ich, und dann wär Feierabend, dann wär Freizeit. Aber nach dem Umzug ist vor dem Umzug. Das bisschen Zeit, das dazwischen blieb, das reichte vielleicht mal aus, um Visionen zu haben, in den seltensten Fällen reichte es aus, sie zu verwirklichen.

Es passierte während der Arbeit nichts, was den Möbelpacker einer echten Selbstverwirklichung entgegenbrachte. Im besten Fall kannte er das Wort »Selbstverwirklichung« aus der Zeitung. Im Normalfall hielt er »Utopie« für einen Begriff aus der Science-Fiction und im schlimmen Fall sagte er. »Watt wiss du denn?«

Es wurde Februar. Nach einer harten Hundert-Stunden-Tour rastete ich aus. Nur anstrengende Umzüge hatte ich auf einer Tour mit Hecke gehabt und der konnte noch nicht einmal fahren. Ich latschte also auf meinen Augenringen in das Wochenende, wo ich mich als Erstes besoff.

Das ist so. Man hat eine ganze Woche unter schwersten Bedingungen geschleppt, gewuppt, gearbeitet, malocht und man hat immer irgendwelche Kunden dabei, die man zufriedenstellen musste.

Und dann hat man das Pech, dass keine ausgebildete Masseuse zu Hause wartet, die einem mit professioneller Hand die geplagten Muskeln wieder zurechtrückt. Alles im Organismus schreit nach Entspannung. Nicht nur die Muskeln, auch der Kopf, das Gehirn, und Herz und Seele wollen abschalten. Und mit nichts ist der Zustand der Entspannung schneller und billiger zu erreichen als mit Bier und Schnaps. Darum ist Alkohol die wichtigste aller Drogen in unserer Gesellschaft.

Nach dem ersten Bier sackst du todmüde, wie du bist, in dich zusammen und bist nur dankbar, das Gefühl der Entspannung endlich erleben zu dürfen.

Nach dem zweiten Bier fängst du an, den anderen in der Kneipe zu erzählen, wie es dir geht, um beim dritten Bier herauszufinden, dass das keinen interessiert, es sei denn, er ist zufällig dein Kollege, auch ein Möbelpacker.

Beim vierten Bier beginnt es, dir egal zu sein, dass deine Probleme andere zu sein scheinen als die vom Rest der Leute im Laden, und du fängst an, die Sprache derer zu lallen, die sich vom Abend etwas erhoffen. Dann kann es sein, dass du ein paar nette Gespräche führst, aber ab dem fünften, sechsten Bier wird das alles egal – jetzt willst du nur noch eine Frau kennenlernen.

Dann kommen Bier sieben und acht und du merkst, dass das alles hier nur Scheiße ist.

Nach zehn bis fünfzehn Bieren und etlichen Schnäpsen, deren Herkunft dir im Dunkeln liegt, findest du dich plötzlich zu Hause wieder, weißt zwar nicht, wie du da hingekommen bist, begreifst aber plötzlich, dass dieses Zuhause nicht der Platz ist, an dem du sein willst, und du fängst an, deine Bücherregale umzuschmeißen und deine Gitarre an die Wand zu werfen. Du legst deine Wohnung in Trümmer und wenn du am nächsten Morgen aufwachst, weißt du, dass du zwei Tage später in den Urlaub fliegen wirst.

Mitte Februar. Zwei Wochen Gomera, last minute, für mehr hat es nicht gereicht.

Wo ist denn die ganze Kohle geblieben? Ich habe doch so viel gearbeitet!

Das war die Frage, die mich beschäftigte, als ich zwei Wochen auf Gomera, im Tal der Narren, nicht heimisch werden konnte.

Ein Zimmer hatte ich gemietet, um vierzehn Tage lang beobachten zu dürfen, dass Leute auf Reisen auch nichts anderes tun als zu Hause. Tagsüber hängen sie am Strand, einige »Outdoor«-Leute wandern auch und alle treffen sich abends in Kneipen, Bars und Discos.

Aber war das denn reisen?

Waren die Urlauber denn nichts anderes als Möbelstücke irgendeines Lifestyles, die zwecks richtiger Bräunung mal an einen südlichen Strand gebracht werden mussten, von einer Spedition der Lüfte?

Ich kam aus dem Urlaub genauso deprimiert zurück, wie ich hingeflogen war.

In den ersten beiden Wochen des März hatte ich Glück, ich fuhr zwei angenehme Touren, die einfach zu erledigen und für nette Kundschaft waren.

Und dann kam irgendwann der Frühling und mit dem Frühling kam Carola.

Ich war mit Sunny unterwegs ins Oldenburgische und wir hatten gute Laune an jenem Morgen, an dem der Winter endlich einlenkte und dem Frühling Möglichkeiten einräumte. Kalt war es morgens noch, aber ab zehn Uhr durfte man in der Sonne stehend schon hoffen. Es war einer jener Morgen, an denen man das erste Mal verführt wird, an die Chancen des neuen Jahres zu glauben. Natürlich, dieses Mal, dieses Jahr würde es klappen. In diesem Frühjahr, in diesem Sommer würde etwas passieren, irgendetwas, das das Steuer des eigenen Lebens noch einmal in die richtige Richtung reißen würde. In der Luft lag der spezielle Geruch der Verheißung. Alles, was in den letzten Jahren nicht stattgefunden hatte, würde sich in den nächsten Monaten einstellen.

So ein Morgen war das und weil Sunny einer meiner Lieblingskollegen war, brauchten wir uns über unsere Gefühle dem Morgen gegenüber nicht auszutauschen. Wir spürten beide, was den Tag ausmachte, und wir waren zusammen unterwegs. Nichts, aber auch gar nichts, besonders kein Umzug und sei er auch noch so beschissen, hätte uns unsere gute Laune verderben können. Ich liebte Sunny alleine schon dafür, dass er der einzige Möbelpacker war, mit dem ich im Lkw Donovan hören konnte. Nein, ich war kein Fan von Donovan, aber manchmal war seine Musik die einzig richtige. Mellow, Alter!

Und dann rollten wir nach Edewecht im Kreis Ammerland (Westerstede) hinein und dort musste ich ausgerechnet in meinem dämlichen Job meiner Vergangenheit ins Gesicht sehen.

Zwölf Möbelwagenmeter, die wir da aus einem Einzelhaus abzuholen und nach Bremen in eine Wohnung in der Stadt zu bringen hatten, standen auf dem Programm. Ein Kinderspiel normalerweise für zwei Profis, denen zwei Ladehilfen aus dem Kreis zur Seite gestellt wurden, und so hatte ich keine Bedenken. Ich ahnte nicht, aus welcher Ecke mir das Leben dieses Mal in den Bauch treten würde.

Wir erreichten ein nettes Haus am Stadtrand, parkten Lkw und Hänger auf der Straße und begaben uns zwecks Begehung und Begrüßung ins Haus hinein, grüßten, stellten uns vor und begutachteten das Ausmaß des Umzuges.

Ein kleiner Junge, er mochte fünf Jahre alt gewesen sein, öffnete uns die Tür und bald war seine Mutter da, die ich im ersten Moment gar nicht richtig wahrnahm, denn meine Aufmerksamkeit galt, wie sehr oft, weniger der Kundschaft als ihrer Habe.

Der Familienvater war wohl schon bei der Arbeit und so latschten die Kundin, Sunny und ich gefolgt von einem neugierigen Jungen durch das Haus, um zu sehen, was alles transportiert werden sollte.

Um sechs Uhr früh hatten wir in Hamburg angefangen und etwa zweieinhalb Stunden gebraucht, um unser Ziel zu erreichen.

Zweieinhalb Stunden, in denen ich hatte fahren müssen, Sunny aber noch hatte dösen können. Es war eingespieltes Verhalten, dass er jetzt der Wachere war, der mit der Kundin die ersten Gespräche erledigte, während ich, noch vom Gedröhne der Fahrt halb betäubt, versuchte, wach zu werden, und Witterung nach Kaffee aufnahm. Manchmal kann man nicht anders.

Wir schauten uns das ganze Haus an, bekamen erklärt, was alles mitsollte, und dann bemerkte ich plötzlich, dass die Kundin mich an irgendetwas oder irgendwen erinnerte. Ich kam aber nicht drauf an wen oder was.

Wir standen im Wohnzimmer um die Sitzgruppe aus schwarzem Leder herum, vor dem Designercouchtisch, neben dem Schleiflackregal, in dem sich die Anlage von Bang und Olufsen befand, als ich das erste Mal dachte: Die kenne ich! Woher kenne ich die?

Und dann, während Sunny den inzwischen auch angekommenen Ladehilfen erklärte, worum es heute gehen würde, stand ich mit ihr in der Küche, weil sie gefragt hatte, ob jemand einen Kaffee wolle. Als ich im Wellental meiner Biokurve nur gierig auf den Kaffee in der Maschine blickte, stellte sie die Frage, die ich erwartet hätte, wenn ich etwas wacher gewesen wäre, wenn ich hingesehen hätte, wenn ich selbst schon die Frage fertig im Kopf gehabt hätte.

»Bist du Karsten?«

In ihrem Blick sah ich die Hoffnung, dass ich wirklich Karsten sei, und gleichzeitig drehte sich mir der Magen um, wegen der Hoffnung, dass sie wirklich die war, die ich jetzt wiederzutreffen glaubte. Als ich sie erkannte, verschwanden für eine Sekunde die letzten zwanzig Jahre und ich spürte einen lange vergangenen Frühling, mit dem sich der tolle Möbelpackermorgen, in dem ich mit meinem Lieblingskollegen aus der Möbelpackerei unterwegs war, nicht das kleinste bisschen messen konnte.

Der Frühling, an den ich mich bei ihrem Anblick erinnerte, wusste, was wirkliche Erwartungen an den kommenden Sommer waren. Klar, sie war alt geworden, aber das war ich auch. Trotzdem fuhr mir das, was ich jetzt erlebte, mit voller Wucht ins Empfinden.

So durchgedreht wie wegen ihr damals, vor zwanzig Jahren, würde ich niemals wieder sein, das hatte ich damals gewusst und heute wusste ich das erst recht.

»Carola?«, fragte ich und ich hatte Angst, dass mir gleich die Knie zu zittern beginnen würden.

Nachdem ich in der Pubertät meine ersten Erfahrungen mit Frauen gesammelt hatte, nachdem ich meine ersten Enttäuschungen erlebt hatte, war ich das erste Mal in meinem Leben wirklich und total verliebt gewesen. In Carola.

Zwanzig Jahre später stand ich in Carolas Haus und dachte, dass es vielleicht auch das einzige Mal gewesen war.

Zwanzig Jahre bevor ich an jenem Morgen mit Sunny in Edewecht ankam, um den Umzug von Carola und ihrer Familie zu erledigen, hatte ich Carola auf einem »Umsonst und draußen«-Festival kennengelernt, und als Carola mich fragte, ob ich Karsten sei, erinnerte ich mich sofort.

Ich erinnerte mich an den Sommer voller Drogen, voller Entdeckungen, voller Überzeugungen, wie die Welt zu verbessern sei, von denen wir damals erfüllt waren, und ich erinnerte mich, wie ich Carola das erste Mal sah.

Ich hatte »die richtige Chemie« immer als Floskel empfunden, aber bei Carola und mir stimmte sie einfach tatsächlich.

Wie sonst könnte man erklären, dass alle meine Hormone Tango tanzten, sobald ich Carola in die Augen sah, wie sonst konnte man erklären, dass ich nichts anderes wollte, als diese Frau anzufassen, mich mit ihr zu unterhalten, sie zu küssen, sie in den Arm zu nehmen und mit ihr zu schlafen? Ich hatte einen Ständer, sobald ich wusste, wie sie hieß, aber das war kein rein schwänzliches Begehren. Alle Poren meiner Haut wollten sie kennenlernen.

Sie war nass, als sie mich sah. Das zeigte mir ihr Blick. Ich wollte sie, sie wollte mich. So war das damals, zwanzig Jahre bevor ich den Umzug von ihr und ihrer Familie zu erledigen hatte.

Und damals, zwanzig Jahre bevor uns die Zwänge des Erwachsenenlebens in gesittete Spuren gelenkt hatten, taten wir genau das, was man tut, wenn man seinen Empfindungen noch traut: Wir fielen übereinander her.

Mit ein paar Freunden war ich zum Festival gefahren, das damals in einer Kieskuhle im Hamburger Stadtteil Rissen stattfand. Fünfzehn mochte ich gewesen sein und alle, meine Freunde und ich, alle waren wir bekifft und wir wussten einfach alles. Vor allem wussten wir alles besser. Die Welt gehörte uns. Und während wir, nachdem wir unsere Zelte am Rand des Festivals aufgebaut hatten, über das Gelände liefen, fühlten wir uns wie die coolsten Typen, die die Welt hervorbringen könnte.

Auf der Bühne spielten irgendwelche Bands, die wir geil oder ungeil fanden und die nach dieser Zeit alle in der Versenkung verschwunden sind, und wir fanden uns total geil, weil wir irgendwem ein Zehner-Piece für einen Zwanni verkauft haben, ohne zu ahnen, dass unser Zehner-Piece nur einen Heiermann wert gewesen war.

Wir waren junge Deppen, die das Erbe ihrer langhaarigen großen Brüder weitertrugen, und wir hatten keine Ahnung, wie uns der Lauf der Zeit überrollen würde.

Aber selbst wenn ich zu solchen Überlegungen damals fähig gewesen wäre, hätte ich keine Zeit darauf verschwendet, denn ich traf Carola.

So wie es damals üblich war, brauchten Carola und ich kein Vorspiel, um einander kennenzulernen, wir kamen gleich zur Sache. Nachdem wir uns knutschend einander genähert hatten, brauchten wir in meinem Zelt nicht viel Zeit, uns unserer Kleider zu entledigen. Es wurde eine der wunderbarsten Nächte, die ich jemals mit einer Frau erlebte.

Das habe ich damals natürlich nicht sofort gesagt. Man war ja cool.

Das Festival ging von Freitag bis Sonntag. Meine Kumpels und ich waren schon Donnerstag da und wir blieben, bis sich am Mittwoch die letzten Reste des Publikums verzogen hatten. Das war die Zeit, die ich mit Carola erlebte. Das war die Zeit, in der ich wegen Carola völlig von den Socken war.

Ich verbrachte fast eine ganze Woche mit einer Frau, mit der es nicht nur im Bett (im Zelt) besser und schöner war als mit allen, mit denen ich es bisher zu tun gehabt hatte. Ich verbrachte eine Woche mit einer Frau, die obendrein wesentlich mehr im Kopf zu haben schien als alle anderen »Hippie-Frauen«, die ich bisher getroffen hatte. Wo andere Frauen, die ich kannte, in Phrasen vom Zeitalter des Wassermanns gefaselt hatten, da hatte Carola Ideen von neuen sozialistischen Welten, mit denen ich mich zwar später als Möbelpacker besser hätte anfreunden können, als ich das damals tat, aber schon damals fühlte ich, dass diese Frau mehr draufhatte als die ganzen bekifften Mädels mit ihrem Gewäsch über Utopien, die im Endeffekt doch nie richtig durchdacht waren, Mädels, die mir immer wieder gern meine Befindlichkeit zeigen wollten, indem sie mir das Tarot legten. Zugegeben, ich habe daran auch mal geglaubt, aber an dem Tag, als ich dachte, dass vielleicht am Tarot doch etwas dran sei, hatte die Frau, die es mir nahebringen wollte, eine ganz besonders attraktive Oberweite.

Carola schwafelte nicht. Sie hatte Grips und wusste, was sie wollte. Das beeindruckte mich. Außerdem gefiel es mir, denn sie wollte mich.

Eine Woche lang haben wir zusammen gekifft, uns über den Zustand der Welt ausgetauscht, der Musik auf dem Festival gelauscht, getanzt und uns geliebt.

Und dann, als ich gedacht hatte, dass ich die Frau meines Lebens getroffen hätte, sagte sie, sie müsse jetzt ihren Freund besuchen. Das war am letzten Tag des Festivals. Ich wusste damals nicht, dass ihr Freund mit einem gebrochenen Bein im Krankenhaus lag, und ich ahnte nicht, dass sie ihn treffen wollte, um mit ihm über sich und mich zu reden.

Ich hatte damals gedacht, dass sie mit mir eine tolle Woche verbracht hatte und dann zu ihrem Freund zurückging. Wir hatten ja damals die Zeit der freien Liebe.

Alles war so easy, so cool und selbstverständlich, dass wir nicht in der Lage waren, über wichtige Dinge zu reden, wenn es angesagt war. Einer Frau nach einer Woche gemeinsamer Party die Liebe gestehen? Vorsicht! Auf keinen Fall hätte ich gezeigt, wie zerstört ich war, nachdem ich erfahren hatte, dass Carola einen Freund hatte.

Niemals wäre ich auf die Idee gekommen, dass Carola ihren Freund treffen wollte, um sich von ihm zu verabschieden, weil sie sich in mich verliebt hatte, und genauso wenig hatte Carola gedacht, es könnte sein, dass ich in totaler Liebe zu ihr entbrannt war, als sie mich eine Woche später mit einer anderen Frau an meiner Seite auf einer Kifferparty an der Elbe wiedertraf.

»Das war nett mit dir, in Rissen«, hatte ich zu ihr an dem Abend gesagt und ich hatte keine Ahnung, dass dieses »nett« aus meinem Mund, während es etwas aussagen sollte, bei ihr nur wie ein »jaja, schön, schön, wir sehn uns dann, vielleicht« ankommen sollte.

Während ich mit einer anderen Frau an meiner Seite danach trachtete, nicht der Verlierer zu sein, der von der tollsten Frau der Welt dann doch nicht so sehr begehrt wurde, wie er das gern gehabt hätte, hatte ich nicht die leiseste Ahnung, dass unsere gemeinsame Woche Carola genauso viel bedeutet hatte wie mir.

Ich hatte keine Ahnung, dass sie mich vielleicht mehr lieben konnte als ihren Freund, den ich nicht kannte, und dass sie womöglich wegen mir mit ihm hatte Schluss machen wollen.

Und so verloren sich zwei Menschen, die sich im Grunde als füreinander bestimmt empfanden, auf eine Art und Weise aus den Augen, wie es eigentlich nur ein Bollywood-Spielfilm schildern kann. Eines der kitschigsten Missverständnisse, das man sich ausdenken kann, führte dazu, dass wir uns zwanzig Jahre lang nicht sahen.

Man macht in seinem Leben viele Fehler und ich habe viele in meinem gemacht, aber der Fehler, den ich damals bei Carola machte, das war einer meiner schlimmsten, wenn nicht der schlimmste überhaupt.

Damit ich das herausfinden konnte, mussten erst zwanzig Jahre vergehen.

Erinnerungen flogen in meinem Kopf herum, während ich mich, anstatt anonym bei irgendeiner Kundin in der Wohnung zu stehen, einer Jugendliebe gegenüber fand, an die ich noch sehr oft gedacht hatte und auf deren Frage »Ja Mensch und wie geht es dir?« ich rein gar nichts zu antworten wusste.

Sie hatte wohl auch keine Antwort erwartet. Sie war mir einfach zuvorgekommen, denn hätte ich die Frage zuerst gestellt, dann hätte sie als Erste doof dagestanden. Es war unbeholfenes Gefloskel, mit dem wir uns über unsere Verlegenheit hinweggretteten, anstatt für diesen einen Moment die Welt auszuschließen, um zu zweit zu sein.

Den Lärm der Welt aussperren, die Ruhe spüren, die eigentlich einkehren sollte. Innehalten und es geschehen lassen. Zugeben, dass wir zwanzig Jahre lang diesen Moment zwar nicht herbeigesehnt, aber doch immer wieder daran gedacht hatten. Nichts fragen, nichts wissen wollen. Einfach Hallo sagen und spüren, dass von der alten Magie noch ein wenig da war, um dann, nachdem wir uns in den Arm genommen haben, einander zu fragen, wie es seit damals gelaufen sei.

Aber das ging nicht. Sie hatte jetzt Familie. Sie hatte einen Sohn. Und sie hatte einen Mann, der nicht schon zur Arbeit war, sondern nur etwas erledigt hatte und jetzt zurückkam. Schließlich war heute Umzugstag.

Es wurde ein seltsamer, ein beschissener Umzugstag.

Carola stellte mich ihrem Mann nicht als einen alten Freund vor und ich erzählte Sunny nichts von meiner Jugend. Carola und ich hatten an diesem Tag ein Geheimnis, aber das bereitete uns keine Freude. Und nicht einmal an diesem Tag schnallte ich, dass Carola mich ihrem Mann nicht vorstellte, damit sie gar nicht erst in die Gefahr kam, ihm erzählen zu müssen, wie intensiv ihre Gefühle für mich gewesen waren.

Ich quälte mich durch das Aufladen und am nächsten Tag in Bremen quälte ich mich durch das Abladen. Ich hätte mich gefragt, wie aus der Carola, die ich damals kennengelernt hatte, eine Hausfrau mit einem solch normalen Gatten werden konnte, wenn ich nicht selbst Möbelpacker gewesen wäre.

Wenn mir zwanzig Jahre früher jemand gesagt hätte, ich würde einmal solch einen Job machen, dann hätte ich dem empfohlen, sich wegen seines Dachschadens an einen Fachmann zu wenden.

Carola und ich hatten keine Chance, uns über unsere Vergangenheit auszutauschen. Ihr Mann war immer in der Nähe. Hätten wir nur eine Minute gehabt, um unsere Erinnerungen freizulassen, es wäre zu intensiv geworden und er hätte es gerochen. Sofort. Und dann hätte er sich schon deswegen verarscht gefühlt, weil sie ihm nicht gleich zu Anfang erzählt hatte, welche Rolle ich in ihrer Jugend gespielt hatte.

Als wir uns nach dem Abladen alle voneinander verabschiedeten, schüttelten Carola und ich uns die Hand, wie ich das schon tausendmal mit anderen Kundinnen gemacht hatte: Schönen Dank, alles Gute! Wenn sie sich nur ein bisschen so gefühlt hatte wie ich, dann musste ich den Hut vor ihr ziehen für ihre Selbstbeherrschung.

Auf der Rückfahrt von Bremen nach Hamburg war ich traurig und vermisste meine Teenagerjahre. Zum ersten Mal, seit ich Sunny kannte, freute ich mich, dass er sich auf dem Beifahrersitz volllaufen ließ, denn so wurde er unsensibel genug, meine Traurigkeit nicht zu erkennen. Er dachte einfach, ich sei wortkarg, weil ich erschöpft war.

Die nächste Woche hatte ich frei.

Die nächste Woche fühlte ich mich zum Kotzen.

Ich wusste nichts mit mir anzufangen. Nichts interessierte mich. Auf zwei Partys war ich eingeladen, zu einem Konzert verabredet, aber ich sagte alles ab. Was sollte ich da draußen in der Welt? Feiern? Da lachen ja die Hühner!

Vor zwanzig Jahren hatte ich es schon vergeigt. Was sollte sein, wenn ich jetzt auf irgendeiner Veranstaltung eine Frau kennenlernte? Ich würde es wieder vergeigen, weil ich bei jeder Frau, die ich treffen würde, sofort an Carola denken müsste.

Am Donnerstag klingelte das Telefon.

»Ich bin's«, sagte Jan van Zaelen.

»Was ist?«, fragte ich.

»Ich hab hier 'ne Kundin auf der anderen Leitung, die fragt nach deiner Telefonnummer.«

Kapitel 13

DIE VERGANGENHEIT FÄNGT HEUTE AN

»Vielleicht machte ich diesen Job ja nur noch, weil ich mich nur innerhalb dieses Jobs bewegen konnte, weil ich gar nicht mehr wusste, wie normale Leute miteinander umgingen, und mich nur noch im Lkw zu behaupten wusste.«

Man kann die Vergangenheit nicht wiederbeleben. Was man vor zwanzig Jahren versäumt hat, ist weg. Vorbei. Für immer. Natürlich wäre es möglich gewesen, dass Carola und ich uns neu ineinander verliebten, als wir uns nach ihrem Umzug trafen, aber die zwanzig Jahre, die wir eigentlich hätten zusammen verbringen können, hatten wir unabänderlich voneinander getrennt verbracht. Zwanzig Jahre sind eine verdammt lange Zeit, vor allem, wenn ihr Anfang in der Pubertät liegt.

Was konnten Carola und ich noch gemeinsam haben außer einer Erinnerung an eine schöne Zeit, die so kurz war, dass sie für einen erwachsenen Menschen so schnell vergeht wie ein Augenblick? Eine Woche voller Leben war das damals gewesen. Mehr Leben, mehr Erfahrung, mehr Romantik, Liebe, Sex und Abenteuer als wir heute in einem ganzen Jahr zusammenkriegen. Was konnten wir noch gemeinsam haben? Unsere Erinnerungen. Klar. Außerdem unser Bedürfnis, etwas richtigzustellen. Und das haben wir dann auch getan, die drei Male, die wir uns getroffen haben.

»Auch wenn du es damals nicht bemerkt hast, ich habe dich geliebt.« Sie musste mir das sagen und ich ihr.

An den Tagen, an denen wir uns trafen, schien es, als hätten wir beide zwanzig Jahre lang eine Last mit uns herumgeschleppt, derer wir uns erst jetzt entledigen konnten.

Carola weinte in meinen Armen, ich weinte in ihren und dann war es wieder vorbei und vielleicht war es mir schon vor unserem ersten Treffen klar gewesen, dass sie ihren Mann nicht verlassen würde – denn immerhin gab es da ein Leben mit einem Sohn –, und vielleicht hatte ich das auch nicht einen Moment lang gewünscht.

»Wer ist das?«, fragte Jan mich, als wir uns am Donnerstagabend zufällig in der Kneipe trafen, wo ich gar nicht das Vergnügen suchte, sondern Gesellschaft, in der ich mich allein betrinken und meinen Gedanken nachhängen konnte.

Bis Jan gekommen war, hatte ich an einem Tisch in der Ecke gesessen und langsam ein Bier nach dem anderen getrunken und niemand hatte mich angesprochen. Es war glücklicherweise niemand da, der meinte, ich wolle gefragt werden, wie es mir ginge.

Zu Hause wäre ich einsam gewesen, in der Kneipe war ich nur allein. Von den anderen Stammgästen wurde meine Ausstrahlung, je nachdem wie gut sie mich kannten, respektiert oder skeptisch betrachtet, wenn nicht gar gefürchtet. Sprecht mich bloß nicht an!

Ich träumte und sinnierte mich durch meine Vergangenheit und niemand durfte mich dabei stören.

Jan durfte.

»Eine Jugendliebe«, sagte ich und Jan kapierte sofort, dass das nicht irgendeine Jugendliebe gewesen war, sondern die Jugendliebe schlechthin. Und dann stellte er keine Fragen mehr. Er stellte Biere. Auf den Tisch. Er saß schweigend neben mir und trank mit mir. Das Universum sei gepriesen für alle Wunder, die es hervorgebracht hat. Für Tintenfische, für Anglerfische, für Ameisensäure in fernen Sternennebeln, für Menschen, die geniale Musik komponieren und spielen können, für fleischfressende Pflanzen, die ahnungslosen Insekten raffinierte Fallen stellen, für Käfer in der Wüste, die aus dem Nichts auftauchen und meinen Mist zu Kugeln gedreht und weggerollt haben, bevor ich damit fertig bin, mir den Hintern abzuwischen, und ganz besonders für Freunde, die einfach nur neben mir sitzen, wenn ich schlecht drauf bin, und mich nicht vollquatschen. Freunde, die die Stimmung spüren, und sie mit mir teilen. Freunde, die nicht sagen: »Was, du bist schlecht drauf? Ja Mensch, ich hab da heute auch so einen Scheiß erlebt ...«

Jan absorbierte meine Schwingungen und schickte sie geglättet zurück. Was immer mit Carola gewesen war, was immer am nächsten Wochenende, an dem ich mich mit ihr treffen würde, schiefgehen konnte, mein Leben würde weitergehen, denn ich hatte in den letzten zwanzig Jahren auch neue Freunde gefunden.

So etwas kann einem einer sagen, indem er einfach den Mund hält. Und so einer bringt einen natürlich eher dazu, etwas zu sagen, als einer, der bohrt. »Ey, sag doch mal: Was'n los?«

Nachdem ich Jan schließlich alles über Carola erzählt hatte, nahm er mir meine Nervosität vor dem Treffen mit ihr.

»Ey«, sagte er. »Mach dir keine Sorgen. Der geht es wie dir. Vielleicht noch schlimmer, sonst hätte sie nicht bei uns angerufen.«

Er hatte recht. Es gab keinen Grund, nervös zu sein. Als Carola und ich uns am Samstag am neutralen Punkt Teufelsbrück trafen, um im Jenischpark spazieren zu gehen, hat es keine fünf Minuten gedauert, bis wir uns in den Armen hatten.

Man kreist nicht umständlich umeinander herum, wenn von der alten Magie noch was übrig ist. Man ist nicht verlegen. Man sieht, fühlt und versteht.

Ihrem Mann hatte sie erzählt, sie würde übers Wochenende ihre Schwester in Hamburg besuchen, und die Schwester war eingeweiht.

Wir hatten zwei Tage.

Am Anfang spazierten wir schweigsam nebeneinanderher, später näherten wir uns langsam mit »Machst'n so?« und »Weißt du noch?« den letzten zwanzig Jahren.

Als Möbelpacker hatte ich nie Glück oder Pech mit dem Wetter, aber heute schon.

Ich traf meine Jugendliebe wieder und der Hamburger Himmel schien mir, anstatt sich in einem seiner elenden Dramen zu ergehen, selbstlos die Daumen zu drücken.

Die Luft hätte nicht klarer, das Licht nicht arktischer und die Sonne nicht wärmer sein können an diesem Tag, einem der ersten im Jahr, die einen Leben trinken ließen, bevor man für Wochen unter tiefhängendem Himmel durch den Matsch zu stapfen haben würde, um sich zu überlegen, ob der Winter nie vorbeigehen würde oder ob es doch irgendwann einmal Frühling und dann Sommer werden würde. Liebe in Zeiten der Klimaverwirrung.

Natürlich wurde es irgendwann doch kühl und darum saßen wir noch vor Sonnenuntergang im Bus nach Altona, um beim

Chinesen essen zu gehen. Nach der Auskühlung vom Spaziergang wäre jetzt natürlich ein Kaminfeuer nett gewesen, aber das gab es beim Chinesen nicht, also tranken wir vorsichtig in kleinen Schlucken ein paar Kännchen Reiswein zum Essen und der wärmte uns in genau der richtigen Art und Weise auf, dass sich uns die Wangen röteten, die Hitze uns durchströmte und wir uns aus unseren Jacken und Pullovern pellten, nur um sie bald darauf wieder überzuwerfen, damit wir sie bei mir zu Hause wieder von uns werfen konnten, um uns möglichst schnell unter meiner Bettdecke aneinanderzukuscheln.

Im Kerzenlicht lagen wir zusammen und küssten uns das erste Mal seit zwanzig Jahren.

Ich habe nie Kerzen, aber für das Wiedersehen mit Carola hatte ich welche besorgt. Wegen damals.

Auf Räucherstäbchen habe ich verzichtet.

»Hast du was zu rauchen?«, fragte Carola. »Ich habe ewig nicht gekifft.«

Natürlich hatte ich was zu rauchen. Hatte ich zwar sonst fast nie, weil mir das Kiffen bald so doof erschienen war wie das Koksen und ich meistens nur noch mitkiffte, wenn ich einen im Tee hatte, aber nachdem wir uns verabredet hatten, war mir Carolas neues Zuhause eingefallen. Es war mir klar geworden, dass sie lange nicht gekifft hatte, und genauso war mir klar geworden, dass sie kiffen wollen würde, wenn sie sich mit mir traf, denn schließlich war ein Treffen mit mir eine Reise in ihre Vergangenheit und da hatte sie gekifft wie eine Weltmeisterin.

Also hatte ich Marihuana besorgt.

Ich legte eine alte Kassette mit Musik von Led Zeppelin in meine ausgeleierte Kompaktanlage, baute einen Joint und dann rauchten wir.

»Wow!«, sagte Carola nach wenigen Minuten. »Ist das geil!« Sie starrte auf dem Rücken liegend an die Zimmerdecke. Eine ganze Zeit lang saß ich neben ihr und beobachtete, wie sie sich in den ersten Drogenflash seit Jahren fallen ließ, bis sie plötzlich den Kopf drehte, mich ansah und grinste.

Ich bemerkte, wie es in ihren Augen blitzte, bemerkte, wie voll ihre Lippen waren, und bemerkte, dass ihre Haut glühte. In diesem Moment bekam ich den härtesten Ständer der letzten Jahre und ich roch, dass Carola klatschnass war.

Sie streckte den Arm aus, packte mich am Nacken und zog mich zu sich hinab.

Meine Zunge war etwa im gleichen Moment in Carolas Mund wie meine Hand unter ihrem T-Shirt und dann beeilten wir uns, aus unseren Klamotten herauszukommen. Danach beeilten wir uns nicht mehr. Wir ließen uns Zeit. Wir ließen uns viel Zeit.

Es gibt Leute, die behaupten, Marihuana sei das einzige Aphrodisiakum überhaupt. Das ist bestimmt wahr, wenn man es mit dem richtigen Menschen nimmt. Wer noch nie seinen eigenen Körper als gesamterogene Zone erlebt hat, der hat garantiert noch nie mit dem richtigen Menschen richtig gekifft.

Carola und ich ließen uns so viel Zeit, dass, ich schwöre es, der verdammte scheißlaute alte mechanische Wecker neben meinem Bett zu ticken aufhörte, denn die Sekunden dehnten sich zu Ewigkeiten.

Carola hatte ihren Mann vor sieben Jahren kennengelernt, als sie eine Freundin in Köln besucht hatte.

Auf einer Party hatte sie plötzlich mit einem Mann zusammengestanden, dessen Intelligenz ihr einen Horizont zeigte, den sie im »Hippiespießertum« ihrer Zeit, dessen sie schon länger müde gewesen war, nie wirklich gesehen hatte. Manfred, so der Name ihres Mannes, brillierte mit Verstand und Wissen, das sie bei den ganzen »Esospinnern«, mit denen sie sich viel zu lange abgegeben hatte, stets vermisst hatte. Er war Programmierer und später, als das IT-Business boomte, machte er manche Mark.

So, wie die Punks sich vom Hippietum verachtend abgewandt hatten, ging Carola ihren Weg fort von den »Ökospießern«, indem sie sich auf einen wissenschaftlich gebildeten Mann einließ, der eine gerade Linie verfolgte. Fast erleichtert ließ sie sich in die Arme dessen fallen, mit dem man über Literatur oder andere Kunst reden konnte, ohne sich mit dem Drogenkonsum des Autors auseinandersetzen zu müssen, denn dass damals, zu Hippiezeiten, alle guten Autoren des Drogenkonsums verdächtigt wurden, das war Carola schnell auf die Nerven gegangen.

»Ich hatte ja immer gedacht, dass du im Wendland landen würdest«, sagte ich, als wir im Jenischpark spazierengingen.

»Ach«, sagte Carola und winkte ab. »Das ist auch alles nur kleinbürgerlich. Jeder baut sein Häuschen, selbst in 'ner WG, und jeder nimmt den Seitensprung des Partners zähneknirschend in Kauf, weil man ja mal irgendwelche Ansprüche formuliert hat. Von wegen freie Liebe und so. Aber geschnallt hat es da auch kaum jemand. Keine Utopisten da, nur Bürgerkinder.«

Sie hatte im Wendland gelebt und hatte es irgendwann satt gehabt. Und so lief sie einer Falle in die Arme, die ein schöner intelligenter Mann darstellen konnte. Erst war er toll, dann war er der Geliebte, dann wurde er die Beziehung, der Vater des Kindes und dann wurde er langweilig.

Nachdem ich mit Carola den tollsten Sex der letzten Jahre erlebt hatte, der nicht nur »geil« war, sondern auch unglaublich schön und in jeder Hinsicht perfekt, lagen wir auf meinem Bett, Seite an Seite, und brauchten nicht zu reden – und das ist ja bekanntlich das Tollste, was es gibt. Wir lagen beieinander und genossen einander. Irgendwann lag ich auf dem Rücken und Carola, mit ihrem Haupt auf meiner Schulter, strich mir mit dem Finger über den Bauch, da spürte ich einen Tropfen auf meiner Brust. Carola ließ die Tränen los.

Ich fragte sie nicht, was los sei. Sie sagte es mir ohnehin und ich ahnte es.

»Was ist das nur?«, fragte sie. »Was ist aus uns geworden? Wollten wir nicht alles anders machen?«

Ich strich ihr über den Kopf und wusste es auch nicht.

»Ich bin so eine Scheiß-Hausfrau geworden«, sagte sie und ich meinte, dass das doch gar nicht so schlimm sei, aber Carola sagte doch.

»Guck dich an«, sagte sie. »Du bist noch wie damals. Du bist noch du selbst.«

»Wie meinst du das?«

Sie blickte durch mein Zimmer. »Sieh dich doch mal um«, sagte sie. »Du machst immer noch, was du willst. Du bist unabhängig. Du gehst deinen eigenen Weg.« Und dann zog sie an einer meiner Haarsträhnen. »Und noch immer hast du deine geilen langen Haare.«

Und dann fuhr sie mir durchs Haupthaar, als sei es das Ideal des befreiten Lebens, von dem wir damals geträumt hatten.

Nicht immer noch hatte ich meine Matte, sondern das fünfte Mal seit ich Carola damals getroffen hatte.

Und dass ich machen würde, was ich wollte, und dass ich unabhängig sei, das konnte ich ihr schnell ausreden.

»Ich bin Möbelpacker«, sagte ich. »Am Anfang war das eine geile Methode, Geld zu verdienen, aber nur am Anfang. Jetzt bin ich voll da drin. Unabhängig bin ich genauso wenig wie du und ich mache schon lange nicht mehr, was ich will.«

»Spielst du noch Schlagzeug?«

»Ewig nicht mehr.«

»Und Gitarre?«

»Auch nicht.«

Und dann fragte sie, ob ich eigentlich mal was geschrieben hätte, denn das hätte ich ja damals schon tun wollen. Ich verjeinte und murmelte etwas von unfertigen Manuskripten.

Ich hatte zwei Romane geschrieben in all den Jahren und ein Kinderbuch sowie einige Kurzgeschichten. Verkauft hatte ich natürlich nichts. Ich hasste die Frage nach meinen »Büchern« und deshalb murmelte ich auch lieber stets eine Verneinung, wenn mich jemand fragte, ob ich noch schreiben würde.

»Ja, aber was machst du denn?«

»Ich schleppe Möbel«, sagte ich und da war es an der Zeit, dass Carola mich in die Arme nahm. »Baby«, schluchzte ich, »glaubst du wirklich, dass ein langhaariger unrasierter Möbelpacker unabhängiger ist als eine Hausfrau?«

Vielleicht machte ich diesen Job ja nur noch, weil ich mich nur innerhalb dieses Jobs bewegen konnte, weil ich gar nicht mehr wusste, wie normale Leute miteinander umgingen, und mich nur noch im Lkw zu behaupten wusste. Und in der Kneipe.

Und so, in dem Moment, als meine Tränen ihre Brüste benetzten, spürten wir, dass es auf der ganzen Welt nicht zwei andere Menschen gab, die einander so sehr brauchten wie wir uns in diesem Moment. Und so fanden unsere verzweifelten Körper aufs Neue zusammen.

Aller guten Dinge sind drei.

Das zweite Mal trafen wir uns unter der Woche in Bremen. Ich hatte mir freigenommen und wurde in der Wohnung einer Freundin von Carola untergebracht, wo wir uns vormittags treffen konnten, um übereinander herzufallen. Den Rest des Tages verbrachte ich dann vor dem Fernseher im Gästezimmer.

Am vierten Abend habe ich mich zusammen mit Carolas Freundin besoffen. Chris hieß sie und sie war von der Sorte, die wirklich alles geschnallt hatte. Nach der dritten Flasche Wein fing ich einen Blick von ihr ein, auf den ich nur eines antworten konnte.

»Ich weiß.«

»Was?«

»Ich weiß, dass das nichts werden kann.«

»Woher weißt du, was ich gedacht habe?«

»Noch mehr verraten, was du denkst, konnte dein Blick eben gerade wirklich nicht.«

Chris grinste. »Wird es dir gut gehen?«

Ich schüttelte den Kopf. »Mir ist es noch nie gut gegangen.«

»Hey«, Chris legte ihre Hand auf meine, die sich auf dem Küchentisch neben der Weinflasche versteckte. »Carola hat einen Sohn.«

»Klar«, sagte ich. »Ich brauche Carola nicht. Ich brauche gar nichts im Leben. Habe ich die letzten zwanzig Jahre ja auch nicht.«

Chris kam um den Tisch herum, legte ihre Arme um mich und half mir über die nächsten fünf Minuten hinweg. Dann ging ich schlafen.

Bei unserem nächsten Treffen in Hamburg rückte Carola dann mit dem heraus, was ohnehin klar gewesen war.

»Ich kann das nicht weitermachen.«

»Ich weiß.«

Und dann schliefen wir zum letzten Mal miteinander. Es war ein verzweifelter Abschiedsfick. Zeig es mir noch einmal. Zeig mir, was ich die letzten Jahre vermisst habe und was ich die nächsten Jahre vermissen werde. Sei bei mir, gib mir ganz ganz viel, damit ich es mitnehmen kann, ich werde es brauchen.

»Klar«, sagte ich, als Carola mich im Morgengrauen fragte, ob wir Freunde bleiben würden. »Ich werde dich immer lieben.« Sie zog mich an sich und drückte mich und ich drückte sie.

Und dann, vom Tag darauf an, habe ich Carola nie wiedergesehen. Ich zögere immer noch, sie mal anzurufen.

Ich habe versucht, sie zu vergessen, habe mich in die Arbeit gestürzt, bin eine Woche nach der anderen auf Ferntour gefahren.

Aber ihr ahnt nicht, Leute, wie sehr ich eure Haushalte, die ich transportiert habe, gehasst habe, eure Fallen, die ihr euch selbst stellt. Wie sehr ich es gehasst habe, eure Illusionen zu schleppen, eure Lügen mit ansehen zu müssen. Wie sehr ich gekotzt habe, weil ihr dieses eine Weltbild, dieses eine Konzept, das den Menschen seiner Freiheit beraubt, für die einzige Möglichkeit haltet. Dabei ist Monogamie kaum noch verbreitet. Die meisten Menschen in unserer Welt leben polygam, auch wenn sie das nicht begreifen, denn sie sind nicht fähig, über ihrem Horizont zu denken. Ich habe Freundeskreise erlebt, in denen jede Frau jeden Mann und jeder Mann jede Frau hatte. Aber bitte immer schön der Reihe nach. Einer nach dem anderen. Es ist leichter, in relativ regelmäßigen Abständen Trennungsschmerz durchzumachen, anstatt nachzudenken. Freiheit ist etwas anderes. Ich sehe natürlich ein, dass die freie Liebe nicht funktioniert, aber wenn ich zu viel nachdenke, während ich schlecht drauf bin, dann ist mir das trotzdem alles erbärmlich.

Geht mit euren Frauen auf Partys und seid einmal der Einzige, der sich dort nicht besäuft. Ihr werdet feststellen, wie die meisten, die sich schon länger in einer Beziehung befinden, in ihrem angeheiterten oder besoffenen Zustand Signale aussenden. Wenn sie sich gehen lassen, strecken sie schon einmal die Fühler aus. Es war nicht nur eine Frau, die mir im Beisein ihres Freundes Blicke zugeworfen hat, wie man sie sich nur zuwirft, wenn keine allgemeingültige Ethik der gemeinsamen Nacht im Wege steht. Sie weiß, dass ich sie nicht anbaggern werde, weil ich ihren Freund achte. Aber sie kann ja schon mal signalisieren, was sein könnte, wenn sie nicht mehr mit ihm zusammen wäre. Als sie dann nicht mehr mit ihm zusammen war, waren wir im Bett.

Während sie mit ihm zusammen ist, darf sie zwar nur zu ihm ins Bett, aber trotzdem hat sie schon mal Bock auf mich. Er ist da natürlich auch nicht besser und sabbert jedem paar Titten hinterher, das an seinem Bier vorbeiläuft.

Alle wollen alle, auf die sie Bock haben, halten sich aber an einem beziehungsweise einer fest.

Leuchtet mir nicht ein.

Ob ihr Hippies seid oder Katholiken, ihr lasst euch eher in eine kleine familiäre Zelle sperren, als es nach dem ersten Scheitern der Freiheit noch ein zweites Mal zu versuchen.

Ihr werdet nie frei sein, weil eure Köpfe nicht dazu bereit sind.

Ich werde natürlich auch nie frei sein.

Ich werde Möbel schleppen.

Ein paar Tage nachdem ich mich das letzte Mal mit Carola getroffen hatte, stand plötzlich Anna bei mir vor der Tür.

»Oh, hi«, sagte ich, als ich öffnete.

»Hi«, sagte Anna, bevor sie lange genug zögerte, dass ich merken konnte, wie wenig von ihrer Ironie sie heute dabeihatte. »Kann ich reinkommen?«

»Klar«, sagte ich, während ich etwas erahnte, das wie der nächste Abschied roch.

Kein Kokain, kein Hasch und kein Bier. Heute hatte Anna eine Flasche Wein mitgebracht, mit der wir uns Zeit ließen.

»Kerzen?«, fragte sie, als wir in meinem Zimmer vor dem Bett saßen und ich das elektrische Licht gelöscht hatte. Ich hätte ihr nicht von Carola erzählt, wenn ich nicht bemerkt hätte, dass sie nicht grinste. Etwas war anders. Es lag nichts in der Luft. Es lag etwas im Bauch.

Also erzählte ich doch von Carola. Die ganze Geschichte.

»Scheiße«, sagte Anna, als ich fertig war, und legte ihre Hand auf meinen Arm.

»Das wird schon«, sagte ich. Ich hatte mich Anna gern anvertraut. Sie war heute hier, weil sie mir etwas sagen wollte, etwas, das ihr wichtig war, das war mir klar. Ich hatte das gemerkt, sobald sie meine Wohnung betreten hatte. Darum war es leicht gewesen, mich ihr anzuvertrauen. Aber ihr Mitleid wollte ich nicht. Viel lieber wollte ich wissen, was sie heute zu mir gebracht hat.

»Ich habe mich auch an früher erinnert«, sagte sie, bevor sie eine Weile nachdachte. »Früher war alles geiler, da hatte alles einen Sinn.« Mehr brauchte sie nicht zu sagen. Ich begann, mich zu freuen. Endlich war sie auf dem richtigen Weg.

»Ich gehe nach Berlin. Meine Cousine ist da in einem Kindergarten. Ich mach da ein Praktikum, dann lerne ich Erzieherin.«

»Gut«, sagte ich.

Sie warf mir einen Ist-das-dein-Ernst-Blick zu und ich merkte, dass mein Urteil ihr wichtig war.

Wie Carola schien sie zu glauben, ich sei irgendwie unabhängig.

»Ey«, sagte ich. »Früher habe ich mich mit Freunden lustig gemacht über die anderen, die auch nicht wussten, was sie machen sollten. Es gab damals zwei Kategorien von denen: Tischler und Erzieher. Wer nicht wusste, was er machen sollte, wurde Tischler oder Erzieher. Es hat scheißlange, viel zu lange gedauert, bis ich feststellte, dass es noch eine dritte Kategorie gibt: den Möbelpacker.«

»Du meinst, ich mache das nur, weil ich nichts Besseres weiß?«

»Ich habe keine Ahnung, warum du das machst. Mach es einfach, wenn du die Idee hast. Wenn du mal vierzig bist, würde ich viel lieber sehen, wie du Briefe liest von Kindern, die dir zum Geburtstag gratulieren und ein selbstgemaltes Bild beilegen, als dass du von Drogendealern Geldeintreiber vorbeigeschickt bekommst.«

Aus meiner Plastikanlage quälte sich ein entsetzlich deprimierender Soulsong hervor, während Anna an einer der Kerzen das Wachs knetete, und fast wäre ich aufgesprungen, um fröhlichere Musik aufzulegen, da stellte Anna eine Frage.

»Glaubst du, ich kann das?«

»Was?«

»Erzieherin.«

»Weiß ich nicht. Ich hab dich nie mit Kindern gesehen. Aber das ist auch scheißegal. Probier es aus. Und außerdem gehören die drei Kategorien Tischler, Erzieher und Möbelpacker nicht wirklich zusammen. Tischler und Erzieher können irgendwann etwas, worauf sie aufbauen können. Möbelpacker sein ist der letzte Scheiß. Sieh zu, dass du das durchziehst.«

»Kann ich dich mal in den Arm nehmen?«

Jan van Zaelen fuhr schon zwei Wochen später selbst den Umzug seiner Schwester nach Berlin. Auch sie habe ich seit unserem letzten Treffen bei mir nicht wiedergesehen, aber wenigstens telefonieren wir regelmäßig.

In unserer letzten Nacht haben wir dann wirklich einmal nüchtern miteinander geschlafen und es war sehr schön. Nüchtern? Natürlich, eine Flasche Wein durch zwei macht keinen betrunken, wärmt nur das Blut. Wer friert schon gern unter der Haut?

»Meinst du, das hätte was werden können mit uns?«, fragte Anna am Morgen, als wir im Bett Kaffee tranken und das Zusammensein unserer Körper genossen.

»Ich weiß nicht«, sagte ich, während ich mich neben ihr rekelte, ihr mit der Hand über ihren Hintern strich und ihren Bauch küsste. Ich drehte sie auf den Rücken und schlängelte mich zwischen ihren Beinen durch, nicht ohne meinem Mund und meiner Zunge einen Moment lang zwischen ihren Schenkeln süßen Genuss zu gestatten.

(Wer war das, wer war das, wer war das? Irgendwer hat in einem Buch, das ich neulich gelesen habe, geschrieben, der Körper sei kein Tempel der Seele, sondern ein Vergnügungspark.)

»Ich weiß nicht«, sagte ich und legte mich auf sie, während ich mir mit der Zunge über die Lippen fahren wollte, um mir Annas Saft abzuwischen. Aber dann küsste ich sie lieber und bevor wir das letzte Mal miteinander schliefen, erklärte ich ihr, dass ich nicht glauben würde, dass es so, wie es gewesen war, etwas mit uns hätte werden können, dass es aber so, wie es gerade war, durchaus etwas mit uns geworden war und dass ich mich darüber freuen würde und dass ich ihr im Leben immer nur das Beste wünschen würde – und da war ich in ihr drin und es war so geil, dass ich sogar Carola für ein paar Minuten vergaß.

Als wir uns am späten Vormittag in meiner Wohnungstür zum Abschied in die Arme nahmen, war alles klar, alles geregelt und wir entließen einander in ein Leben ohne uns.

»Alles Gute!« Der ewige Abschiedsgruß.

Nachdem ich in der Küche den Geschirrschrank umgeschmissen hatte, auf die Scherben eingetreten und mich auch irgendwann beruhigt hatte, konnte ich wenigstens feststellen, dass ich diesmal nichts Wichtiges zerstört hatte. Waren ja nur Becher und Tassen.

Den nächsten Tag und die nächste Nacht lief ich von Tresen zu Tresen, ohne einen echten Freund zu treffen und ohne eine echte Idee zu finden. Das Einzige, was ich fand, waren Bier und Schnaps.

Den übernächsten Tag verbrachte ich unter meiner Bettdecke. Noch einen Tag später rief ich bei Verhuizer an. Jan nahm ab.

»Ich bins«, sagte ich. »Kannst du mich mal streichen für die nächsten Tage?«

»Was'n los?«, fragte er.

»Ist doch egal«, sagte ich. »Ich bin scheiße drauf!«

»Hat das was mit Anna zu tun?«

»Wie kommst du denn da drauf?«

»Sie hat so was angedeutet.«

»Nein, Mann, das hat nichts mit Anna zu tun! Ich würde es nur begrüßen, wenn du mich streichen würdest, bis sie in Berlin ist.«

»Klar, Alter!«

Als ich mit Handfeger und Schaufel auf Knien durch meine Küche kroch, fiel mir Toni ein.

Bevor ich mich in meiner Jugend vom Gymnasium gekifft hatte, waren Toni und ich Klassenkameraden und gute Freunde gewesen. Obwohl wir später getrennte Wege gingen, hatte immer ein loser Kontakt bestanden. Meistens sahen wir uns zwei- bis dreimal im Jahr und alle unsere Treffen verliefen stets, als hätten wir uns erst ein paar Tage vorher das letzte Mal gesehen. Wir fanden immer sofort den Anschluss ans letzte Mal.

Als ich den Telefonhörer in die Hand nahm, fiel mir ein, dass seit unserem letzten Treffen fast ein ganzes Jahr vergangen war. Ich zögerte kurz, dann wählte ich.

»Hallo? Hier ist Toni.«

»Hi, ich bin's.«

»Karsten?« Kurze Pause. »Ey, Alter, wie geht es dir?«

»Scheiße. Ich bräuchte mal 'ne Woche aufm Land.«

»Wann willst du kommen?«

»Morgen.«

»Ich mach dir das große Gästezimmer klar.«

Zack. Das war es. Natürlich haben wir noch ein paar Minuten länger gesprochen, aber eigentlich wären die nicht nötig gewesen. Ich hätte auch ein Telegramm schicken können, wenn man das heute noch tun würde.

Niemand meiner Kollegen aus den Möbeln kannte Toni. Eigentlich kannte ihn kaum jemand aus meinem Ottenser Bekanntenkreis. Toni war meine stille, wenn nicht gar letzte Reserve. Einer, zu dem ich immer hinkonnte, wenn ich gar nicht mehr wusste, wo ich hinsollte.

Obwohl er im Gegensatz zu mir Abitur gemacht hatte, hatte er nie studiert. Er hatte einfach »keine Zeit« dazu. Zu viel gab es zu tun. Er interessierte sich in Maßen für Landwirtschaft, mehr für Musik und außerdem hatte er sich erst einmal in der Welt umsehen wollen, bevor er sich an irgendeiner Uni einschrieb. Vor allem, weil er sowieso nicht wusste, was er eigentlich studieren sollte. Er war einer jener Typen, die ständig völlig verschiedene Sachen anleierten und denen alles irgendwie zu gelingen schien. Mal hatte er ein kleines Label für Newcomerbands laufen, dann wieder organisierte er alternative Busreisen nach Irland. Das Dumme für seine Projekte war, dass er relativ schnell das Interesse an ihnen verlor und sie anderen Leuten überließ, die sie dann versauten, oder auch nicht.

So driftete er durch sein junges Leben, bis er schließlich sein Zuhause fand. Er lebte in der Nähe von Lauenburg auf einem geerbten Hof, den in seiner Familie niemand haben wollte. Zu seinem Glück war seine Familie derartig groß, dass nach dem Tod seines Großvaters mütterlicherseits die unüberschaubare Erbengemeinschaft sich nicht einigen konnte, wie mit dem Hof zu verfahren sei. Die einen wollten verkaufen, die anderen bewahren, aber wirkliches Interesse hatte niemand.

Toni hatte die Lücke erkannt und war hineingesprungen. Seitdem hielt er instand, bis die Zerstrittenen sich einig würden. Also für immer, wie er glaubte. Er kümmerte sich um den Hof und betrieb nebenbei eine Motorradwerkstatt. Das war seine wirkliche Leidenschaft, die einzige, der er immer treu blieb.

In der ersten Zeit, als er auf dem Hof wohnte, bildete sich schnell eine große WG, denn Toni hatte schon immer einen enormen Bekanntenkreis gehabt. Und wie in allen großen Bekanntenkreisen gab es auch in seinem eine Menge Leute, die nicht so richtig wussten, wo sie hingehörten. In den schlimmsten oder auch besten Zeiten wohnten bis zu dreißig Hippies und Punks und Autonome auf dem Gelände, bis die Erbengemeinschaft einschritt.

Alarmiert von Leuten aus dem Dorf, die von »unhaltbaren« Zuständen (ausschweifende Partys, Lärm und Schmutz) auf dem ehemals so angesehenen Gehöft berichteten, zitierten die Verwandten Toni vor die Vollversammlung der Erbengemeinschaft und setzten ihn auf den Topf. Seitdem bemühte sich Toni, die Zahl seiner Mitbewohner gering zu halten und darauf zu achten, sich mit den Bauern der Umgebung zu verstehen.

In der Woche, die ich bei Toni verbrachte, wohnten gerade mal fünf andere Leute bei ihm.

Zwei von ihnen waren im Urlaub, als ich ankam, die anderen drei bekam ich die Tage über kaum mit. Wie das so sein kann in ländlichen WGs: Jeder macht seinen eigenen Scheiß und wenn man lange genug zusammenwohnt, dann interessiert man sich oft kaum noch füreinander.

Einen von den dreien traf ich an einem Abend in der Küche, wo er sich wortkarg ein kleines Abendbrot bereitete, bevor er zeitig ins Bett ging. Er hieß Gregor und war Lkw-Fahrer. Um fünf am nächsten Morgen würde er aufstehen müssen, um sich von irgendeiner Spedition über die Autobahn jagen zu lassen. Der arme Kerl hatte irgendwo zwei Kinder, deren Mutter auf regelmäßige Zahlung von Unterhalt bestand. Der einzige Grund, den es gibt, um sich bei monatlichem Festlohn hinterm Steuer zu verdingen.

Die anderen beiden Mitbewohner, die ich traf, waren ein Pärchen Veganer, das zurückgezogen in einem Bauwagen am Rande des Grundstücks wohnte, und dass ich zu denen keinen Kontakt hatte, war mir völlig wurst.

»Die sind eigentlich ganz nett«, sagte Toni, als wir abends zusammen bei Bier am Feuer auf der Wiese saßen.

»Wenn du meinst«, sagte ich und vermied es, ein Gespräch über Leute anzufangen, die keinen Honig aßen, weil sie die Versklavung von Bienen ablehnten, aber gern rein pflanzliche Baumwollhemden trugen, ohne darüber nachzudenken, in welchem menschenrechtslosen Land die unter miesesten Arbeitsbedingungen hergestellt wurden. Ich trug ja selbst solch billige T-Shirts und außerdem war mir sowieso gerade alles scheißegal.

Nachdem wir genug Biere getrunken hatten, erzählte ich Toni von Carola und Anna und meinem Job und davon, dass mich gerade alles extrem ankotzte.

Wie Jan war Toni einer von denen, die nicht mit überflüssigen Worten nervten. Er blickte ins Feuer und dachte nach oder ließ sacken, bevor er auf meine Erzählung antwortete.

Bevor er das allerdings tun konnte, fiel mir etwas auf.

»Hast du gar keine Freundin?«, fragte ich.

»Klar doch«, sagte Toni.

Natürlich. Toni hatte immer eine Freundin. Ich sah über die Wiese zum Haus, sah zur Scheune und über das Grundstück hinweg. Hier ohne Frau zu leben, wäre bestimmt völlig für'n Arsch.

»Die ist gerade mit ihrer Mutter in Griechenland. Vielleicht triffst du sie noch. Ich würde euch gern bekannt machen.«

Ich schaute ins Feuer. Das fehlte mir noch in meinem Zustand. Herrn Kriegt-alles-hin und seine Gattin zusammen zu erleben.

»Hör mal«, sagte Toni ein paar verschwiegene Minuten später. »Wenn dich das alles so ankotzt in der Stadt, dann kannst du jederzeit hier wohnen, solange du willst, nur dass du das weißt.«

»Danke, Mann. Das weiß ich sowieso.« Ich hielt meine Flasche hoch und prostete ihm über das Feuer hinweg zu. »Wenn ich das nicht wüsste, dann wäre ich heute nicht hier.«

Wir tranken, im Feuer knackte es. Es wurde langsam kühl und über der Wiese erhoben sich kalte Schwaden, die sich daranmachen wollten, den fast vollen Mond am nackten Sternenhimmel einzunebeln.

»Ich habe schon auf dem Land gewohnt. Ich weiß nicht, ob das mein Ding ist.«

»Und was ist dein Ding?«

»Muss ich mal rausfinden.«

»Bis dahin bist du immer herzlich eingeladen.«

»Danke.«

»Wollen wir ein bisschen daddeln?«

Musik machen, im Übungsraum in der Tenne? Ich schüttelte den Kopf. Wenn ich nüchtern Schlagzeug spielen würde, dann wäre es nix. Die Zeiten waren vorbei. Ich hatte kein Feeling mehr, hatte es sozusagen »vermöbelt«. Und wenn ich breit spielte, war es auch egal. Lieber war ich am Feuer.

Und so saßen wir und tranken und das Feuer brannte runter, bis nur noch leises Knacken aus der Glut zu vernehmen war und es langsam immer später wurde. Gekifft haben wir auch noch und so sank ich irgendwann am Feuer auf die Seite und war drauf und dran einzuschlafen. Mit dem Blick auf die Milchstraße döste ich vor mich hin, bis Toni irgendwann neben mir stand und ein paar Decken an meine Seite warf.

»Gute Nacht«, sagte er, während er noch einmal Holz nachlegte.

Ein paar Stunden später wachte ich mit einer Decke als Kopfkissen und in die anderen verwickelt auf und starrte in die Nacht, die sich von dem anrückenden Tag noch einen letzten Moment erbat.

Aus der Glut schlängelte sich ein Rauchfaden zum Himmel empor, an dem die Sterne langsam einer nach dem anderen die

Lichter löschten, und am Horizont tauchte die Ahnung eines neuen Datums hervor.

Es war totenstill. Es war der Moment, in dem die Vögel sich entscheiden mussten, ob es schon an der Zeit sei. Es war der Moment, in dem nicht einmal mehr das Feuer knackte. Es war der Moment, in dem ich mich so allein wie nie in meinem Leben fühlen konnte, ohne dass das falsch wäre. Es war der Moment, in dem es nur mich gab und das Universum, das vom Firmament herab mir ein letztes Mal zublinzelte, um mich, bevor die Dämmerung hereinbrechen würde, auf die grenzenlosen Möglichkeiten dieser Welt hinzuweisen.

Natürlich! Dazu sind diese stillen Nächte auf dem Land überhaupt nur da. Dass man zu sich selbst findet. Wie könnte man das in den hektischen und lauten Straßen der Stadt, in der ich wohnte. Wie lange hatte ich keine ruhige Nacht wie diese mehr erlebt! Eine Nacht, in der alles stimmte. Nie haben wir das in unserer lärmenden großen Stadt Hamburg, wo man in klarer Nacht vielleicht gerade mal fünfzig Sterne sieht.

Horch einmal hinein in den Weltenraum über dir und du wirst es hören. Das stille Flüstern, das dir deine Kraft zeigt, das dich die Empfindung für dich selbst wieder erleben lässt, das dir deine Ursprünge zeigt.

»Hallo Sirius«, grüßte ich in den Himmel, um dann meinen Kopf dem Horizont zuzuwenden, um Venus zu huldigen, kurz bevor die Sonne aufging.

Ich fühlte mich von großer Kraft erfüllt und diese Kraft wurde ausgestrahlt von dort draußen. Das hatte nichts mit Esoterik zu tun. Das hatte was mit der Größe des Universums zu tun. Jener Größe, die mir meine Probleme gering erscheinen ließ und also auch die Lösung dieser Probleme. Man muss Großes sehen, um Großes fühlen zu können.

Du kannst über das Universum lesen, aber wenn du es nicht siehst, wirst du es nicht verstehen.

Mir wurde an diesem frühen Morgen klar, dass ich Tonis Angebot nicht anzunehmen bräuchte. Ich musste nur nach Hause gehen und dort mein Leben regeln. Und dass ich das hinkriegen würde, das war mir nun klar.

Scheiß was aufs Möbelpacken. Mittel zum Zweck. Geld war der Zweck. Geld ist auch ein Mittel zum anderen Zweck. Die Welt zu erkunden kostet Geld.

Also los!

Diesmal hatte ich es geschnallt. Der Job wurde mir egal. Er brachte mir das Geld, das ich brauchte.

Jetzt würde ich es so machen, wie ich es bräuchte.

Auf dem Land wohnen, bei Toni?

Quatsch!

Möbeln und raus in die Welt!

Ich sprang aus meinen Decken und lief über die Wiese, konnte es nicht abwarten, dass der neue Tag endlich wirklich ein neuer Tag war, ein Tag nach Brötchen und Frühstück, ein Tag, an dem die Bahnen endlich fuhren. Ich wollte nach Hause, wollte ans Werk, wollte losgehen.

Ich war voller Optimismus, voller Tatendrang.

Kapitel 14

EIN FAHRSTUHL IST EIN FAHRSTUHL IST EIN FAHRSTUHL

»Vorurteilsbelastet, wie ich war, dachte ich, dass dieser weiße Mann das letzte Mal in der Fruchtblase im Mutterleib erlebt hat, was die allumfassende sensorische Totalerfüllung ist.«

Als ich heute, im wärmsten Oktober seit der Aufzeichnung des Wettergeschehens (wie Kollege Jürgen meint), von der Arbeit komme, werde ich mit dem Phänomen des Vorurteils konfrontiert. Anstrengend war es mal wieder gewesen und weil der Stadtverkehr auf dem Rückweg so zäh und scheiße war, mag ich mir gern ein Bier holen, bevor ich mich an den Schreibtisch setze, um am Skript weiterzuarbeiten. Ich stelle mein Fahrrad vor meiner Haustür ab und dabei treffe ich einen schwarzen afrikanischen Kumpel meines schwarzen afrikanischen Kollegen James. Wir grüßen einander und er fragt, ob James heute auch gearbeitet hätte. Das wüsste ich nicht, sage ich, denn ich hätte sehr früh angefangen und nicht alle Kollegen getroffen, und schon sind wir aneinander vorbeigeflossen, wie man das als flüchtige Bekanntschaft so tut in der großen Stadt, wo man viel zu viele Leute trifft, die man kennt.

Auf meinem Weg zum Kiosk werde ich überraschend aus einer Seitenstraße heraus von zwei Zivilbullen angehalten. Der eine erklärt mir sofort, dass Ottensen zum »Drogennotstandsgebiet« erklärt worden sei und dass die Zivilpolizei deswegen jetzt ganz andere, sozusagen umfangreichere Rechte hätte. Ich verstehe erst einmal gar nichts, aber dann erklärt er mir, dass meine Begegnung mit James' Kumpel eben eine »szenetypische Kontaktaufnahme« gewesen sei. Die haben das nämlich genau beobachtet, wie wir uns erst begrüßt haben und uns dann aber nur sehr kurz unterhalten haben.

»Klar«, sage ich. »Und wenn ich mich mit einem weißen Mann so kurz unterhalte, dann halten sie mich aber nicht an.«

»Es gibt Weiße, die dealen, und es gibt Schwarze, die dealen«, sagt der zweite Bulle. »Wir gucken da schon hin.« Und dann gucke ich hin: Der Erste sieht aus wie eine Schnapsvertilgungseinrichtung auf einem Liegestuhl neben einem Wohnwagen, mit seinen C&A-Camper-Klamotten und seiner von geplatzten Äderchen übersäten Nase, der Zweite sieht mit seiner Bomberjacke und seinen gelgestylten, nach hinten gekämmten Haaren aus wie eine Pitbull-Trainingseinheit. Man denkt immer, so was sei das Deppenpotenzial des Viertels, dabei haben die das Recht auf ihrer Seite, wenn sie einem harmlosen Möbelpacker auf dem Weg zum Kiosk mal eben in die Hose schauen wollen.

Was sie denn eigentlich wollen, frage ich die beiden irgendwann, nachdem ich erklärt habe, dass der schwarze Mann ein Bekannter ist, und sie mit ärgerlich nervigen Rechtfertigungsgründen ihr Vorgehen erklären.

»Wir wollen Ihre Personalien überprüfen.«

So sind sie, die Bullen!

Wenn mir in einem Berliner Autobahntunnel die Blattfedern an der Hinterachse vom acht Tonnen schweren Hänger wegfliegen, den ich mit meinem Achtzehntonner ziehe, und ich mich gerade noch mit qualmenden Reifen auf die nächste Ausfahrt rette, dann regeln sie den Verkehr für mich, damit ich es auch noch auf die Landstraße hinaus schaffe, um von dort aus den Abschleppdienst zu rufen. »Ja, danke schön!« und »Gute Fahrt noch« heißt es dann.

Wenn ich mich aber vor meiner Haustür, dort wo ich wohne, mit einem Schwarzen unterhalte, dann wollen sie meine Personalien überprüfen.

Und das Größte ist dann, dass der junge Zivi zu mir sagt: »Wenn Sie sich nichts vorzuwerfen haben, ist doch alles okay.«

»Da könnten wir uns jetzt länger drüber unterhalten, als ich Bock habe«, sage ich zu ihm und kriege dann auch schon von seinem Kollegen meinen Perso zurück. Da hat er wohl über Funk erfahren, dass ich ein unbescholtener Bürger bin.

Es wäre zwar schön, wenn die beiden sich, nachdem sie mich getroffen haben, über Vorurteile unterhalten würden, aber ich glaube das nicht. Welchen Gehirnwaschgang durchläuft man, bis man als Zivilbulle auf Zivilbevölkerung losgelassen wird?

Das bisschen »Wir sind ja gar nicht so«-Geseier, das die beiden abgelassen haben, als sie mir gegenüber rechtfertigten, wie sie vorgehen müssten, weil immer mehr Jugendliche auf Droge kommen, kann es ja nicht sein.

Ich weiß wenigstens von mir, dass ich Vorurteile habe, und ich denke oft darüber nach, denn viel zu oft habe ich Vorurteile mir gegenüber erfahren. Ich habe Vorurteile gegenüber fast jedem, den ich zum ersten Mal treffe, aber ich weiß das. Darum kann ich relativieren und jedem seine Chance geben, zum Beispiel jenem kleinen Mann, den ich damals am Montagmorgen traf, als ich mit Blondie, Erik, Otis und Hecke den ersten Kunden einer neuen Tour auflud.

»Ich will den Fahrstuhl aber jetzt benutzen!«

Eben gerade hatte ich im fünften Stock vor der Wohnung unseres Kunden einen Hund voller Kartons in den Fahrstuhl geschoben und zwei Stühle sowie einige Bretter dazugestellt. (Es wird in den Möbeln »Hund« übrigens mit »T« am Ende geschrieben, aber das ist fast schon etymologisch, denn in der gesprochenen Mehrzahl wird es fast immer wieder »D«).

Jetzt wollte ich die Fahrstuhltür schließen, um das Zeug ins Erdgeschoss zu schicken, wo Hecke und Otis es aus dem Fahrstuhl ziehen würden, um es zu Blondie auf den Lkw zu bringen.

Aber da stand dieser Mann neben mir, der mich daran hindern wollte, die Tür zu schließen, und mich aufforderte, für ihn den Fahrstuhl freizumachen.

»Das ist ein Personenfahrstuhl, kein Lastenaufzug.«

Er trug tatsächlich einen braunen Anzug, dünnes Haar auf dem Kopf und unter dem Arm eine Aktenmappe. Über der Oberlippe streckte eine mausgraue Bürste ihre Borsten von sich und die Augen des Mannes, der einen Kopf kürzer war als ich, blitzten böse.

Mein Vorurteil ihm gegenüber?

Der hatte sein ganzes langes Leben lang noch nie einen anständigen Orgasmus erlebt, das wusste ich sofort.

So einfach. Wer so verkniffen daherkam wie der, der hatte vielleicht Sex erlebt, aber keine Ahnung davon, was Sex sein kann. Aber das war vielleicht überheblich von mir gedacht. Könnte ja sein, dass er vor dreißig Jahren mal richtig abgegangen war. Vor dreißig Jahren, bevor ihn irgendein Schicksalsschlag von der geilsten Sexpartnerin getrennt hatte, die man auf diesem Planeten finden konnte. Konnte ja sein. Vielleicht hat ihn das Leben seitdem nur noch mies behandelt.

Ich räumte ihm diese Möglichkeit ein. Geglaubt habe ich daran nicht. Vorurteilsbelastet, wie ich war, dachte ich, dass dieser weiße Mann das letzte Mal in der Fruchtblase im Mutterleib erlebt hat, was die allumfassende sensorische Totalerfüllung ist. Aber das konnte ich ihm jetzt natürlich nicht erklären und außerdem hatte ich auch einen Job zu erledigen. Ich versuchte es also auf die Konfliktvermeidungstour.

»Aber Sie können den Fahrstuhl doch gleich benutzen«, sagte ich. Natürlich hätte ich nur einen Hund sofort wieder herausgezogen, wenn da ein Bewohner des Hauses nach unten wollte. Aber mit dem ganzen Geraffel, das da schon drinnen war, war mir das zu umständlich.

»Sie können auch über die Treppe gehen« sagte er, der Etagennachbar unseres Kunden, und da war ich erst einmal baff. Obwohl ich nicht wusste, was ich jetzt machen sollte, musste ich grinsen.

»Ich finde das nicht komisch. Sie werden noch sehen, das geht auch anders.«

Plötzlich kam Erik aus der Wohnung heraus. »Gibt es Probleme?«, fragte er, aber als er den schlecht gelaunten kleinen Mann sah, brauchte er keine Erklärung mehr. Er beugte sich in den Fahrstuhl, drückte auf den Knopf für das Erdgeschoss und schloss die Tür. Der kleine Mann wurde rot vor Wut. »Wir hören noch voneinander!«, sagte er und machte sich zu Fuß an den Abstieg.

»Der ist ein bisschen anstrengend«, sagte unser Kunde, nachdem er kurz darauf dazugekommen war und seinem Nachbarn die Treppe hinab hinterhergeblickt hatte.

Er war ein junger Mann Mitte zwanzig, unser Kunde, der beruflich nach München zog und sich uns gegenüber locker gab. Aber so richtig traute ich seiner Art nicht. Er hatte was Anbiederndes an sich, war sich seiner Überlegenheit bewusst und gab sich kumpelhaft. Das war aber nicht schlimm, denn immerhin gab es Kaffee und Brötchen. Solange ein Umzug lief und es Kaffee gab, war mir eigentlich alles andere egal.

Aber schon wenige Minuten nach meinem Treffen mit dem Nachbarn lief der Umzug erst einmal nicht mehr. Der Fahrstuhl stand still. Nachdem Erik und ich zu lange, wie wir meinten, auf den Fahrstuhl gewartet hatten, hängte sich Erik über das Treppengeländer und brüllte nach unten, was denn mit dem Fahrstuhl sei. Kurz darauf hörte ich von unten ein »Waaas?« und noch einmal Eriks »Faaahrstuhl«, womit sich gleich einer jener geschrienen Treppenhausdialoge über fünf Stockwerke ergab, die ich immer wieder so sehr liebte, wie auch hasste.

Erfahrenste Möbelpacker begreifen es mitunter nach Jahren nicht, dass eine klare Verständigung über fünf Stockwerke schon allein wegen der Akustik in einem Treppenhaus fast nie möglich ist. Und so dauerte es auch gute sieben Hin-und-her-Brüllereien, bis beiden Dialogpartnern klar wurde, dass sie das Gleiche voneinander verlangten, nämlich, dass der andere mal den Fahrstuhl schicke.

Wie sich kurz darauf herausstellte, hing der Lift im dritten Stock fest. Otis hatte ihn hochgeschickt, aber angekommen war er nicht. Zwecks Klärung der Situation versammelten wir uns im Erdgeschoss vor der Tür des Fahrstuhls. Zu dritt, Otis, Erik und ich, standen wir vor dem leeren Schacht.

»Na geil«, sagte Erik. Wir hatten bisher zu wenig aufgeladen, als dass wir auf den Fahrstuhl hätten verzichten können. Ein kaputter Lift würde uns den Tag ruinieren.

Aber da kam schon Hecke vom Lkw her zu uns rein und klärte uns auf. »Da war so ein Typ. Der ist voll wütend die Treppe runtergekommen und im Keller verschwunden. ›Wir werden ja sehen, wer hier den Fahrstuhl benutzt‹, hat er dabei gesagt.«

Und dann kam unser Kunde herab und sagte, nachdem auch er aufgeklärt worden war: »Ja, der hat einen Schlüssel zum Betriebsraum. Den hat nämlich jeder der Wohnungseigentümer hier.«

»Und Sie nicht?«, fragte Erik. Der Kunde schüttelte den Kopf und erklärte, er sei ja nur Mieter gewesen.

Verblüfft tauschten Otis, Hecke, Erik und ich einige Blicke.

»Tja«, seufzte der Kunde. »Ich fürchte, dann müsst ihr ab jetzt über die Treppe gehen.«

»Was?«, fragte Erik und der Kunde warf ihm einen entschuldigenden Blick zu und zog die Schultern hoch.

»Das kommt ja gar nicht infrage«, sagte Erik. »Ich latsch doch hier nicht mit Kartons auf der Schulter um den Fahrstuhl herum, bloß weil irgend so ein Spinner den Saft abgedreht hat.«

»Aber was soll ich denn machen?«, fragte der junge Kunde, der angesichts vermeintlicher Tatsachen sofort das Handtuch warf. Ihm konnte es egal sein. Er musste nicht schleppen. Er musste nicht leiden unter dem Gewicht seiner eigenen Kartons, also gab er sich schnell geschlagen, seinem Nachbarn gegenüber, der zu den Leuten zu gehören schien, die einen Fahrstuhl in einem Wohnhaus für ihre Sänfte hielten, die die Leibeigenen auf keinen Fall zum Transport von Lasten zu benutzen hätten. Schließlich gab es ja Treppen.

Ich habe das mal erlebt, als ich mit Sunny einen Umzug in ein Altersheim machte. Da gab es nur den Aufzug, den auch die Bewohner benutzten. Als die vom Mittagessen kamen, so nach und nach auf ihren Gehhilfen, bildete sich eine lange Schlange vor dem Fahrstuhl, den wir uns dann rücksichtsvoll mit ihnen teilen wollten. Aber nicht einer von ihnen hat eingesehen, dass wir nicht über die Treppen nach oben wollten. Mit ihrer beschissenen Attitüde von wegen »Wir haben dieses Land aufgebaut und ihr könnt auch mal gucken, was Arbeit überhaupt heißt« wollten die

Zahnlosen uns tatsächlich den Zugang zum Fahrstuhl verwehren, ohne sich zu erinnern, dass sie das Land vor dem Aufbau in Schutt und Asche gelegt hatten.

»Ihr könnt auch über die Treppe gehen«, blaffte ein Alter, der offenbar immer noch glaubte, auf Krücken gebeugte Sabbergreise könnten dem Bild einer überlegenen Rasse entsprechen.

»Ich weiß ja nicht, wo deine Hüftgelenke geblieben sind«, hat Sunny damals gesagt, »aber meine will ich noch ein paar Jahre behalten.« Und der Alte hat ähnlich verblüfft geguckt wie unser Kunde am Montag vor dem Fahrstuhl, als er merkte, dass er sich in Schwierigkeiten befinden könnte.

»In Ihrem Vertrag steht ganz klar, dass hier ein Fahrstuhl ist«, sagte Erik. »Also werden wir den auch benutzen. Denken Sie sich was aus.«

Ich sah Hecke an, der wie so oft ohne Mund, nur aus den Augen heraus, am Grinsen war. Ich sah Otis an, der einfach nur wartete, und ich sah den sturen Erik und den ratlosen Kunden an, und dann hatte ich keine Lust mehr. Ich ließ die alle stehen und machte mich auf nach draußen, um bei Blondie an der Ladekante eine zu rauchen. Als ich aus dem Haus kam, traf ich den nächsten Beknackten. Ein sportlich gekleideter Mann mittleren Alters stand am Ende des Lkws und staunte zu Blondie hinauf. Blondie war gerade dabei, eine Decke um einen Stuhl zu werfen, bevor er den Stuhl in der Ladung verstaute. »Ey«, sagte er. »Es ist mir scheißegal, wo dein Auto ist. Ruf die Bullen an und lass mich in Ruhe.«

Aha, dachte ich. Und es war so, wie ich es mir dachte. Vor dem Umzug lassen wir gern mal Halteverbotsschilder aufstellen, damit wir zum Umzug auch vor dem Haus parken können.

Alles legal, alles nach bürokratischer Prozedur genehmigt, abgestempelt und gesegnet vom Amt, von der Polizei.

Leute, die ihr immer wieder falsch parkt, ich gebe euch einen Rat: Wenn ihr ein Halteverbotsschild seht, auf dem ein Datum steht, ignoriert es nicht, so wie ihr das sonst tut. Parkt dort nicht zur angegebenen Zeit. Ihr werdet abgeschleppt, auf jeden Fall. Manche kapieren es nie und oft toben und wüten sie dann an der Ladekante des armen Möbelpackers, der doch nur seine Arbeit macht und noch ganz anderen Nerv erleben muss als Leute, die ihr Auto suchen. Die meisten sehen ja ein, dass sie selbst schuld sind. Einige aber werden entsetzlich wütend, andere nerven rum und immer noch fürchte ich mich vor dem Moment, in dem ein durchgeknallter Drogensüchtiger die Knarre zieht, weil wir es ihm ja wohl versaut haben.

»Ist mein Wagen jetzt im Autoknast?«, fragte der Sportliche und Blondie zuckte die Schultern.

Mir wurde in diesem Moment alles klar. Ich hatte gar keine Probleme! Ich hatte keinen Grund gehabt, zu Toni aufs Land zu flüchten. Carola und Anna, das waren Episoden, mit denen ich umzugehen hatte. Meine Schwierigkeiten mit dem Job, die ich immer wieder empfand, waren auch nur Ecksteine auf meinem Weg. Eigentlich kam ich doch zurecht.

Es gab nämlich Leute, die wirklich Hilfe brauchten. Leute, die ein Blechverwahrungsgelände mit einem Gefängnis verglichen. Klar, der Mensch personifiziert Gebrauchsgegenstände. Des Gitarristen Instrument hat vielleicht einen Namen und Boote und Schiffe haben solche seit eh und je. Aber zu hören, wie der Aufbewahrungsort für den weggeschleppten Lebensinhalt von gewöhnlichen propagandagefickten Armleuchtern immer wieder als Knast, als Gefängnis also, bezeichnet wird, das zeigt mir, dass ich dann doch noch recht problemfrei durchs Leben gehe. Wegen Grips und so. Ich konnte aufatmen, als ich diesen Autofahrer an diesem Montag erlebte. Ich war gesund.

In Gefängnissen sitzen Menschen. In Gefängnissen werden Menschen mitunter gefoltert. Aaah! Da ist ein Kratzer im Lack! Mein Auto hat gelitten, das ist ein Fall für Amnesty International!

Natürlich muss Nachsicht geübt werden, denn den Begriff »Autoknast« hat sich der Typ nicht ausgedacht. Den hat er aus seiner Zeitung. Ich war zwar nicht glücklich, nachdem ich ihn gesehen hatte, aber ein umfassendes Gefühl der Entspannung erfasste mich. Was konnte mir passieren im Leben? Ich personifizierte keine Kraftfahrzeuge und so weit, dass ich mich über den lastentransportierenden Gebrauch von Lastentransportgeräten im Treppenhaus echauffierte, ging ich erst recht nicht.

Ich war frei! Meine Gedanken waren meine! Ich konnte reflektieren und ein Idiot war ich auf keinen Fall. Das Leben konnte also weitergehen. Und es ging. Nachdem der Abonnent der *ADAC Motorwelt* sich aufmachte, mittels Lösegeld den Sinn seines Lebens (»Ich fahre Peugeot, und du?«) aus den Klauen der Justiz zu befreien, tauchte zufällig ein Typ aus dem Wartungsteam für Aufzüge in der Wohnanlage auf. Ein junger Handwerker, der gleich mit dem richtigen Grinsen zeigte, dass er den orgasmusfreien Liftsaboteur schon kannte.

»Ach, Deppenberg, nervt er wieder? Wir nennen ihn immer Deppenberg. Keine Ahnung, wie der wirklich heißt, der Depp.«

Und fünf Minuten später lief der Fahrstuhl wieder und unser Kunde war gerade noch einmal drum herumgekommen, beweisen zu müssen, dass er mit Situationen umgehen konnte.

Meinen Spaß hatte ich trotzdem noch mit ihm. Das war, nachdem seine Lebensgefährtin aufgetaucht war, die mit ihm zusammen nach München zog.

Der erfahrene Möbelpacker braucht meistens etwa zwei Sekunden, um zu sehen, wer in der Beziehung seines Kundenpaares die Hosen anhat, beziehungsweise wer das hellere Licht ist, wenn man es nicht gerade mit einem jener Paare zu tun hat, bei denen beide geil sind.

An diesem Montag brauchte ich die Frau des Kunden nur eine Sekunde lang zu erleben, um mich fragen zu müssen, was sie an dem denn fand. Aber egal. Menschen sehen oft in anderen Menschen und fühlen, was Dritten verborgen bleibt. Das war gar nicht das Ding.

Als ich allerdings in einer Rauchpause daran dachte, dass es unterwegs immer wieder Probleme geben konnte, wegen der Ausmaße unseres Hängerzuges auf kleinen engen Dorfstraßen, fragte ich die Frau des Kunden nebenbei, wie denn die Situation beim Abladen so sei.

Ich hatte schon allerlei erlebt. Brücken, zum Beispiel, unter denen jeder Pkw durchpasst, die aber für einen vier Meter hohen Lkw mitunter zu flach sind. Darum frage ich gern mal nach, bevor ich auf dem Weg zum neuen Heim der Kunden unangenehmen Überraschungen gegenüberstehe.

»Wie kommt man denn da hin?«, fragte ich also, womit ich die Abladeadresse in München meinte, was sie, die Frau des Kunden, auch sofort begriff. Und als sie begann zu überlegen, ob der übliche Weg in München denn auch für Lkws passierbar sei, stach es mir in den Augenwinkel: Ihr Mann hatte meine Frage gehört. Und sofort fuhr bei ihm das Programm hoch, das ihn geprägt hat. Männer kennen den Weg und Männer können ihn am besten beschreiben. Weiß doch jeder, der schon mal 'ne Alte mit Stadtplan auf dem Schoß auf dem Beifahrersitz gehabt hat, harhar!

»Also«, so mischte er sich sofort in unseren Dialog. »Da fahren Sie erst einmal durch den Elbtunnel.«

Wer hätte das gedacht?

»Und dann fahren Sie einfach immer die A7 runter.«

Und dann kam die gesamte Wegbeschreibung, die nicht nur ich als erfahrener Kundenbetreuer in aller Ruhe über mich ergehen ließ, sondern auch die Kundin als erfahrene Gattin. Es hätte keinen Sinn gemacht, meinem Kunden, ihrem Gatten, ins Wort zu fallen und ihm zu erklären, dass wir in unserem Dialog schon lange in München angekommen waren, ja, dass wir den Weg dorthin sogar übersprungen hatten. Es musste einfach raus, des Mannes Wissen über die richtige Wegstrecke. Als er endlich nach einigen Minuten am Mittleren Ring angekommen war, schaltete ich mein Gehör von Stand-by auf Empfang, denn zwei, drei Straßen ab vom Ring lag unsere Zieladresse. Von Schwierigkeiten auf dem Weg dahin wusste er allerdings nichts und so musste dann doch seine Frau mich über Einbahnstraßen und Brückenhöhen aufklären.

Immerhin ließ er sie ausreden. Da habe ich ganz andere Paare erlebt. Die meisten erinnern an Tucholskys *Ein Ehepaar erzählt einen Witz* und das sollte dann gern von Loriot vorgelesen werden. Da wird auch schon mal mit den Türen geknallt.

»Du musst aber auch immer alles besser wissen!«

»Aber ich habe doch nur …«

Sehr interessant war auch einst die Wegbeschreibung eines Kunden zu seiner neuen Adresse in Düsseldorf: »Da fahren Sie einfach durch den Elbtunnel und dann immer geradeaus. Das ist immer die gleiche Autobahn.«

»Hä? Meinen Sie über Hannover und dann über, äh …«

»Nein nein, über Bremen. Immer geradeaus über Bremen.«

»Das ist aber ’ne andere Autobahn.«

»Wie?«

»Na ja, erst die A 7, dann die 261, die 1, später die 46 und vielleicht noch die 3.«

»Ach so, die Nummern«, und er lächelt milde, als wäre ich auf ganz reizende Art ein wenig kleinlich, »aber die Autobahn ist immer die gleiche.«

Geil! Für diese Erkenntnis musste ich erst Hunderte von Stunden auf Tour gewesen sein und unerträgliche Langeweile erduldet haben. Wozu? Warum unterhielt ich mich doch immer wieder mit Kunden über den Weg? Man musste ja doch immer nur durch den Tunnel und dann immer geradeaus. Irgendwie kommt man immer an.

Es ist wohl der Small Talk. Wie oft habe ich es erlebt, dass ich mit einem vermeintlich intelligenten Menschen geplaudert habe, bis er dann damit herausrückte, dass »die Neger« ja eh alle nichts als Kiffen im Kopf haben und die Juden, »na ja, das weiß man doch«. Wie oft habe ich mir gewünscht, ein begonnenes Gespräch unbegonnen machen zu können.

Da ist das Geplänkel über den Weg mit einem Kunden ja eigentlich gar nichts. Außerdem kann ich zu dem ja nicht sagen: »Tja, deine Möbel sind ja ganz toll, aber du bist ein Trottel, also lass mich mit deinem idiotischen Gesabbel in Ruhe.« Nein, da muss man dann durch und zum Glück dauert es meist nicht lange.

Und dann hat man auch schon aufgeladen und ist wieder auf der Autobahn und da dauert es dann wieder lange, bis der Weg nach München geschafft ist. Aber nur während man fährt. Anschließend fühlt es sich doch wieder so an, als sei es schnell gegangen. Das liegt daran, dass unterwegs nichts passiert, an das es sich zu erinnern lohnen würde. Da wird kaum eine Seite voll im Fotoalbum des Gedächtnisses und das ist auch am besten so. Es wäre ja nicht auszumalen, wenn ich mich an jeden Autobahnkilometer genauso intensiv erinnern würde wie an die einzelnen Momente einer Nacht mit einer schönen Frau. Ich begrüße es auf das Allerhöchste, dass mein Gehirn da Prioritäten setzt.

Kapitel 15

LOST IN SPACE

»Man fragt sich immer wieder, wo diese Menschen wohnen, bis es einem auffällt: In Museen wohnen die. So sah es im Katalog aus und so soll es bitte bis ans Ende aller Tage auch weiter aussehen.«

Als Jan van Zaelen nach Hamburg gekommen war, hatte er bald Blondie kennengelernt. Blondie war keiner von den Typen gewesen, mit denen Jan von Party zu Party gezogen war. Trotzdem, oder gerade deswegen, hatte sich schnell eine solide Freundschaft entwickelt. Später habe ich den Eindruck gewonnen, dass es gerade Blondies Unlust auf Party war, die Jan beeindruckt hatte. Selbst noch ohne Ende am Feiern und dabei langsam den Unsinn all dessen erkennend, sah Jan in Blondie einen, der über den Dingen stand. Blondie war ein ruhiger Mensch, der nicht viele Worte machte und zu allem seine eigenen Ansichten hatte, die er allerdings selten jemandem mitteilte. Ich musste nur wenige Umzüge mit ihm machen, um ahnen zu können, was Jan an ihm von Anfang an gefallen hatte. Man brauchte Blondie nicht zu kennen. Wenn man mit ihm unterwegs war, dann wusste man, dass man auf ihn bauen konnte. Der Typ gab wenig von sich preis, aber er baute auch keine Scheiße.

Nachdem er das Pech gehabt hatte, anderthalb Jahre im Knast sitzen zu müssen, weil er bei einer Kontrolle die falsche Menge an Drogen bei sich gehabt hatte, hatte er bei »Verhuizer-Umzüge« angefangen und sich als einer der zuverlässigsten Mitarbeiter erwiesen.

Mehr als ich aus Jans Andeutungen über ihn heraushören konnte, wusste ich nicht über Blondie, aber das war egal. Natürlich hatte ich Gerüchte gehört, die andere Mitarbeiter über ihn erzählten, aber auf die gab ich nichts. Mir reichte die Atmosphäre, die herrschte, wenn ich mit ihm zusammen im Fahrerhaus saß, und die war eine ausgeglichene. Alles, was ich über Blondie wissen musste, würde von ihm kommen. Das war mir genug. Ich wusste nichts von seiner Vergangenheit, aber das kratzte mich nicht. Der Typ war schwer. Das soll heißen, dass das, was er mit sich herumtrug, von enormem Gewicht war. Ich bohrte da nicht mit Fragen nach. Ich werde ja selbst nicht gern gelöchert.

Als ich auf unserem Weg nach München aus dem Fenster blickte und mich fragte, was in aller Welt dort unten, unter der

Autobahnbrücke in all den Häusern der kleinen Dörfer, vor sich gehen mochte, in diesen Häusern, die vielleicht zukünftige Kunden von mir beherbergten, die alle ihre eigene kleine Geschichte hatten, unterbrach er meine Gedanken mit einem seltsamen »Seltsam«.

»Was?«

»Es ist seltsam«, sagte Blondie. Während ich aus dem Fenster sinniert hatte, hatte er am Steuer gegen die Langeweile angeträumt.

Es gibt Leute, die sagen, Meditation sei nicht anderes als kultiviertes Dösen. Auf der Autobahn, wenn man sich im reizlosen Trott befindet, in phantasielosester Situation der Welt, kann es sehr erbauend sein, wenn einem nach unruhigem Grübeln die Gedanken absterben, um nach Minuten oder Stunden der Leere im Gehirn neuen Ideen Platz zu machen.

Anstatt einzuschlafen, ist man dann hellwach.

»Was ist seltsam?«, fragte ich.

»Ist dir schon mal aufgefallen, dass wir niemals wieder an diesem Ort, an dem wir uns gerade befinden, zusammenkommen können?«

»Wieso nicht?«, fragte ich, denn ich ahnte noch nicht, worauf Blondie hinauswollte.

»Normalerweise«, sagte er, »denken wir, wir sitzen in einem Fahrerhaus auf der A7 bei Hannover und denken, dass wir das mal wiederholen können, und das stimmt ja auch. Aber wenn wir uns das nächste Mal in diesem Fahrerhaus auf der A7 bei Hannover an diesem Ort treffen, ist das schon ein ganz anderer Ort.«

»Wie meinst du das?«

»Diese A7, die ist beim nächsten Treffen ja schon ganz woanders.«

»Was?«

Und als Blondie mir erzählte, er hätte neulich ein Buch über Astronomie gelesen, begriff ich, was er meinte. Ich hatte mich als Kind für Astronomie interessiert und Blondie war der erste

Möbelpacker, den ich traf, der sich über das, was mich seit damals immer wieder beschäftigte, Gedanken machte.

»Wenn wir uns das nächste Mal hier wieder treffen, dann hat sich die Erde auf ihrem Lauf um die Sonne ja schon weiterbewegt. Und selbst wenn wir uns genau ein Jahr später wieder hier treffen, an dem Punkt also, der dann wieder derselbe innerhalb des Sonnensystems sein sollte, dann hat sich schon die Umlaufbahn der Erde verschoben. Außerdem pendelt die Achse der Erde, sie ist also vielleicht nach einem Jahr anders geneigt als heute und das Sonnensystem bewegt sich durch die Milchstraße, welche wiederum irgendwie durch das Weltall driftet. Wir werden niemals in unserem Leben zweimal an demselben Ort sein können. Vom kosmischen Standpunkt aus betrachtet. Das ist eine Frage der Perspektive.«

»Wir haben also nicht die leiseste Ahnung, wo wir hinfahren«, sagte ich.

Blondie grinste. »Nach München«, sagte er. »Wo immer das liegen mag.«

Ich mochte Blondies Gedanken. Früher hatte ich oft über solches nachgedacht, aber dann hatte ich mehr und mehr meine Gedanken an den Transport von Möbeln verschwendet.

Ich sah nach vorne auf die Bahn, wo ein kurzer weißer Streifen nach dem anderen links unter unserem Wagen verschwand und Pkw und Lkw mit im Kosmos verirrten Insassen ihren unwichtigen Zielen entgegenstrebten. In den meisten Büchern über Astronomie, die ich gelesen hatte, wurde die Erde als »Raumschiff« bezeichnet und in vielen Texten zum Umweltschutz wird sie das noch immer. Aber in keinem Science-Fiction-Roman oder Film gab es je dieses sinnlos hektische Hin und Her auf einem Raumschiff.

Die Erde dreht sich um sich selbst und zusammen mit dem Mond um einen gemeinsamen Masseschwerpunkt, der etwas neben dem Erdkern liegt. Beide drehen sich um die Sonne, wobei die Erdachse pendelt und die Mondbahn auch. Die Erde taumelt, während sie sich mit der Sonne und den Planeten unseres Systems um das Zentrum der Milchstraße dreht, die ihrerseits sich um sich selbst drehend durch den Kosmos fliegt, auf einem Weg von hier nach irgendwo.

Ich mochte es, dass Blondie mich an diese Gedanken erinnert hatte. Ich hatte damit wieder nichts aus seiner Vergangenheit erfahren, aber sehr wohl etwas aus seiner Gegenwart. Jetzt. Wo wir uns niemals wieder würden treffen können. Weder in der Zeit noch im Raum.

Ich hätte es sehr begrüßt, wenn unsere Kunden, die wir nach München zogen, uns mit ähnlichem Gedankengut empfangen hätten, aber die fragten uns am nächsten Morgen vor dem Abladen als Erstes, ob wir auf Socken arbeiten könnten, wegen des neuen Parketts.

Man fährt die ganze Nacht durch. Wenn man Glück hat, dann fährt man mit einem Kollegen zusammen, der auch mal ein interessantes Thema anspricht, so wie Blondie das getan hatte. Irgendwann legt man sich schlafen, weil man den Kollegen ja zu gegebener Zeit mal am Steuer ablösen muss. Und dann pellt man sich nach unruhigem Schlaf auf neonlichtbeleuchteter Tankstelle aus dem Schlafsack, um mit verklebten Augen einen Kaffee zu stürzen und sich irgendwelches mieses Fressen in den Rachen zu stopfen, damit man übermüdet am Morgen vor dem Abladen von Kunden gefragt wird, ob man auf Socken arbeiten könne.

Eine Supernova möge über die kommen, wünsche ich dann, oder doch mindestens ein Meteorit auf sie herabfallen.

Natürlich sieht man ein, dass man es nicht unbedingt selbst sein muss, der als Erster den Kunden das neue Parkett zerkratzt, und deswegen arbeitet man auch schon mal mit Fußbodenschoner. Aber auf Socken? Gott noch mal! Man fragt sich immer wieder, wo diese Menschen wohnen, bis es einem auffällt: In Museen wohnen die. So sah es im Katalog aus und so soll es bitte bis ans Ende aller Tage auch weiter aussehen. Man mag sich nicht vorstellen, dass solche Leute Kinder kriegen. Auf Watte werden die gebettet, damit sie in der wattierten Welt ihrer Eltern keinen Schaden anrichten können, und so wachsen sie zu scheintoten bewegungsunfähigen Kreaturen heran, die von ihren Erzeugern falsche Vorstellungen von Werterhaltung übermittelt bekommen.

Liebe Eltern, vererbt euren Kindern teures Tropenholz doch bitte dort, wo es hingehört: in den Tropen, und zwar lebendig.

Ich weiß bis heute nicht, wie ich auf einen Typen reagieren soll, der von mir verlangt, auf Socken zu arbeiten, damit ich sein Pitch-Pine-Parkett nicht zerkratze. Ich schicke dann einen mir antrainierten Teil meines Selbst vor, der die Situation in seinem und unserer Firma Sinn regelt. Mein eigener Standpunkt zu Fußboden und Kunden muss da sorgfältig im Verborgenen gehalten werden, sonst geht niemand zufrieden aus dem Umzug heraus, denn dann würde ich dem rückenmarksgesteuerten Nutznießer des Tropenwäldertötens für seinen Willen, paarungsbereite Weibchen zu beeindrucken, meine Meinung geigen.

Wenn ich beim Umzug nicht dabei war und also auch die Schwierigkeiten, den Job zu erledigen, nicht zu erdulden hatte, dann erheiterten mich viele Geschichten auch mal, wie die von dem Kunden, der sich auf der Terrasse Bangkirai-Holz verlegen ließ, um es alsbald wieder herausreißen zu lassen, weil: ganz klar, das war ein »Versicherungsschaden«, denn da waren Flecken auf dem Holz aus Asien.

Es ist Herbst. Sturm jagt über das Land, Äste krachen von den Bäumen. Plötzlich in der Nacht ein Temperatursturz. Faustgroße Hagelkörner prasseln herab. Am Fenster steht ein verzweifelter Mann mit angegrautem Haar, in seinen Augen stehen die Tränen. Seine Frau tritt hinzu, legt einen Arm um ihn und fragt:

»Was ist denn, Schatz?«

Der Mann hebt den Arm und deutet auf die Terrasse hinaus. »Da ist ein Fleck auf dem Holz.«

Mit solchen Leuten hat man es zu tun. Oft, sehr oft höre ich von Freunden, Bekannten, zufälligen Gesprächspartnern in Kneipen und auch von Kunden, mein Job sei ja wohl ein anstrengender Job, und dabei denken die Leute immer an das, was häufig das Einfachste in diesem Job überhaupt ist: das Schleppen schwerer Möbel. Das Anstrengendste in meinem Job sind viel zu oft die Kunden.

Im Hochsommer bei einem schweißtreibenden Job, bei dem jedem von uns das Wasser literweise aus den Poren schwallte, hatte die miese Fregatte von Kundin nichts Besseres zu tun, als sich am Telefon beim Chef über uns zu beschweren, weil wir so »eklig geschwitzt« hätten. Völlig klar, dass da nicht damit zu rechnen war, dass man eventuell mal ein Glas Wasser angeboten bekam, denn dann hätten wir ja noch mehr Flüssigkeit gehabt, die wir eklig hätten ausschwitzen können.

Was sind das nur immer wieder für Menschen? Was kommt als Nächstes? »Bitte keuchen Sie nicht so sehr, ich habe gerade die Luft reinigen lassen!«?

Als ich mit Blondie und Münchener Ladehilfen unsere Kundschaft in ihr neues Zuhause zog, hatten wir keinen speziellen Fußbodenschoner dabei, und so mussten wir mit Umzugsdecken improvisieren. Vom Hauseingang aus legten wir alle Gänge zu allen Räumen mit den alten Filzdecken aus und sogar die Treppe in den ersten Stock hinauf und ihr Geländer ließen wir nicht aus – und die Kunden waren zufrieden.

Immer wieder die gleichen Armleuchter! Ich konnte es nicht fassen beziehungsweise ich konnte es doch, denn sehr oft schon hatte ich das erlebt. Sobald man eine Decke über ihr Parkett legt, sind sie zufrieden. Und dann latschen wir mit unseren manchmal mit Dreck beschmierten Schuhen (draußen ist vielleicht noch Baustelle oder das Wetter ist mies) über die auf dem Boden ausgebreiteten Umzugsdecken und treten uns auch auf der Fußmatte am Eingang die Füße ab – und die Kunden sind beruhigt.

Geil!

Geil, geil, geil!

Nie, aber wirklich noch nie ist eines dieser armen Wesen stutzig geworden, weil es gesehen hat, dass wir beim Verstauen der Ladung auf dem Lkw sein weißes Ledersofa in genau solche Decken gehüllt haben. Die scheinen alle zu glauben, für jeden Umzug würden neue Decken gekauft. Oder sie sind alle einfach nur blöd. Ja, genau das wird es sein, und alles, was wir unternehmen, um ihren Fußboden zu schonen, ist reine Kosmetik. Zeig den Leuten, dass du dich bemühst, das wird ihnen reichen.

Unser Abladen in München verlief ohne Probleme, wenn man davon absah, dass es immer das grundsätzliche Problem geben konnte, dass man gar nicht bei den Leuten sein wollte, die man gerade transportieren musste, weil die doof waren. Aber Blondie, die Ladehilfen und ich haben den Job sauber hinter uns gebracht und so waren wir zufrieden, dass wir da ohne Nerv bei der Abrechnung rauskamen. Die Ladehilfen waren nette Kollegen aus München und am Abend gingen wir mit ihnen noch ein Bier trinken, dann mussten wir weiter.

Kurz vor Ulm war unser nächster Termin am nächsten Morgen und hier wartete ein ganz typischer Job auf Blondie und mich, den ein Möbelpacker von zahllosen Umzügen kannte: Die Tochter oder der Sohn (in diesem Fall die Tochter) waren zwecks Studium weggezogen, in irgendeine große Stadt, und jetzt wurde ihnen per Möblistik der persönliche Hausstand hinterhergeschickt.

Ein ganz normales Ding, das meistens schnell über die Bühne ging, denn viel hatte ein Student, der zu Hause auszog, ja meistens nie.

Aber dieses Ding war weit weg von »normal«. Dieses Ding war endlich mal wieder ein Ding der Extraklasse. Dieses Ding war einfach geil. Schön eben.

Als wir da reinkamen, um die zwanzig Kubikmeter abzuholen, die da im Elternhaus verstreut herumstanden, fanden wir ein Paar in den Sechzigern vor, das gemeinsam am Esstisch im Wintergarten saß, auf dem sich noch Reste des Abendbrotes befanden, und das gerade dabei war, Dachlatten zurechtzusägen für die neue Isolierung feuchter Kellerräume.

»Kommen Sie mal herein, wir brauchen noch einen Moment, aber Sie haben ja sicher etwas Zeit.« Und in dieser Zeit gab es erst einmal genau den Kaffee, den wir unterwegs immer wieder brauchen. Und dann saßen wir da, tranken unseren Kaffee und tauschten immer wieder Blicke, während wir über diese Leute staunten, die da mitten in ihrem Wohnraum mit Stichsäge und Akkuschrauber hantierten und uns ihre Pläne die Renovierung betreffend erklärten.

»Ich habe mir das nämlich so gedacht«, sagte die Mutter und machte sich daran, eine Bauzeichnung anzufertigen, während ihr Mann sich über das »Scheißwerkzeug« beklagte, mit dem er es zu tun hatte, weil er die Bits des Schraubers nicht ausgewechselt bekam.

»Lassen Sie mich mal«, sagte Blondie. Und während er dem Mann half, bestaunte ich die schnelle Zeichnung des Vorhabens, die mir die Frau mal eben hingelegt hatte.

Unter dem Esstisch schmiegten sich Sägespäne an meine Schuhsohlen und ich bestaunte das technische Know-how der Kundin, das mir aus ihrer Zeichnung entgegenblinkte.

»Und da«, erklärte sie, während sie mich über die Brille hinweg anlinste und mit der Bleistiftspitze auf die Zeichnung tippte, »da, dachte ich, machen wir eine Gehrung und dann verschränken wir ...« und dann brach sie ab. »Jetzt weiß ich aber nicht ...«

»Schatz«, sagte sie und ihr Mann blickte nicht auf, denn er war mit Blondie vertieft in die Handhabung des widerspenstigen Werkzeugs.

»Was denn?«, fragte er nur.

»Was wollten wir noch oben in der Ecke ..?«, setzte seine Frau an und da war er schon in Opposition.

»Woher soll ich denn das jetzt wissen«, grummelte er, »du siehst doch, dass ich hier zu tun habe.« Und ich freute mich, weil ich mich wohlfühlte. Welche Erleichterung die echten Menschen immer wieder sein konnten!

Schon vergessen, was wir in München hatten erleben müssen.

Nachdem wir uns eine Weile mit den Handwerkerproblemen unserer netten Kunden auseinandergesetzt hatten, sprach Blondie den Transport an, wegen dem wir gekommen waren, und der Gatte klärte uns auf, während die Frau sich in die Küche begab, um eines jener netten Abendbrote zu bereiten, wegen derer ich meinen Job dann doch immer wieder liebte.

Das meiste Transportgut befand sich in der Garage und so brauchten wir nicht lange, bevor wir uns setzen konnten, um mit diesen netten Menschen ein nettes Abendbrot genießen zu können. Auf dem Tisch gab es sehr leckeres Schnitzel in Sauce, unter dem Tisch gab es Schrauben in Sägespan.

Ich hätte bleiben können und das ist oft eine Gefahr, wenn die Kunden wirklich nette Menschen sind. Manchmal stellt sich bei beknackten Möbelpackern so etwas ein wie das Stockholm-Syndrom. Geiseln fangen an, sich mit ihren Entführern zu verstehen, und so tut es der eine oder andere Möbelpacker mit seinen Kunden manchmal, weil die sehr nett sind.

Aber da muss aufgepasst werden. Nur weil Menschen sehr nett sind, kann man da nicht nächste Woche mal auflaufen und sich zum Abendbrot einladen.

Einmal war es ein Kollege aus Afrika, der die deutschen Sitten nicht kapiert hatte, worüber dann später sich auch Kollegen gern amüsiert haben. Aber es gibt auch genug Kollegen aus diesem unseren Kulturraum, die es nicht besser draufhaben.

Es gibt manchmal Kollegen, die nicht kapieren, dass die Herzlichkeit der Kundin nicht ihrem attraktiven Äußeren galt und dass sie sich also nicht die nächsten Tage einmal mit ihnen verabreden wollte.

Ich hätte das nicht geglaubt, wenn Jan es mir nicht erzählt hätte.

»Und dann ruft die mich an und beschwert sich über diesen Typen« (eine Aushilfe), »weil der bei ihr geklingelt hat, um sie mal zu besuchen.« Und dann steht Jan vor mir und sagt: »Karsten, was soll ich mit solchen Idioten machen?«

»Rausschmeißen«, sage ich und Jan dankte es mir, denn das hätte er auch getan, sagte er, auch wenn er ein etwas schlechtes Gewissen dabei gehabt hätte. Das habe ich ihm aber schnell ausgeredet. Ich habe ja auch nicht versucht, Kontakt zu jener jungen Martina aufzunehmen, bloß weil die mir beim Abladen in den Hals gebissen hatte.

Manchmal allerdings kann ich das Verhalten von etwas minderbemittelten Kollegen verstehen.

Ich war mal auf Tour in Schweden. In Göteborg kam ich von der Fähre und verirrte mich zwischen den Hinweisschildern. Also hielt ich an einer Tankstelle, um nach dem Weg zu fragen, und was da an blondem Wunder mich mit unfassbarer Freundlichkeit über meinen Weg aufklärte, das hätte ich in Deutschland sofort nach Adresse und Telefonnummer gefragt, denn die konnte ja nur mich meinen mit ihrer entzückenden Art, mir das Leben zu versüßen. Allein ich wusste, dass wir in Deutschland schon durchdrehen vor Freude, wenn uns mal jemand, den wir nach dem Weg fragen, nicht anguckt, als hätten wir ihm gerade in die Eier getreten.

Ich dachte also, Weltenkenner, der ich war, dass der Blonden Freundlichkeit nicht mir speziell galt, sondern der Unterschied zwischen deutscher und schwedischer Art war, und freute mich, dass es bessere Plätze auf der Welt gab als mein Heimatland. Ich habe das später noch auf Tankstellen in anderen Ländern erlebt. Natürlich gibt es auch in Deutschland freundliche Menschen, aber diese Freundlichkeit, die so ganz ungeahnt aus dem Herzen kommt, die sehe ich hier fast nie, schon gar nicht Ausländern gegenüber.

Und wenn ich mir jetzt vorstelle, ich würde eine Schwedin umziehen, dann kann ich mir auch vorstellen, dass ich ihre Freundlichkeit persönlich nehmen würde.

Es sind nicht alle Möbelpacker fähig, den korrekten Mindestabstand zu halten. Aber diejenigen sind auch die Ausnahme, die sich dann später da noch mal melden.

Der normale Möbelpacker und der normale Kunde haben es im Blut, dass alle Freundlichkeit und temporäre Freundschaft sich genau auf die Zeit, die Stunden bezieht, die man eben zusammen verbringen muss. So wie ich die zuckersüße blonde Schwedin nach dem Weg fragte, so fragen uns die Kunden nach dem Weg. Dem Weg, ihre Möbel zu transportieren, und diesen Weg eröffnen wir ihnen.

Ein paar wenige Möbelpacker kapieren das nicht und dann gibt es das Stockholm-Syndrom.

Profis wie Blondie und ich wissen natürlich rein instinktiv schon Bescheid und deswegen haben wir uns auch nicht länger als nötig bei dem netten alten Ehepaar aufgehalten, wenngleich wir die Einladung »Wenn ihr mal in der Gegend seid, dann schaut doch mal herein« nach drei netten gemeinsamen Stunden durchaus ernst genommen haben. Doch unser Weg führte uns in den nächsten zwei Jahren nicht »in die Nähe« und dann ist es auch irgendwann viel zu lange her, um da noch einmal an der Tür zu klingeln.

Von Ulm fuhren wir nach Stuttgart, wo wir am späten Nachmittag noch einmal zwanzig Kubikmeter aufzuladen hatten, bevor wir in der Nacht nach Frankfurt fahren mussten.

Auf dem Weg nach Stuttgart wurden wir von einem Umzugslaster überholt, der die Aufschrift trug »Mit uns in Ihr neues Zuhause«. Das klang nett. »Zuhause«, das strahlt Behaglichkeit aus. Da zieht man doch gern um. Ganz anders als »Wohin Sie auch ziehen – wir ziehen mit«. Hört sich vielleicht gut an im ersten Moment, aber wer will schon die Möbelpacker mit in sein neues Heim nehmen?

Natürlich, die Firmen müssen werben, aber bei manchen hat man einfach den Eindruck, die wollten das Geld für den Fachmann sparen. Dabei heißt ein Spruch: »Lass die Profis packen!«

Ja, ihr süßen Spediteure. Lasst die Profis werben! Was soll ich denn von einer Umzugsfirma halten, deren Mitarbeiter orangefarbene T-Shirts tragen, auf deren Rücken in Blau ein Hinkelstein-tragender Obelix abgebildet ist, und oben, von Schulter zu Schulter steht »X-Umzüge – Nicht ganz sooo schlimm …«, was auf Gürtelhöhe fortgeführt wird mit »…wie die anderen«.

Heißa, das ist mal vertrauenerweckend! Wo doch jeder den Spruch kennt »Umzug ist Vertrauenssache«. Das ist zwar beim Brötchenkauf und Arztbesuch nicht anders, aber bekanntlich scheren sich die meisten Menschen um ihre Gesundheit einen Scheißdreck, während sie sich an ihre Statussymbole (Auto, teure Möbel, Tropenholzfußboden) klammern, als wären die der reine Sauerstoff selbst.

Gern habe ich mich auch amüsiert über den Spruch »Umzug im Dialog«. Warum nicht gleich »im Diskurs«?

»Wir machen Ihren Möbeln Beine!« Ja, gern, aber bitte nicht »ab«.

Das Zitat einer Firma »Einer trage des anderen Last« aus dem Neuen Testament empört mich als schlecht bezahlten Möbelpacker immer wieder und daher fand ich den Spruch einer befreundeten Firma, den es leider nur in limitierter Auflage auf Kaffeebechern für Mitarbeiter gab, immer am besten: »Wir vermöbeln Sie richtig!«

Nichts dagegen der peinliche Reim-dich-oder-stirb-Spruch »Nur drei Worte – Karsten für Transporte.« Hab ich wirklich auf einem Auto gesehen! Oder gar »Stark wie Oskar«.

Der Bringer ist natürlich »Unsere Leistung ist unsere Werbung«. Ja und die ist noch nicht einmal gut. Aber ich glaube, den Spruch haben sie inzwischen auch geändert.

Hunderte, Tausende Firmen drängeln sich auf dem Markt und dumpen die Preise, versuchen, einen Platz zu ergattern, und nicht alle, die einen guten Eindruck machen, sind auch gut.

Kurz bevor wir Stuttgart erreichten, wollte ich schon wieder deprimiert sein. Wieso hatte ausgerechnet ich in meiner Jugend derart einfallslos sein müssen, dass ich später nichts gelernt habe und noch später in diese Drecksbranche geraten bin, in der Leute unterwegs sind, die so dermaßen eng kalkulieren, dass sie ihren Angestellten die letzten Hungerlöhne zahlen, um immer noch Profit machen zu können?

Und dann lieferte ich mir plötzlich mit einem mich überholenden Lkw ein sogenanntes »Elefantenrennen«. Meine Fresse! Wer hat sich nur dieses schlimme Wort ausgedacht! Irgendein Journalist hat vielleicht mal nach dem richtigen Ausdruck gesucht und hat in seine Schreibe ein wenig metaphorische Poesie einfließen lassen und dann haben die anderen Einfallslosen dieses Wort übernommen.

Was ich immer wieder erlebe, wenn ein Lkw, der nur achtzig Kilometer pro Stunde fahren darf, aber mit mehr als neunzig versucht, einen anderen zu überholen, das ist kein »Elefantenrennen«, das ist eine Schweinerei.

Es geht bergauf und da ist einer, der mich unbedingt überholen muss. Das geht aber nicht, denn er ist nicht schnell genug. Sein Überholvorgang könnte zehn Minuten in Anspruch nehmen, das kümmert ihn nicht. Er geiert auf jeden Millimeter, den er schafft.

Ich bin dessen schnell müde und tippe kurz die Motorbremse an, damit er an mir vorbeiziehen kann. Der arme Kerl. Er fährt wahrscheinlich auf Festlohn, während ich nach Stunde bezahlt werde. Lass ihn vor!, denke ich mir, so kommen wir alle entspannter weiter. Es muss ja nicht so sein, wie einst der Mann vom Pannendienst meinte, der von der Tankstelle aus auf die Autobahn deutete: »Das ist Krieg, da draußen!«

Und er hatte recht, auch wenn er das anders meinte, als man es verstehen sollte. Es ist Preiskrieg, ausgetragen auf dem Rücken unterbezahlter Malocher.

Leute, wenn ihr das nächste Mal abkotzt über die Scheiß-Lkw da draußen auf der Autobahn, von der ihr doch glaubt, sie sei gebaut, damit ihr schneller an die Ostsee kommt, dann denkt daran:

Euer Fahrspaß, euer Begehren, von einem Platz zum nächsten zu kommen, sind die letzten Gründe, warum es Autobahnen gibt. Glaubt nicht, euer Zorn über die Lkw-Kolonnen hätte etwas mit eurem Recht zu tun, diese Bahn benutzen zu dürfen. Euer Recht besteht darin, Autos zu kaufen und Benzin beziehungsweise Diesel zu verbrauchen. Ansonsten gehört die Bahn den Lkw. Schließlich ist der Transport im Lkw die Methode, die alle Produkte am billigsten für euch macht, euch also zum Kauf treibt, und daher richtig ist. Denn darum geht es: Ihr sollt den ganzen Scheiß kaufen, der transportiert wird. Kauft, kauft, kauft! Und beklagt euch nicht, wenn ihr im Stau steht – das interessiert keine Sau. Im Gegenteil. Je länger ihr im Stau steht, desto mehr Treibstoff müsst ihr bezahlen. Freie Leute fliegen im Hubschrauber. Und zwar nicht an die Ostsee, sondern zum Frühstück oder ins Büro.

Auch ich sollte nicht abkotzen, wenn ich im Stau stehe. Bei mir läuft die Uhr. Okay, eigentlich habe ich Bock, endlich einmal nach Hause zu kommen, aber wenn das nicht klappt, dann verdiene ich wenigstens noch etwas mehr. Im Gegensatz zu dem armen Kollegen, der auf Festlohn fährt.

Das habe ich immer gedacht. Bis ich etwas gelesen habe. Und jetzt halte euch fest, jetzt kommt der Hammer.

Es gibt Fahrer, die werden nach gefahrenen Kilometern bezahlt!

Ihr verdammten Armleuchter mit euren Wohnwagen verstopft in der Ferienzeit den Arbeitsplatz von Tausenden von Lohnsklaven, die hinter dem Steuer ihres Lkw nicht einen Cent verdienen, während ihr genervt seid, dass ihr euer Timmendorfer Fischbrötchen erst ein paar Stunden später werdet verspeisen können. Und vielleicht hat der Unbezahlte, der im Stau neben euch steht, genau den verschissenen Fisch geladen, den ihr dann erst am nächsten Tag am Strand mit Blick auf die Bohrinsel auf eurem Brötchen werdet genießen können.

Hupt doch noch mal. Vielleicht kommt ihr dann schneller an!

Kapitel 16

IM JOB
ZU HAUS

*»Es gab zwei Möglichkeiten.
Ich konnte beschissen wohnen
oder gar nicht.«*

Ich habe mich mal auf einem Pilztrip aus einer lauten lärmenden Kneipe heraus nach Hause gerettet, um dort in Ruhe das Runterkommen abzuwarten. Ich habe damals aus dem Fenster geschaut und bemerkt, dass die hohen schlanken Bäume draußen im Hinterhof, die Bäume, von denen ich nicht wusste, wie man sie nennt, sich zu umarmen schienen. Sie schmiegten sich im Wind aneinander und schlangen ihre Äste umeinander. Zu dritt waren sie gewesen und ich assoziierte Liebe in ihre Erscheinungen hinein, die Liebe, die ich vermisste, und jetzt sah ich wieder hinaus und sah nichts als nassgeregnete Stämme mit schlaffen Zweigen, die in irgendeinem Hinterhof einer dreckigen Großstadt geduldet wurden.

Ich wollte sie wieder so sehen, wie ich sie einst empfunden hatte, wollte in meinem Zuhause sitzen und in einer tollen Vollmondnacht aus meinem offenen Fenster im vierten Stock heraus beobachten, wie sie sich in den Arm nahmen, wollte einfach nur mit kleinen Dingen zufrieden sein und ein Zuhause haben, in das ich mein Brot tragen konnte, das ich mir mit dem Geaste im Treppenhaus verdiente.

Aber ein »Zuhause« gibt es nicht, hat es nie gegeben. Jeder kann verscheucht werden. Entweder er ist Bewohner eines Stadtteils, der einer Autobahn oder einer Hafenerweiterung weichen muss wie die Bewohner von Altenwerder damals, oder er wohnt als »illegaler« Untermieter in einer Wohnung, so wie ich das tat.

Ich wusste nicht, wie der Vermieter herausbekommen hatte, dass nicht sein Vertragspartner in der Wohnung lebte, sondern ich. Ich tippe mal, es gab da Denunzianten unter den Nachbarn, auf die sauer zu sein ich dann vielleicht doch nicht so richtig das Recht hatte. Ich hatte damals, wenn ich besoffen war, die nicht für jeden erträgliche Angewohnheit, extrem laut Musik zu hören. Zu jeder Uhrzeit.

Man strapaziert nicht ungestraft die Toleranz der Leute und so geschah, was ich hätte kommen sehen können, wenn ich mal nachgedacht hätte.

In der Woche nach der letzten Tour stand eines Morgens der Vermieter vor der Tür und verlangte »Herrn Voigtländer« zu sprechen. »Herr Voigtländer« war ein Freund eines Freundes, den ich als Wolfgang beziehungsweise »Wolle« kennengelernt hatte und mit dem ich mich auf Anhieb so weit verstanden hatte, dass er mir, dem Freund eines Freundes, seine Wohnung überlassen hatte, als er mit seiner Freundin zusammengezogen war.

Wolfgang, an dem so ziemlich alles okay war außer dem grässlichen Spitznamen, den er wohl mit den meisten seiner Namensvettern teilte, ehrte mich durch das Vertrauen, das er in mich setzte, und ich habe ihn nie enttäuscht und immer pünktlich meine Miete auf sein Konto überwiesen, von wo aus abgebucht wurde. Ich hatte genug Leute erlebt, die erst anderen geholfen hatten und dann von ihnen enttäuscht wurden. Leute zum Beispiel, die nach drei Monaten gemeinsamen Wohnens herausfanden, dass der Partner der WG nicht auf das Vermieterkonto überwiesen hatte und sie mit vielleicht tausend Euro Schulden in der gemeinsamen Bleibe zurückließ. So einer hatte ich nie sein wollen und jetzt machte ich Wolfgang Ärger auf andere Art.

Zwei Tage nachdem der Vermieter mich überrumpelt hatte, an einem Morgen, an dem ich nur verkatert vor mich hinstottern und Ausflüchte hatte suchen können, rief Wolfgang mich an.

»Sorry«, sagte er. Als wäre es seine Schuld! Für den Vermieter war es ein Leichtes gewesen, an mir vorbei in die Wohnung zu schlüpfen, um sich davon zu überzeugen, dass darin mit überzeugender Wahrscheinlichkeit kein Student der Architektur wohnte, sondern eher jene blasse langhaarige Kreatur, die ihm die Tür geöffnet und keinerlei Recht hatte. Die fristlose Kündigung erreichte Wolfgang per Kurier.

»Ich glaube nicht, dass ich da noch was machen kann«, sagte er.

»Egal«, sagte ich. »Ich finde was Neues.« Auf keinen Fall wollte ich Wolfgang irgendwelche Mühe machen oder gar Ärger. Ich war früher schon wohnungslos gewesen und hatte damals kaum

Probleme gehabt. Irgendwo war ich immer untergekommen. Aber die Zeiten ändern sich.

Nachdem ich alle meine Sachen außer dem »Handgepäck« bei Verhuizer ins Lager gebracht und die Wohnung renoviert hatte, brachten Wolfgang und ich mit dem Vermieter die Wohnungsübergabe hinter uns. Wir hatten Glück. Meine Lackarbeiten waren alles andere als professionell. Laufnasen hier, Laufnasen da. Aber der Vermieter sah darüber hinweg. Einzig auf eine wackelige Türklinke machte er aufmerksam, aber auch die hatte er Minuten später vergessen. Die Schlüssel wurden übergeben und dann war es vorbei.

Und dann ging die Scheiße los.

Früher hatte es immer irgendwo ein freies Zimmer gegeben. Jetzt stand ich zwar nicht vor verschlossenen Türen, aber immer wieder in vollbesetzten Wohnungen. Die Situation auf dem »Wohnungsmarkt« ließ die Leute enger zusammenrücken, als sie das früher im spätjugendlichen Bock auf »Zusammenwohnen« getan hatten. Otis teilte sich mit Hecke eine Anderthalb-Zimmer-Wohnung, Sunny hatte von jeher nur ein Zimmer und Blondie wohnte mit drei Kollegen zusammen auf dem Kiez. Freunde von früher hatte ich entweder aus den Augen verloren oder bei ihnen war es nicht anders als bei den Kollegen.

Alle sagten zwar: »Klar, du kannst jederzeit bei mir knacken«, aber das war etwas anderes, als zu wohnen. Natürlich war ich für jedes Angebot zu übernachten dankbar, aber irgendwann ging es nicht mehr. Das hatte bei allen den gleichen Grund außer bei Jan. Jan hatte eine neue Freundin und die war schwanger. Da war kein Platz für einen ständigen Schlafgast.

Der Grund bei den anderen war ich selbst. Ich hasste es, bei Leuten herumzusitzen, die ich nicht besuchte, weil ich sie gern sehen wollte, sondern um aus dem Regen herauszukommen. So sehr ich jemanden mochte, so sehr mochte ich es, ihn zu besuchen, weil ich mich dazu entschlossen hatte, und nicht, weil ich nicht wusste, wohin ich sonst sollte. Es half nichts, dass die Übernachtungsangebote aus tiefstem Herzen kamen, weil da eine echte Freundschaft war. Wir, der Freund und ich, waren nicht in der gleichen Position.

Ich merkte das an einem Nachmittag, als ich bei Sunny in meinem Schlafsack auf einer Isomatte lag und lesen wollte. Sunny sah fern, betrank sich dabei und ging mir auf die Nerven. Ich wollte meine verdammte Ruhe haben und am liebsten hätte ich ihn angeschnauzt, er solle mal seinen beschissenen Fernseher leiser machen, aber selbst die Frage, ob er es tun könne, wäre mir falsch erschienen. Es war seine Wohnung. Ich war der Gast. Er half mir, ich nahm die Hilfe in Anspruch. Ich hatte zu danken, nicht zu fordern. Das war nicht Sunnys Meinung, das war meine.

Also blieb ich draußen. Tagsüber. Ich ging spazieren oder saß in Cafés und Kneipen, besonders wenn das Wetter schlecht war. Nur noch abends traf ich irgendwo verabredeterweise zum Schlafen ein. Das war kein Zustand. Ich brauchte wieder was Eigenes, aber ich fand nichts. Mehrere Wochenenden verbrachte ich bei Toni auf dem Land, wo er mich jedes Mal beschwor, zu ihm zu ziehen, aber ich zögerte immer wieder.

»Du kannst dich im Lager einrichten, bis du was gefunden hast«, sagte Jan eines Tages. Und dann zeigte er mir im ersten Stock im Nebengebäude hinter dem Büro eine Ecke, in der ein paar alte Sofas neben einem Kühlschrank standen. Zwischen den Sofas stand ein alter Couchtisch, etwas daneben befand sich ein improvisierter Tresen, auf dem verstaubte Flaschen und vergessene Aschenbecher standen.

»Hier haben wir früher gefeiert«, sagte Jan, bevor er auf eine Einlagerung hinter einer offenen, schräg in den Angeln hängenden Tür deutete. »Da muss noch ein Fernseher dabei sein und eine Anlage. Kannst du benutzen, der Typ hat seit einem Jahr seine Lagermiete nicht bezahlt.«

Ich sah mich um. Das Spukschloss der Möbelpackerei, dachte ich. Die Einlagerungen hinter der hängenden Tür, die so aussah, als hätte Sunny sie im Vollsuff gebaut, sahen aus, als würde nie wieder jemand danach fragen. Ich konnte mich nicht entscheiden, ob diese Besitztümer irgendwelcher Menschen schon ungeliebt waren, bevor sie hier gelandet waren, oder ob es die unprofessionelle Art war, wie sie weggestaut waren, die mir den Eindruck verschaffte, hier wären die Geister bereits Verstorbener zwischengespeichert. Es roch etwas feucht und etwas mehr muffig. Der Allergendetektor in mir registrierte Schimmel.

Jan zog einen Schlüssel aus der Tasche und reichte ihn mir.

»Bis du was findest«, sagte er.

Es gab zwei Möglichkeiten. Ich konnte beschissen wohnen oder gar nicht. Ich entschied mich fürs Wohnen. Ein eigener Schlüssel zu einer Tür, hinter der niemand damit rechnen musste, dass ich kam, ein Schlüssel zu einer Tür, hinter der ich meine Ruhe hätte, das war das, was ich im Moment suchte. Ich würde auch wieder etwas anderes finden, das war klar, also konnte ich mich auch mit der Feuchtigkeit in der Luft, mit dem Schimmel abfinden. Ich hatte ja mein Asthmaspray.

Es war Freitagabend. Einmal noch übernachtete ich bei Sunny, denn dort stand mein Rucksack. Am nächsten Morgen besorgte ich eine Kiste Bier, Tabak, Brot und Aufschnitt und schaffte alles in mein neues »Zuhause«. Das Bier stellte ich am Eingang ab. Brot und Aufschnitt legte ich in einen Karton auf dem Tresen. Den Kühlschrank schaffte ich in die hinterste Ecke des Lagers. Ich hatte ihn nur kurz geöffnet, um mich zu überzeugen, dass innen die Pelze wucherten. Fast hätte ich gekotzt. Als ich alles verstaut und meinen Schlafsack auf die Couch geworfen hatte, die mir am wenigsten versifft vorkam, schaute ich aus dem Fenster auf den Hof hinaus. Es regnete Bindfäden. Ich war in einem Gewerbegebiet untergekommen, in einem Raum, der fernab lag von sozialer Anbindung, aber das war mir in diesem Moment egal. Ich würde mich ausruhen können. Allein, ohne jemandem danken zu müssen, dass er meine Anwesenheit in Kauf nahm. Meine soziale Anbindung wäre schon am nächsten Montag wieder gegeben, wenn ich in einem dieser Laster, die da draußen auf dem verregneten Hof standen, auf Tour fahren würde. Und das war ja auch ein Aspekt: Ich würde noch mehr Geld machen, um auf Reisen gehen zu können, denn ich würde Miete sparen. Hier im Lager wohnte ich umsonst.

Ich freute mich, dass ich einen Abend allein verbringen konnte, dass ich nicht gezwungen war, in einer Kneipe zu sitzen, um es zu vermeiden, bei Leuten zu sein, die ich eigentlich gar nicht besuchen wollte.

Ich richtete mich auf meinem Sofa ein und verschlang Stefan Zweigs *Magellan*. Und das war mir Trost. Von Skorbut gepeinigt, ohne Orientierung, ohne Wissen, wo sie waren, wie lange der Proviant noch reichen würde, hatte Magellans Mannschaft noch den kompletten Pazifik vor sich. Die hatten wirklich Probleme.

Ich hatte keine. Ich lag behaglich mit meinem Buch im Gegensatz zu denen. Abends suchte ich mir den Fernseher aus der Einlagerung, die Jan mir gezeigt hatte, und bastelte eine Antenne aus Draht, den ich hinter dem Tresen gefunden hatte. Der einzige Sender, den ich reinbekam, war RTL und so schaute ich Günther Jauch. *Wer wird Millionär?* war nicht die Frage, die mich beschäftigte. Das war eine andere. »Wer wäre Millionär geworden?«

Ich.

Fast alle Fragen hatte ich beantworten können, die meisten noch bevor sie ausformuliert waren. Für die übrigen hätte ich halt die Joker in Anspruch genommen und vielleicht hätte es geklappt. Hätte ich an der Stelle desjenigen gesessen, der da gerade abgeräumt hatte, ich hätte nie wieder Möbel schleppen müssen. Aber ich saß da nicht. Ich lag. Auf einem Sofa, vor einem Fernseher, in einem Lager, in einem Gewerbegebiet. Und während ich so lag, bemerkte ich den einzigen Vorteil, den ich heute gegenüber vielen, die eine Wohnung in der Stadt hatten, genießen konnte. Es gab Ecken in Gewerbegebieten mitten in der Stadt, in denen war es nachts wirklich richtig ruhig.

Es dauerte nicht lang, bis ich einschlief.

Kapitel 17

WAS SIE NIE ÜBER SEX WISSEN WOLLTEN

»Barfuß, mit einem Kleidchen bekleidet, das man, wenn ein Mann es trüge, als ›ärmelloses T-Shirt‹ bezeichnen würde, tänzelte unsere Kundin auf mich zu.«

Ein Möbelpacker kann noch so gut Bescheid wissen, wie er zu tragen hat, irgendwann erwischt es ihn. Er mag Bescheid wissen über alle Techniken des Tragens und sich immer bewusst sein, aus den Beinen stemmen zu müssen und niemals mit krummem Rücken etwas Schweres zu heben, aber irgendwann vergisst er das auch alles mal und dann kann es sein, dass die Hexe schießt. Mich hat sie erwischt, als ich an einem Dienstag bei einem Umzug einen gar nicht mal so richtig schweren Bücherkarton hochhob. Durch die »Möblersollbruchstelle« an den unteren Lendenwirbeln zuckte der Schmerz und ich konnte mich nicht mehr bewegen. Rocky wurde herbeitelefoniert und fuhr mich zu meinem Sofa ins Lager. Als ich es mir zutraute, machte ich mich auf den beschwerlichen Weg zum Arzt, der mir eine Fixe in den Rücken jagte und mir Schmerzmittel verschrieb.

Eine Woche lag ich flach. Eine Woche, in der immer wieder Kollegen vorbeischauten und mit mir tranken. Das war am Anfang immer lustig. Wenn zum Beispiel der Kollege Marcus einen Spruch brachte. »Ja«, sagte er, »nachdem Gott den Mann erschaffen hatte, sagte er: ›Okay, Gehirn ist alle, ab jetzt gibt es Titten.‹«

Da konnte ich noch mitlachen, weil das Ganze so herrlich bescheuert war. Mit zunehmendem Alkoholpegel konnte es allerdings schlimm werden. Da wurden dann Geschichten ausgetauscht, wer es welchen Weibern wann und wie besorgt hätte, und ich wollte nicht mehr zuhören. Leider war ich an mein Sofa gefesselt.

Sie schneiden gern auf, die Kollegen. Nicht alle, aber die meisten, und selten habe ich mit einer solchen Ballung von potentesten Männern der Welt zusammengesessen wie morgens im Lkw auf dem Weg zum Umzug, besonders montags.

Wer da wen gefickt hat am Wochenende, welche Alte da leidenschaftlichst genagelt wurde, das könnte sich mitunter anhören wie eine Sittengeschichte des Abendlandes in zwölf Bänden, wenn da nicht ewig so hemmungslos übertrieben würde und wenn da nicht stets der gleiche ordinäre Schmutz verbreitet würde.

Unter zwei Stunden geht da kein Orgasmus ab, will man meinen, wenn man den Kollegen so zuhört, und die Darstellung der Partnerinnen in solchen Erzählungen würde ich vielleicht heute noch als extrem frauenfeindlich betrachten, wenn mir nicht nach Jahren in den Möbeln aufgegangen wäre, dass da nicht nur Sexismus unterwegs war, sondern viel mehr ein ganz erbärmlicher Drang zur Selbstdarstellung.

»Erst hat sie sich ja geziert, aber als ich es ihr dann besorgt habe, ist sie abgegangen wie eine läufige Hündin. Mann, was hat die geschrien, die alte Schlampe, fast hätten die Nachbarn wieder die Bullen gerufen«, erzählt einer, von dem jeder weiß, dass er seit Monaten eine nackte Frau höchstens in seiner Wichsvorlage gesehen hat.

Der Nächste macht schon mal klar, dass er es mit dem Aufriss der letzten Nacht nicht wirklich ernst gemeint hat, es könnte ja sein, dass er später noch einmal mit der Frau in Zusammenhang gebracht würde: »Und ich sag zu der Alten ›Pass auf‹, sag ich, ›das is hier 'ne Männer-WG, hier wird im Stehen gepisst.‹ Mann, hat die blöd geguckt, weiß auch nicht, was ich mir da wieder für eine dusselige Tante aufgerissen habe.«

»Jaja«, fügt ein anderer hinzu. »Ich hätte mir gestern auch fast noch so eine räudige Punkerfotze übern Pisser gezogen ...«

Das hört sich natürlich sehr frauenfeindlich an, ist aber mitunter einfach nur erbarmungswürdig, oder, um es mit Kollege Ronalds Worten zu sagen, schlicht »lieblos«. Arme Kerle.

Ich sitze dann daneben und lausche und sage nichts. Mancher Kerl scheint wirklich nur zu ficken, damit er es später erzählen kann. Der erfahrene Liebhaber genießt und schweigt, denke ich mir dann. Welche Dame sich, um es mit Hitchcock zu sagen, »in ihrem Schlafzimmer in eine Nutte verwandelt«, das posaunt ein Mann von Charakter nicht in die Welt hinaus.

Ich machte aber auch die angenehme Erfahrung, dass man zwischen den Möblern gar nicht aufschneiden muss. Niemand hat mich je gedrängt zu berichten, oder gefragt, wie denn eigentlich meine »Alte im Bett« sei oder ob sie anständig blasen würde. Niemand ist je wirklich gezwungen, sich wichtig zu machen, aber das kriegen die, die es nötig haben, leider nicht mit.

Manchmal gibt es aber auch nette bis absurde Geschichten, die ich, wenn sie gut erzählt werden, gern höre, wie zum Beispiel die von Sunny, der mal in einer bezechten Nacht mit einem Kumpel auf dem Kiez gewettet hatte, wer die älteste Frau ins Bett kriegen würde.

Sunny hat damals die Wette gewonnen, damals, als er und sein Kumpel Mitte zwanzig waren. Fünfundsechzig sei seine gewesen, erzählt er gern, wenn man ihn im richtigen Moment erwischt. »Und ooh und aah, wie die abgegangen ist, aah uuuaaah – oh, oh, oh uuaaaah!«, machte er ihr Gestöhne nach, um sogleich mit seinem netten charmanten Grinsen zu erzählen, wie er sich am nächsten Morgen zwei verkaterte Stunden auf dem Klo eingeschlossen und Comics gelesen hat, bis die Alte der letzten Nacht endlich verschwunden war. Man kann ihm diese zwei Stunden richtig nachfühlen, wenn er sich während des Erzählens über sich selbst amüsiert.

Aber solch nette Geschichten sind leider selten. Die Regel sind die Aufschneidereien.

Sehr lieb war mir deshalb auch dann das Gegengewicht, das der lockige Rüdiger zu setzen pflegte. Rüdiger machte gern schwule Scherze, in deren Mittelpunkt er selbst stand, obwohl er stets beteuerte, überhaupt kein bisschen schwul zu sein. Ich habe ihm das immer geglaubt, auch wenn sein »Hach je« schwuler klang, als ein echter Schwuler das je hätte hinkriegen können, vor allem, weil Schwule solch ein »Hach je« sowieso nur in deutschen Beziehungskomödien von sich geben.

An einem Tag saß ich mit Rüdiger und dem Ex-Maurer Andreas im Lkw, ich am Steuer, Rüdiger auf dem Beifahrersitz und Andreas in der Mitte. Wir hielten an einer Ampel und niemals werde ich das wunderbar homophobe Zusammenzucken vergessen, das Andreas durchfuhr, als Rüdiger neben ihm plötzlich aufkreischte:

»Oh, wow, Karsten hup mal, der Typ da drüben, das ist ein Ex-Stecher von mir. Au Mann, hat der mir das besorgt!«

Eine Stunde lang brauchten Rüdiger und ich uns nicht anzusehen, um uns gemeinsam über Andreas' Angst auf dem Mittelsitz zu amüsieren. Klein hat er sich gemacht, der Gute, es hätte ja sein können, dass Rüdiger die Hand zu ihm rüberstreckt.

Aber schon zwei Wochen später war er wieder groß.

Zu viert waren wir unterwegs, aber ohne Rüdiger, der war woanders beschäftigt. Ich, wieder am Steuer, Andreas, Lenny und Löffel. Lenny war ein alter Hase. Dem kann und konnte niemals jemand etwas vormachen. Lenny wusste Bescheid, er kannte alle Geschichten und vor allem kannte er die Menschen.

Löffel war damals der Neue, ein absoluter Anfänger, der noch alles glaubte, was man ihm erzählte, und genau ihm wollte Andreas nun erzählen, er hätte vor zwei Monaten die Kundin nach dem und dem Umzug in Blankenese gefickt. »So eine gelangweilte reiche Alte eben, die es mal richtig brauchte.« Leider hatte Andreas inzwischen vergessen, dass auch Lenny bei besagtem Umzug mitgemacht hatte.

»Warte mal«, sagte er, als wir von Kiel zurückkommend auf der A7 uns Hamburg näherten. »Du meinst, du hättest die Weimershausen gefickt?«

»Logisch«, sagte Andreas, in dessen Ausdruck der Eingeweihte schon die Lüge erahnen konnte. Nicht aber Löffel, der dem Gespräch noch gespannt zu folgen versuchte, während Lenny schon auflachte. »Du bist doch ein Schnacker«, sagte er.

»Wir haben uns abends noch getroffen«, beharrte Andreas, aber Lenny schenkte ihm nur ein Grinsen. »Ach, halt doch deinen Schnabel! Mir hat gestern an der Fettecke bei der Sternbrücke Mutter Theresa einen geblasen. Du erzählst Unsinn!«

Lenny war ein ganz besonderer Typ. Er wusste mit Menschen umzugehen, und zwar wirklich. Streithähne, die kurz davor waren, einander auf die Schnauze zu hauen, brachte er in Sekundenschnelle auseinander.

Das erste Mal erlebte ich das auf einer der ganz normalen Betriebsversammlungen, die von den Möbelpackern weniger dazu genutzt wurden, sich über ihre ureigensten Interessen als Arbeitnehmer auseinanderzusetzen, als vielmehr dazu, sich in hitzigen Diskussionen betrunken gegenseitig Prügel anzudrohen.

Lenny, damals als Neuer in der Firma, schnappte sich die beiden schlimmsten Streithähne und ging mit ihnen für zwei Minuten vor die Tür. Nicht, dass er irgendwie groß oder stark gewesen wäre, aber seinem Charme konnte sich einfach niemand widersetzen. Als die beiden Ex-Kontrahenten zurück in den Raum kamen, lagen sie sich in den Armen und später wurden sie angeblich auch noch zusammen am Tresen gesehen.

Lenny hatte die Menschen, den Menschen an sich, begriffen und niemand konnte sich dem entziehen. Er kriegte sie alle und das lag zum großen Teil auch daran, dass er selbst absolut ehrlich war. Er war der Einzige, bei dem ich mir völlig sicher war, dass er niemals jemanden angelogen hatte. Er hatte das gar nicht nötig.

Manchmal dachte ich, wenn einer wie er in der Politik mitmischen würde, dann gäbe es keine internationalen Konflikte. Lenny durchschaute die Menschen stets sofort, aber er nahm sie auch genauso, wie sie waren, und sie spürten das. Das brachte ihm den enormen Vorteil, dass ihn fast niemand übers Ohr zu hauen versuchte, dass er jede Menge echte Freunde hatte, und dass er, obwohl er nicht besonders attraktiv aussah, jede Frau kriegte, die er haben wollte.

Lenny war auf eine ganz seltsame Art und Weise klein. Ich habe nie mit einem Zollstock neben ihm gestanden, um seine echte Größe auszumessen, obwohl ich mir das oft vorgenommen hatte, denn ich glaubte immer, dass er was bei einsfünfundsechzig sei, wessen ich mir aber nie sicher war, denn Lenny erschien immer und stets einen Kopf kürzer als sein jeweiliger Gesprächspartner. Egal, ob er sich mit einem Zwei-Meter-Riesen unterhielt oder mit einem Achtzig-Zentimeter-Zwerg, er wirkte immer einen Kopf kürzer. Seine Haltung war oft ein wenig gebückt und wenn man nicht genau hinsah, wirkte er manchmal fast so linkisch und berechnend wie ein händereibender Ebenezer Scrooge in einer schlechten Verfilmung, aber spätestens beim zweiten Blick wusste man es besser. Lenny kriegte jeden und, wie gesagt, kraft seines Charmes und seiner Menschenkenntnis auch jede Frau, mit der er ins Bett wollte.

Und gerade ihm wollte Kollege Andreas nun weismachen, er hätte letztens die Kundin aus Blankenese gefickt.

Wir hatten Hamburg noch lange nicht erreicht, als Lenny Andreas so weit hatte zuzugeben, dass er sich die ganze Geschichte nur aus den Fingern gesogen hatte, und Lenny genoss angenehmerweise keinerlei Triumph darüber, dass er einen Schwindler entlarvt hatte, sondern gab Andreas vielmehr das entspannende Gefühl, dass er niemandem etwas vormachen musste, wo wir doch sozusagen unter uns waren.

Ich liebte Lenny für seine Art und ich bin stets gern mit ihm gefahren.

Eine Sache, die mir an ihm besonders gefiel, war, dass man sich mit ihm über ganz andere Dinge unterhalten konnte als mit den meisten der anderen Möbler, und zwar sobald man sich begegnet war, ohne dass man sich mit dem üblichen Spruchgekasper erst einmal beschnüffelte, wie das so viele taten. Man musste nicht erst klarmachen, was für ein genialer Möbelpacker man war, wie viele Biere und Schnäpse respektive Joints und Nasen man am letzten Wochenende spielend bewältigt und welche geilen Weiber man genagelt hatte. Mit Lenny konnte man gleich auf die wirklich interessanten Themen kommen und das war besonders auf Ferntour von unschätzbarem Wert, wenn man von den Momenten absieht, in denen man sich auf angenehmste Weise anschweigen konnte, so wie das auch mit Blondie immer sehr gut funktionierte.

Natürlich zählten auch für mich Drogen und mehr noch Frauen stets zu den interessanten Dingen, doch es gab unter vielen Kollegen eine Art und Weise, sich darüber zu unterhalten, die mir sehr schnell zum Hals heraushing. Mit Lenny auf Tour war das alles immer anders, was sich natürlich zu zweit im Lkw von allein ergab. Aber auch im vollbesetzten Fahrerhaus schaffte es Lenny, allein durch seine Anwesenheit, die wilden ungehobelten Kerle auf ein zivilisiertes Niveau zu heben. Die meisten spürten instinktiv, dass sie mit irgendwelchen Lügenmärchen auf verlorenem Posten stünden, und so verkniffen sie sich zusehends ihre Geschichten, wenn Lenny dabei war. Ich fand das sehr erfreulich.

Lenny waren Aufschneidereien zuwider und nie wäre er auf die Idee gekommen, sich mit einem Erlebnis zu brüsten oder sich mit einer Geschichte in den Vordergrund zu spielen, selbst wenn diese Geschichte durch und durch wahr gewesen wäre.

Und so bleibt es mir überlassen, das Folgende zu erzählen, denn Lenny würde das niemals tun.

Es war vor einigen Jahren im Hochsommer. Lenny und ich kreuzten, nachdem wir einen anstrengenden Umzug irgendwo im Stuttgarter Raum hinter uns gebracht hatten, am späten Abend durch eine schwäbische Kleinstadt auf der Suche nach einer Abladeadresse, bei der wir ein Sideboard, eine Kommode, einen Esstisch und einige Stühle abzuliefern hatten, die bei einem Umzug eines anderen Teams eine Woche zuvor nicht mehr auf den Hängerzug gepasst hatten und die wir also nachliefern mussten.

Bei geöffneten Fenstern, die warme Luft mit ihrem für Vorstadtgärten typisch satten Geruch in der Nase, suchten wir in kleinen Straßen zwischen Einfamilienhäusern unser Ziel und hatten keine Eile und keinen Stress. Das Schlimmste der Tour hatten wir hinter uns und lediglich ein Vier-Meter-Umzug Richtung Hamburg, keine hundert Kilometer weiter, war am nächsten

Tag noch aufzuladen. Aus leisem Radio dudelten angenehm alte Duke-Ellington-Aufnahmen und während wir in unsere Zielstraße rollten, beneidete ich seltenerweise die Anwohner um ihr beschauliches Leben fernab von jeglichem Großstadtterror, der bei mir daheim in Hamburg das Leben manchmal an die Grenze des Erträglichen brachte.

Dann standen wir vor der Garagenauffahrt unserer Kundschaft und sprangen aus dem Wagen.

Während ich die Seitentür des Lkws öffnete und festsetzte, ging die Haustür auf und heraus trat und kam über die Auffahrt auf uns zu die Yellow-Press aus dem untersten Kellerniveau, die Wichsfantasie zahlloser Leser billigster Zeitschriften: die Hausfrau, die dem Fernsehmechaniker im durchsichtigen Negligée die Tür öffnet.

Barfuß, mit einem Kleidchen bekleidet, das man, wenn ein Mann es trüge, als »ärmelloses T-Shirt« bezeichnen würde, tänzelte unsere Kundin (»Hallöchen ... guten Abend!«) auf mich zu, legte ihre Hände auf meine Schultern und streckte ihr Gesicht bis auf etwa drei Zentimeter Abstand dem meinen entgegen.

»Da will ich doch mal sehen, ob wir uns schon kennen«, sagte sie, bevor sie begriff, dass ich bei ihrem Umzug vor einer Woche nicht dabei gewesen, also ein neues Gesicht war, und sich Lenny zuwandte, wobei sie ein Alkoholfähnchen vor meiner Nase zurückließ.

Ich war stets zu diskret, um selbst attraktivste Kundinnen offensiv zu mustern, aber bei dieser hier musste ich es einfach wissen, und so ließ ich meinen Blick schweifen, während sie Lenny beschnüffelte. Sie schien tatsächlich keinen Slip zu tragen. »Dich kenne ich auch nicht!«, sagte sie und als sie sich von Lenny abwandte, konnte ich deutlich die Locken am unteren Ende ihres Kleidchens erkennen. »Na denn, kommt mal, Jungs«, sagte sie, grinste, hakte sich bei mir unter und zog mich zur Garage, während in der Haustür ihr Mann auftauchte, ein kleines, schmales Kerlchen, das irgendwie verlegen wirkte. Auch er grinste. Seltsam, wollte ich denken, da standen wir schon in der Garage und Madame erklärte uns, wo wir ihre Möbel abstellen sollten, bevor sie uns mit einem Lächeln, das selbst der Unbedarfteste als aufreizend empfunden hätte, fragte, ob wir etwas trinken wollten. Natürlich wollten wir, denn zweierlei brauchten wir immer: Wasser und Kaffee. Als wir nickten, hatten wir nicht die leisesten Absichten und keine Hintergedanken. Kaffee nimmt man einfach auf jeden Fall mit, wenn man noch Wegstrecke durch dunkle Nacht vor sich hat.

Während wir also abluden, bereitete die Kundin den Kaffee und bald saßen wir in der Küche, wobei Lenny und ich uns auf den Tisch stützten, anstatt uns matt in die Stühle sinken zu lassen, damit wir nicht in die Verlegenheit kamen, unter dem Tisch hindurch einen Blick zwischen ihre nicht gerade übereinandergeschlagenen Beine werfen zu müssen. Es war klar, dass diese Frau klatschnass war. Jedes »Na, da seid ihr aber sicher müde!«, jedes »Ihr würdet doch bestimmt ganz gern mal eine Pause machen!« rief uns zu: »Bleibt! Bleibt noch einen Moment und fickt mich!« Und dann tänzelte sie um uns herum und legte, während sie scheinbar auf der Suche nach irgendetwas in Schubladen kramte, mal mir, mal Lenny ganz nebenbei die Hand auf die Schulter oder den Nacken und bemerkte beiläufig, wie anstrengend unser Job ja sei.

Nach dem letzten der unzähligen Blicke, die Lenny und ich tauschten, stürzten wir die Reste unserer Kaffees und dann galt es, schnell die Unterschrift auf den Frachtbrief zu kriegen, bevor wir das Weite suchen konnten. Die Situation war einfach zu absurd. Während die Gefahr bestand, dass das geile, durchaus attraktive Weib die Küche um uns herum volltropfte, schleppte der Herr des Hauses leere Umzugskartons durch die Flure, wobei er immer wieder grinsend an der Küche vorbeikam. Mir war nicht klar, ob die uns verarschen wollten oder ob der Mann darauf hoffte, dass die Frau uns rumkriegte, damit er sich später dazugesellen konnte. Vielleicht wollte er dann auch einfach nur zusehen, ich wusste es nicht und es war mir auch egal. Ich wollte einfach nur weg und so machte ich die Dame auf den Frachtbrief aufmerksam, der auf dem Tisch neben mir lag. Sie zog sich einen Stuhl heran und griff nach dem Kugelschreiber, den ich ihr mit der Linken hinhielt, und kaum hatte sie ihn ergriffen, spürte ich auch schon meine Hand, wie sie von ihrem Arm an ihren durchaus wohlgeformten Busen gedrückt wurde. Gern, dachte ich, als ich hinter ihrer Fahne den Duft eines dezenten Parfums wahrnahm. Gern, wenn wir alleine wären. Wenn wir alleine gewesen wären, hätte ich wohl keines ihrer Angebote ausgeschlagen, doch so sehr ich Lenny auch mochte, eine Frau wollte ich nicht mit ihm teilen und der seltsam grinsende Herr des Hauses ließ mir die Szene ohnehin suspekt erscheinen, also zog ich vorsichtig meine Hand zurück, nahm den inzwischen unterschriebenen Frachtbrief und überreichte den Durchschlag.

»Wollt ihr noch ein Bier?«

»Äh, danke, wir müssen weiter.«

Nach herzlichem Abschied (wir wurden beide gedrückt) saßen wir schließlich im Lkw und schwiegen einander verblüfft an, während Lenny den Motor startete und den Zug um die nächste Straßenecke fuhr.

Nach ungefähr hundert Metern steuerte er an den Rand, stoppte und stellte den Motor ab.

»Was ist?«, fragte ich.

»Ich geh zurück«, sagte Lenny und er meinte das ernst, das spürte ich sofort.

»Was sagst du?«

»Ich geh zurück, ich will ficken.«

»Du spinnst.«

Lenny sah mich an und ich wusste, was er dachte, er brauchte gar nichts mehr zu sagen.

Er tat es trotzdem.

»Ich sitze hier die ganze Woche in diesem Scheiß-Lkw. Ich schleppe Möbel und fresse Staub und schwitze und denke an Sex und habe keinen Sex. Und dann steht da so eine geile Alte und sagt ›Fick mich‹ und ich sage ›Nee, danke, ich muss weiter‹. Das ist Schwachsinn. Ich geh die jetzt ficken.«

»Und ihr Typ?«

»Scheiß auf den Typen.« Und damit sprang er aus dem Wagen.

Na toll!, dachte ich. Dann hechtete ich auf den Fahrersitz und hängte den Kopf aus dem Fenster. »Lenny!«

»Was?«

»Du amüsierst dich, ich trinke Bier. Du fährst nachher weiter.«

»Okay.«

Nachdem ich unseren Gepäckberg auf der Rückbank durchwühlt und zwei warme Bier gefunden hatte, prostete ich mir selbst zu und fragte mich, was Lenny wohl mit dem Typen da im Haus machen würde. Mir war klar, dass Lenny sich auf nichts einlassen würde. Er wollte mit der Kundin ins Bett und auf keinen Fall würde er da ihren Mann dabeihaben wollen. Nach dem dritten Schluck Bier überlegte ich, dass er es wahrscheinlich fertigbringen würde, dem Herrn des Hauses klarzumachen, dass es nichts Interessanteres gäbe als eine Nacht im Hobbykeller, während die Gattin vom Möbelpacker genagelt würde. Klar, Lenny würde das so regeln, gar keine Frage. Niemand brachte es fertig, sich Lenny zu widersetzen.

Ich stellte den Dudelsender ein, auf dem inzwischen Coleman Hawkins daddelte, legte die Füße hoch und leerte das Bier. Als ich die nächste Flasche öffnete, dachte ich an Kurt Tucholsky.

In mindestens einem seiner Texte hat Tucholsky sich über die Sexualnot von Strafgefangenen empört. Da die Gesellschaft, wie er recht einsehbar meint, nicht das Recht hätte zu bestrafen, sondern lediglich das Recht, sich vor Verbrechern zu schützen, sei es ein Unding, die Strafgefangenen zusätzlich zu ihrer Haft auch noch das unsägliche Leid des Sexualentzugs ertragen zu lassen. Schon in den Zwanzigern plädierte er dafür, den Gefangenen den regelmäßigen Besuch ihrer Frauen zu ermöglichen.

Als ich überlegte, dass ich das ganz schön fortschrittlich fand, dachte ich plötzlich an die Sexualnot des gewöhnlichen Fernfahrers.

Einmal hatte Kollege Dirk das Thema recht amüsant gestreift. Wir waren nach dem Mittagessen in knallender Sonne von Hamburg aus, beide recht müde, wie vor einem Mittagsschläfchen, nach Norden unterwegs, als ich ihn nach längerem Schweigen fragte, wie es denn so ginge.

»Och, ja«, machte er. »Ich dös hier so vor mich hin und denk mir meinen Teil.« Er grinste gemütlich. »Und ab und zu krieg ich aus Langeweile mal 'n Steifen.«

So ist das. Wenn man lange hinterm Steuer klemmt und die Sonne hereinbrät, dann gibt es oft genug Langeweile.

Ich glaube manchmal, die meisten Pornohefte werden an der Autobahn verkauft. Steht ja immer alles voll, neben der Kasse. Und dann der *Stadtplan für Männer* und *Liebe an der Autobahn*. Manchmal dachte ich, ich sei der Einzige, der nicht am Autobahnpuff haltmacht.

Theoretisch kann man auf der Bahn leben, ohne sie je zu verlassen. Im Shop kann man alles kaufen, was es gibt, und auch sonst ist für alles gesorgt. Wer beten will, geht in die Kapelle, und wer dicke Eier mit sich herumschleppt, der kommt bestimmt auch nicht zu kurz.

Es kann aber auch wirklich hart sein. Den ganzen Tag Blech und Asphalt und keine Frau in greifbarer Nähe. Und plötzlich denkt man nur an Sex und an Sex und an Sex.

Völlig klar, dass dann solche Geschichten aufkommen, wie die von dem Fernfahrer, der beim Wichsen in den Graben gerauscht ist und der dann mit offener Hose, den Schwanz noch in der Hand, den Porno an der Seite, geborgen worden ist. Ich habe diese Geschichte nie geglaubt. Nicht, dass ich sie nicht für möglich halte, aber das Ganze riecht einfach zu sehr nach urbaner Legende. Genauso wie die Geschichte von dem Japaner, der in irgendeiner deutschen Stadt sein Auto geparkt hat und es später nicht wiederfinden kann. Also zeigt er den Bullen den Zettel, auf dem er den Namen der Straße notiert hat. »Einbahnstraße« steht da und weil das Ganze in der *Hamburger Morgenpost* stand, haben es auch alle geglaubt und sich prächtig amüsiert. Erschüttert habe ich damals festgestellt, dass wirklich die meisten Leute, die ich kannte, glaubten, was sie in der *Morgenpost* lasen, auch wenn sie immer behaupteten, das Blatt nur wegen der Ottifanten, dem Horoskop und dem Fernsehprogramm zu lesen, was ja an sich schon schlimm genug ist. Anstatt sich einfach mal ein paar japanische Yakuza-Killer-Streifen reinzuziehen, dann könnten sie nämlich hin und wieder am Bildrand das wohlvertraute Einbahnstraßenschild entdecken.

Einsam in meinem Lkw, malte ich mir plötzlich aus, was ich wohl tun würde, wenn ich Serbe wäre und im Kreise von Morgenpostlesern gefragt würde, wie denn gegrillter Kroatenembryo so schmeckt, und wollte gerade wieder an meiner Betrachtung der Welt verzweifeln, da klopfte es neben mir an der Beifahrertür. Ich schaute auf und staunte nicht schlecht. Während Lenny im Haus zusammen mit der Frau den Begriff »Full Service« neu definierte, stand der Mann neben dem offenen Beifahrerfenster und hielt ein Sixpack in die Höhe. »Ich habe uns ein paar Bier mitgebracht«, sagte er.

Na hoffentlich sind die auch kalt, dachte ich und öffnete ihm die Tür. Er reichte die Biere rein und kletterte auf den Sitz. Dann öffneten wir jeder ein Bier und schwiegen. Zumindest von meiner Seite her war das Schweigen kein betretenes, sondern ein neugieriges. Konnte Lenny so abgewichst sein, dass er den Typen einfach vor die Tür geschickt hatte? Nach einer Weile räusperte sich mein Gast.

»Ich weiß, was du denkst«, sagte er.

»Ich heiße Günther«, sagte er und hielt mir seine Flasche entgegen.

»Prost, Günther.«

Nachdem wir einen Schluck genommen hatten, schwiegen wir wieder.

»Ich kann nicht mehr«, sagte Günther dann.

»Was?«

»Ich kann nicht mehr. Ein Autounfall, vor zwei Jahren. Ich hatte Glück, ist alles heil geblieben, nur da, da regt sich nichts mehr.« Er deutete sich zwischen die Beine. »Tote Hose«, sagte er.

Au Scheiße!, dachte ich. Lenny bespringt die Gattin und ich höre mir des Mannes Leidensgeschichte an. Na wenigstens hatte er kaltes Bier mitgebracht.

»Und sie braucht es so sehr!« In meinem Blick musste er eine Frage entdeckt haben, denn: »Michaela«, fügte er hinzu. »Was soll ich machen?«, fragte er, während er begann, an dem Etikett seiner Flasche zu pulen und das Papier in kleinen Streifen abzuziehen. »Ich liebe sie, also lasse ich sie.«

Ich begann, ihn genauer zu betrachten. Er hatte das eben gar nicht richtig traurig gesagt und er wirkte auch nicht geknickt. Ich musste gar nicht befürchten, jetzt seine elende Leidensgeschichte über mich ergehen lassen zu müssen. Der Mann erzählte nur, damit ich Bescheid wusste und mich nicht länger zu wundern brauchte. Auch, dass er die abgerissenen Papierstreifen achtlos zu Boden warf, hatte weniger mit Verzweiflung zu tun als viel mehr damit, dass er die Atmosphäre in unserem Lkw ganz einfach korrekt eingeschätzt hatte.

»Seit über einer Woche hatte sie jetzt keinen Verkehr«, fuhr er fort, als wolle er sich dafür entschuldigen, dass das eheliche Arrangement der beiden mir heute Abend den Kollegen entführt hatte. »Das ist eine ganz schön lange Zeit für sie. Aber, na ja, wir sind ja erst vor acht Tagen hierher gezogen.« Und kennen hier noch niemanden, hätte er hinzufügen können.

»Ich hatte nicht den Eindruck, dass sie sich besonders schwer mit Fremden tut«, konnte ich mir zu sagen nicht verkneifen, denn das dritte Bier tat seine Wirkung und außerdem: Scheiß drauf, ich würde den Typen sowieso nie wiedersehen, also konnte ich so offen reden, wie mir das Bier im Blut schwamm. Immerhin machte ich mich nicht über seine Frau her.

»Sie muss Kontakte knüpfen«, sagte Günther, während ich langsam anfing, echte Achtung vor ihm zu empfinden. Es war irgendwie bewundernswert, wie dieser Mann sich in sein Schicksal fügte. »Ich will natürlich nicht, dass sie sich als Erstes den Briefträger schnappt.«

Wir lachten und prosteten einander zu.

»Sie braucht …«, sagte Günther, rülpste und wischte sich über den Mund. »Sie braucht einen Liebhaber.«

Natürlich!, dachte ich. Der Hausfreund. Wenigstens ein bisschen mussten Sitte und Anstand auf Dauer gewahrt werden.

Kapitel 18

IM LANDE OZ

»Das Schlimme ist nicht, dass man im Arsch ist, dass Schlimme ist, dass man gar nicht mehr weiß, wie das ist, im Arsch zu sein.«

NACHDEM MEIN HEXENSCHUSS VERHEILT WAR, stand eine Tour mit Blondie an, auf die ich mich freute, hatte ich doch keine Ahnung, was die Woche für mich bereithalten würde. Am Samstag schon hatten wir mit zwei Kunden unseren Hängerzug vollgeladen, um am Sonntagabend pünktlich loszukommen. Die erste Schicht fuhr Blondie, dann übernahm ich das Steuer und träumte mich durch die Nacht und über die Autobahn. Ich war wieder dort, wo eigentlich niemand jemals wirklich ist. In dieser nächtlichen Unwirklichkeit, in der die Kilometer an einem vorbeifliegen und es nur Gedanken an Vergangenheit oder Zukunft gibt, denn eine Gegenwart gibt es nicht, weil das Leben woanders stattfindet. Ein seltsames Astronautengefühl überkam mich. In der Leere des Alls zwischen Erde und Mond wähnte ich mich, bis mich irgendwo hinter Frankfurt ein hupender Pkw mit Warnblinklicht überholte, dessen Fahrer wilde Handzeichen aus dem Fenster heraus machte. Ich schaute in den Spiegel. Links war alles okay. Rechts hinten dampfte es. Scheiße!, dachte ich, als ich das Tempo drosselte, kurz bevor ich das Schild zu einem Parkplatz entdeckte. Als ich die Feststellbremse betätigte, meldete sich Blondie aus dem Topsleeper. »Was'n los?«, fragte er.

»Reifen platt«, sagte ich, bevor ich mich daranmachte, unter der hochgeklappten Rückbank nach Werkzeug zu suchen.

Ein geplatzter Reifen ist nicht das Schlimmste, was einem passieren kann, auch wenn mir das in meiner Anfängerzeit oft so erschienen war. Damals habe ich mit meinem Partner gern auch mal zwei Stunden gebraucht, um einen Reifen zu wechseln, was meistens an unserem unzureichenden Equipment lag, und zwar in der Hinsicht, dass wir zum Beispiel die Pressluftgeräte üblicher Pannenwagen gebraucht hätten, um die festgerosteten Schrauben der Reserveräder gelöst zu bekommen. Später, als wir nur noch eine Stunde brauchten, um die Räder zu tauschen, konnte das Ganze trotzdem sehr ungemütlich sein, weil wir uns auf schneeverschmiertem Asphalt vielleicht unsere Klamotten und unser

Wohlbefinden einsauen mussten, um unseren Lkw wieder fahrbereit zu kriegen.

Einmal habe ich es ganz alleine geschafft, einen Radwechsel in nur dreißig Minuten zu bewältigen, worauf ich so lange stolz war, bis ich hörte, dass es ein anderer Kollege in zwanzig Minuten geschafft hatte.

Mit Blondie zusammen dauerte die Aktion glücklicherweise gerade mal fünfzehn Minuten, eine Zeit, die man auch gern mal zum Pinkeln und Kaffeeholen verschwendet, eine Zeit also, die nicht der Rede wert war. Die meisten Sachen, die einem passieren, sind eigentlich gar nicht schlimm. Schlimm ist nur das Wann und das Wo.

Wäre uns der Reifen nur zehn Minuten später geplatzt, dann hätten wir vielleicht keinen Parkplatz gefunden und hätten also auf dem Seitenstreifen Räder tauschen müssen, aber dann hätte auch der Unfall hinter uns stattgefunden, wegen dem die Autobahn für die nächsten Stunden komplett gesperrt wurde.

So aber, weil uns der Reifen eben dort, wo er platzte, geplatzt war, ereignete sich der Unfall in Fahrtrichtung vor uns und wir waren gefangen.

Nachdem wir die letzte Mutter am Reserverad festgezogen hatten und uns freuen wollten, wie schnell alles gegangen war, bemerkte ich, dass auf der Autobahn wohl schon seit Minuten nichts mehr gegangen war. Alle Autos standen still. Leute waren ausgestiegen und spähten nach vorn.

»Was ist denn da los?«, fragte Blondie, obwohl er die Antwort genauso gut kannte wie ich. Wenn flüssiger Verkehr von einem Moment zum anderen total zum Erliegen kommt, dann ist das kein gewöhnlicher Stau.

Kaum fünf Minuten später klärte uns ein mit einem Funkgerät bewaffneter Trucker auf. »Da ist ein Unfall.«

Aha. Wer hätte das gedacht. Die echten Informationen brauchten etwas länger, um zu uns durchzudringen. Wer jemals eine halbe Stunde lang im Stau gestanden hat, um dann von der überflüssigen

Erfindung »Verkehrsfunk« aus dem Radio zu vernehmen, dass dort, wo er eben noch stand, wo jetzt aber alle schon wieder fahren, ein Stau sei, der versteht, was ich meine.

Die echten Informationen kamen nicht aus dem Radio, die sprachen sich von vorne nach hinten langsam durch.

Vier Kilometer weiter waren ein betrunkener und ein übermüdeter Lkw-Fahrer bei einem Überholmanöver ineinandergerauscht, die Autobahn wurde in unsere Richtung auf allen Spuren gesperrt.

Die ersten Polizei- und Rettungswagen bahnten sich noch einen Weg durch die Gasse, die sich nach hinten raus gebildet hatte, die Kräne und anderes Bergungsgerät kamen wohl aus der anderen Richtung.

Es hätte eine nette Nacht mit Blondie werden können, eine Nacht, in der wir uns biertrinkend in entspannter Atmosphäre über Gott und die Welt unterhalten hätten, aber wir hatten kein Bier an Bord und einer musste schlafen. Der andere hatte sich bereitzuhalten, schließlich lag noch der Weg bis Freiburg vor uns. Also legte sich Blondie wieder hin und ich döste endlos gelangweilt durch die Dämmerung bis in den Morgen hinein, wobei ich mir ab und zu ein wenig die Beine vertrat, ja sogar einmal bis auf die Bahn hinausging, um mit einigen Autofahrern ins belanglose Gespräch zu kommen, bevor ich wieder im Lkw saß, um aus dem Radio immer wieder das über unseren Stau zu hören, was ich seit Stunden sowieso schon wusste.

Irgendwann, als ich auf meinem Sitz fast eingeschlafen wäre, bemerkte ich mit einem letzten müden Blick auf die Bahn, dass sich die ganze Angelegenheit dort draußen zu lichten begann. Weiter geht's!, wollte ich schon denken, als ich bemerkte, dass die Polizei nur das tat, wozu der bewegungsmündige Bürger sie nach drei Stunden Vollsperrung als zu tun verpflichtet empfand: Sie leiteten die Pkw um. Alle Pkw durften auf der Autobahn wenden und wurden zur letzten Ausfahrt hinter uns geleitet. Aber nur die Pkw. Wir in unseren Lkw mussten bleiben, wo wir waren: im Nichts in der Nacht, dort, wo wir ja ohnehin immer waren. Dort, wo wir unsere Lebenszeit ließen. Aber das war mir in dem Moment nicht schlimm. Ich hatte das ja lange vorher schon begriffen. Das Einzige, was mich beschäftigte, war die Frage, wie ich es noch länger durchhalten sollte, ohne einzuschlafen, fielen mir doch allmählich immer wieder die Augen zu. Nicht auszudenken, dass wir auf unserem Weg nach Freiburg mit inzwischen mindestens vier Stunden Verspätung den Anschluss noch verpassen würden.

Aber dann, nachdem ich das dritte Mal weggenickt war, meldete sich Blondie auch schon zurück.

»Scheiße, ich hab Bock auf Kaffee«, sagte er noch, als ich mich schon auf die Rückbank warf, wo ich sofort einschlief, nicht ohne etwas später im Halbschlaf jenes Geruckel und Gerackel zu spüren, das mir am Anfang einer Tour das Einschlafen so schwer macht. Aha, träumte ich. Wir fahren wieder! Und auch, dass Blondie an der nächsten Tanke anhielt, um sich einen Kaffee zu holen, träumte ich nur, obwohl es in echt stattfand.

Dass er mich weckte, nach ich weiß nicht wie viel Schlaf, den ich gar nicht gehabt zu haben glaubte, das träumte ich allerdings nicht. Geträumt hatte ich von einem Afrikaurlaub und das war nicht verwunderlich. Während Blondie die Kurve der Autobahnabfahrt entlangdrehte, wurde ich in einem Safarijeep durchgeschüttelt. Am Horizont zogen Giraffen anmutig dahin und Hyänen nagten an einem toten Zebra. Auf der Ladefläche des Jeeps stapelten sich Kisten, Stühle, Koffer und Taschen. Unsere Beiladung nach Nairobi. Ein Elefantenbulle rüsselte an einer Elefantenkuh herum.

»Wach mal auf. Wir sind gleich da.«

Verschwitzt wühlte ich mich aus meinem Schlafsack. Sommerliche Sonne brannte auf uns herab. Es war kurz vor vierzehn Uhr. Na toll!, dachte ich, als wir neben dem Flüsschen, dessen Namen ich nie gekannt habe, auf der Landstraße Richtung Freiburger Zentrum fuhren.

Verschwitzt und mit verklebten Augen, ohne einen Kaffee getrunken zu haben, beim Kunden anzukommen, um mal eben acht Meter in den zweiten Stock abzuladen, das war mir schon immer das Liebste gewesen, vor allem, wenn wir nahezu vier Stunden Verspätung hatten.

Die ersten zwei Züge von meiner Zigarette hustete ich wieder aus, dann lehnte ich mich zurück und genoss den Weg.

Freiburg hatte ich immer gemocht. Das Klima dort war mild und mein Eindruck war stets der gewesen, dass in dieser Stadt eine besonders entspannte Atmosphäre herrschte. Ganz anders als im regenverschmierten Hamburg. Auch die Frauen erschienen mir dort schöner, was mir allerdings bald als das von mir selbst so benannte »Fremdstadtsyndrom« bekannt wurde. Wenn man verdreckt und übermüdet in fremder Stadt aus dem Lkw schaute, obwohl man eigentlich lieber ganz woanders sein würde, dann klammerte sich das Auge an jede Hoffnung, die einem einreden wollte, man sei nicht ohne Grund dort, wo man sei. Und wenn der Grund nur der sei, einmal zu sehen, wie schön die Frauen anderswo seien.

Obwohl Freiburg wohl ziemlich weit über dem Meeresspiegel liegen mochte, hatte ich immer das Gefühl, dass ich da sofort hinziehen würde, wenn ungefähr dort, wo die Autobahn entlangführte, die Küstenlinie verlaufen würde. Das wäre geil. Das Flachland, in dem Freiburg dann läge, müsste ans Meer grenzen. Erst hinter der Stadt, die von Wäldern umsäumt ich mir erträumte, ginge es dann durch das Höllental hinauf in die Hochebene der Umgebung, hinter der dann wirkliche Berge zu finden wären. Das ideale Gemisch an Landschaften. Und natürlich dürfte die Stadt nicht über ihre bestehenden Grenzen hinauswachsen, müsste aber anteilig an der Gesamtbevölkerung mindestens so viele Leute aus aller Welt beherbergen wie Hamburg. Das wäre die Stadt, in der ich wohnen wollen würde. Leider gibt es diese Stadt nicht.

Ich bin zwar so gut wie nie am Meer, aber ich weiß es gern in meiner Nähe.

»Guck mal nach«, sagte Blondie, während er mir den Stadtplan in die Hand drückte.

Ich suchte und fand die Adresse am Stadtrand. »Haben wir eigentlich Ladehilfen?«, fragte ich und lotste Blondie.

Er nickte. Eigentlich hätten wir nur eine Ladehilfe haben sollen. Aber nachdem wir in der Vollsperrung gesteckt hatten, hatte Blondie, während ich schlief, mit Jan telefoniert und der hatte zwei zusätzliche organisiert. Das war schön. Zu fünft die acht Meter in den zweiten Stock abzuladen, würde uns die Chance geben, wenigstens ein bisschen Zeit aufzuholen, auch wenn da noch die eine oder andere Montage zu erledigen wäre.

Aber dann kamen wir an unserer Abladeadresse an und stellten sehr schnell fest, dass zwei der Ladehilfen schlicht zu betrunken waren.

»Was hast du gesagt?«, fragte Blondie den Ersten, um, während der seine Begrüßung (»Ha-allo, isch binn Toschdn.«) wiederholte, die dann nicht mit dem Ohr, sondern mit der Nase zu verstehen. Die Miene, die er dabei zog, verstand ich, als ich meinerseits dem zweiten Betrunkenen seine Erklärungen abnahm. Eine Wolke aus miesem Gestank, der von kürzlich Erbrochenem erzählte, hauchte mir entgegen. Blondie und ich tauschten einen Blick.

»Ihr geht jetzt besser mal nach Hause«, sagte Blondie. Und ein »Aber was denn?« ließ er gar nicht erst gelten.

Die dritte Ladehilfe erwies sich als ein angenehmer Kollege, der seine Arbeit fleißig und sorgfältig erledigte. Die Kundschaft war zwar gestresst, lastete uns aber die Verspätung nicht an, nachdem sie von der Vollsperrung gehört und die Besoffenen erlebt hatte. Wir gaben Gas, genossen zwischendurch Kaffee und gaben weiter Gas, sodass wir schließlich am späten Nachmittag fertig wurden. Und tatsächlich hatten wir etwas Zeit aufgeholt. Eine halbe Stunde etwa. Das hieß aber immer noch, dass wir mehr als drei Stunden zu spät bei unserer nächsten Kundschaft ankommen würden, aber auch bei der hatten wir noch Glück. Die zogen in Bräunlingen bei Donaueschingen in ein Einfamilienhaus. Da würde es keinen Nerv mit Etagennachbarn geben. Und nachdem Jan van Zaelen es geschafft hatte, uns selbst dorthin für »irgendwas zwischen 22 und 24 Uhr« eine Ladehilfe zu organisieren, waren wir nachts um drei wirklich auch mit dem zweiten Abladen fertig. Die Ladehilfe konnte endlich nach Hause gehen und Blondie und ich waren nur noch zwei Stunden vom Ende des Umzugs entfernt. Wir waren zwar völlig im Arsch, aber es mussten ja noch drei Lampen angebracht und zwei Schränke aufgebaut werden. Die Kundschaft war nett, aber sie bestand auch auf der Einhaltung des Vertrages.

Und so steht man dann da in Kundschaftsheim und schraubt übermüdet und dübelt und bohrt erschöpft und die eigentliche Tätigkeit ist gar nicht das Schlimme. Das Schlimme ist nicht, dass man im Arsch ist, dass Schlimme ist, dass man gar nicht mehr weiß, wie das ist, im Arsch zu sein. Alles, was ich an jenem Tag gegessen hatte, konnte nicht richtig verdaut werden, wie es bei einem Mensch passieren würde, der wenigstens seinen Rhythmus hat. Ich hatte keinen Rhythmus und so wusste mein Verdauungssystem nicht mit der Nahrung umzugehen. Schnittchen, Pizzas, Brötchen und andere Snacks wie Kekse und Schokoriegel wurden ausgeschwitzt, als gäbe es gar keine Därme. Leberkäsbrötchen verwandelten sich direkt in Fürze und aus den Schuhen heraus muffelte es, während ich in der Hocke war, um den Sockel eines Schlafzimmerschrankes zu verschrauben.

Ich habe mich nie gewundert, warum ich unter dem Jetlag meiner ersten Asienreise nicht großartig zu leiden hatte, denn ein Jetlag ereilt Leute, die einen Rhythmus haben.

Als unser Kunde in Bräunlingen, mit unserer Arbeit zufrieden, mit Blondie die Papiere machte, als er erschöpft, aber erleichtert mit ihm abrechnete, sagte er: »Na, da haben wir es ja doch noch geschafft.«

Ja, da konnte zumindest er erleichtert sein, denn sein Umzug war nun bewältigt. Dass aber das »wir« in seiner Rede Blondie und mich zu Unrecht mit einschloss, das ahnte er nicht, weil er nicht wusste, dass wir noch weitermussten. Viel, viel weiter.

»Wer fährt?«, fragte ich, als wir im Lkw saßen, und Blondie sah mir an, dass meine Frage eine rhetorische war.

»Ich schaffe noch ein bisschen«, sagte er.

»Okay«, sagte ich. »Weck mich dann. Ich brauche nur eine oder zwei Stunden.«

Nach Aschaffenburg mussten wir als Nächstes. Und natürlich waren wir wieder viel zu spät dran.

Blondie muss gefahren sein wie der Henker. Ich weiß es nicht, denn geweckt hat er mich nicht, bevor wir Aschaffenburg erreichten. Als wir bei unserer Kundschaft ankamen, hatten wir morgens um halb zehn tatsächlich nur noch etwas mehr als eine Stunde Verspätung. Vom Kunden, der sechs Möbelwagenmeter aus einer Wohnung im ersten Stock nach Halle in den vierten Stock zu transportieren hatte, wurden wir ungeduldig erwartet. Dass Blondie schon mit Jan telefoniert hatte, weil der vom Kunden angerufen und nach unserem Verbleib gefragt worden war, wusste ich nicht.

»Das muss hier ein bisschen zügig gehen«, sagte der Kunde, als wir zur Begrüßung in seiner Diele standen. »Die Wohnung muss in einer Stunde leer sein und Ihr Chef hat mir zugesichert, dass das klappt.«

Der Mann war jung und selbstbewusst, aber nicht arrogant. Er glaubte nur an irgendetwas, das mit seiner Bezahlung unserer Arbeit zusammenhing, glaubte, dass er nicht nur unsere Arbeit, sondern auch uns gekauft hatte.

Völlig übermüdet ruhte Blondie exakt in seiner Mitte und sah den Kunden an. Fang gar nicht erst an, uns zu hetzen, schien sein Blick zu sagen. »Wir fangen jetzt gleich mit dem Aufladen an«, sagte Bondie. »Und wenn wir fertig sind, ist die Wohnung leer. Schneller geht es nicht.«

»Ihr Chef hat mir versichert, dass wir hier spätestens um zwölf fertig sind«, sagte der Kunde.

Blondie schüttelte fast unmerklich den Kopf. »Hat er nicht«, sagte er leise.

»Was?«, fragte der Kunde, während ich noch nicht wusste, was Jan mit Blondie besprochen hatte. Von einem Kunden hatte er erzählt, der offenbar ein bisschen nervös sei und dem er gesagt hatte, man würde sehen, was man machen könne. Von einer Zusicherung könne da keine Rede sein, aber der Kunde hat, wie so viele Kunden, alles zugunsten seiner eigenen Sichtweise missverstanden.

»Wir können ja Ihren Chef noch mal anrufen«, schlug der Kunde vor.

Blondie nickte. »Das können wir machen«, sagte er. »Und dann wird mein Chef versuchen, Sie zu beruhigen, und mir wird er sagen, dass wir zusehen sollen, dass wir fertig werden, und dann werden wir genauso arbeiten, wie wir es ohnehin getan hätten, und am Wochenende sitze ich mit meinem Chef zusammen am Tresen und erzähle ihm von meiner Arbeitswoche und dann trinken wir zusammen Bier und dann denken wir an die nächste Arbeitswoche.« Blondie sah sich um und ließ seinen Blick über die offenen Zimmertüren schweifen, hinter denen er in jedem Raum sehr gut vorbereitetes Umzugsgut entdeckte. Dann sah er dem Kunden wieder direkt in die Augen, mit erschöpftem Blick. Wo nahm der Mann nur seine Energie her?

»Das sieht gut aus«, sagte er. »Wenn das alles so schön vorbereitet ist, dann schaffen wir das zwar nicht in einer Stunde, aber mehr als zwei bis drei werden wir auch nicht brauchen, und in zwei Wochen denken Sie schon gar nicht mehr daran. Da haben Sie dann wieder neue Probleme.«

Blondie war ein Fels an Überzeugung, da konnte der Kunde nicht dran rumkratzen. Allmählich zeigte er sich einsichtig, begann zu ahnen, dass er es mit Profis zu tun hatte und nicht mit irgendwelchen Idioten, denen ihren Job erklären zu müssen viel zu viele Kunden immer wieder glaubten. Langsam nickte er. »Gut«, sagte er und dann zeigte er uns eine kleine Ecke mit Handgepäck, das wir nicht aufladen sollten. Alles andere musste mit.

Blondie und ich luden uns jeder einen Karton auf die Schulter, bevor Blondie sich noch einmal an den Kunden wandte. »Schwarz, bitte«, sagte er.

»Was?«

»Ich brauche einen Kaffee«, sagte Blondie. »Schwarz, bitte.«

Erst guckte der Kunde verblüfft, dann kapierte er. Und als wir, nachdem wir den ersten Meter aufgeladen hatten, unseren Kaffee tranken, erfuhr der Kunde das erste Mal, was unsere Arbeitswoche ausmachte, denn Blondie beschrieb ihm, was wir seit Sonntag getan hatten und was wir noch vor uns hatten. Ich sah Anerkennung im Blick des Kunden, während ich mich wieder wunderte, wie sich Blondie überhaupt noch auf den Beinen halten konnte.

Zweieinhalb Stunden brauchten wir zum Aufladen und zum Abschied drückte der Kunde uns jedem einen Zwanni in die Hand. »Für Kaffee«, grinste er und wir freuten uns, dass er was begriffen hatte und dass die Stimmung überhaupt ins Positive gekippt war.

Nachdem wir losgefahren waren, gestattete Blondie es sich, endlich zusammenzuklappen. Wir waren noch nicht auf der Autobahn, als er schon im Topsleeper verschwunden war.

Fit war ich auch nicht, aber den Schlaf vermisste ich nicht. Ich vermisste etwas anderes und zwar ein Leben, das mit dem Zustand, in dem ich mich befand, nichts zu tun hatte. Ich war nämlich auch nicht wirklich müde. Ich war einfach nur entfernt von allem, was es verdient hätte, meiner ehrlichen Aufmerksamkeit teilhaftig zu werden.

Es war ein strahlend sonniger Mittag, als ich auf die Autobahn einbog und mich auf der rechten Fahrspur einsortierte, in den Verkehr, in dem es scheißegal war, wo ich mich befand.

Wenn ich das erste Mal mit dem Lkw in Norwegen oder Irland unterwegs bin, mag das interessant sein, aber es verkommt ganz schnell zum Gewöhnlichen und ganz besonders auf der deutschen

Autobahn, wo ich am häufigsten unterwegs war, ist es immer, immer, immer das Gleiche.

Und so stellte sich auch sehr schnell die erste Ahnung von einem Brennen in den Augen ein, als ich in das helle, langweilige Licht da draußen vor mir blickte, während ich in meinen Kassetten wühlte, um die richtige Musik herauszusuchen. Ich versuchte es mit Chuck Berry, aber der war plötzlich zu alt und sang außerdem von Ami-Schlitten auf dem Highway und nicht von der Autobahn. Maceo Parker funktionierte sowieso nur noch im Morgengrauen zwischen Seevetal und Elbtunnel und mit aller anderen Musik war es dann irgendwann genauso. Keine Musik konnte mich mehr erreichen, um mir meinen Zustand mit Groove, Soul, Funk oder Beat zu erleichtern. Das Einzige, was mich noch hätte ablenken können von der Eintönigkeit, die sich vor mir auftat, wären Hörspiele gewesen. Weil ich aber keine Hörspiele dabeihatte, zappte ich die Radiosender durch und landete tatsächlich auch mal bei einer interessanten Nachrichtensendung, die mehr als nur mit hektischer Hi-Hat untermalte Schlagzeilenverkündung brachte, aber immer wenn ich zu lauschen begann, verließ ich entweder gerade das Sendegebiet oder die billigen Anlagen in van Zaelens Lkw kackten aus einem anderen Grunde ab.

Ich hatte mal nachts ein sehr interessantes Radiofeature erwischt, in dem sich eine Moderatorin mit einem Physiker, einem Musiker, einem Mathematiker und einem Philosophen über das Universum und den Sinn des Lebens unterhielt, und war fast schon wieder hellwach, weil das Ganze so spannend war, da ging ein Farzen und Knarzen durch den Sound und ich verlor den Sender, sodass ich wieder nur den gewöhnlichen Alltagsbrei auf allen anderen Sendern finden konnte. Man darf sich einfach nicht auf andere verlassen. Wenn ich alleine im Laster bin, dann halte ich mich manchmal damit am Leben, dass ich selbst Opern singe. Das funktioniert vorzüglich, denn niemand auf der Welt kann einen hören und man kann sich mal so richtig gehen lassen. Aber wenn ich das auf dem Weg von Aschaffenburg weg getan hätte, dann hätte Blondie irgendwann den Deckel des Topsleepers aufgerissen und mich gefragt, ob ich noch alle Tassen im Schrank hätte.

Nach Erfurt mussten wir als Nächstes und das war gar nicht mal so schlimm, denn es war nicht richtig weit. Ich konnte das alleine fahren, musste Blondie nicht unterwegs wecken, konnte ihm, der so heldenhaft die letzte Nacht durchgestanden hatte, seine Ruhe lassen. Und in Erfurt waren lediglich zwei Meter nach Berlin abzuholen. Das war alles nicht schlimm und so hätte ich guter Laune sein können. Aber »gute Laune« ist entweder abhängig von wirklicher Entspannung, von der beim Lkw-Fahren keine Rede sein darf, oder von interessantem Erleben, von dem beim Lkw-Fahren keine Rede sein kann.

Natürlich schaffte ich es trotzdem, uns zum Hause unserer nächsten Kundschaft in Erfurt zu bringen, wo wir uns am Nachmittag daranmachen konnten, die kleine Beiladung nach Berlin aufzuladen. Hier hatten wir es mit netten Eltern eines Mädchens zu tun, das in Berlin studierte und dessen Hab und Gut wir in ihr neues Heim zu transportieren hatten. Ein angenehmer Job, wussten doch die Eltern, wie man mit Möbelpackern umzugehen hatte, und so hatte die Mutter den Kaffee auch fast schon fertig, kaum dass sie des verschlafenen Antlitzes meines Kollegen Blondie ansichtig wurde.

Es dauerte nicht lange und wir hatten die Habe der jungen Studentin auf unserem Lkw und schon waren wir wieder auf der Bahn.

Jetzt hatten wir nichts anderes mehr zu tun, als nach Halle zu fahren, um die sechs Möbelwagenmeter, also dreißig Kubikmeter unseres Kunden aus Aschaffenburg, abzuladen, aber erst am nächsten Morgen. Wir würden also tatsächlich die Gelegenheit bekommen, mal acht bis zehn Stunden irgendwo zu stehen, schlafen zu können also, mit abgestelltem Motor. Ruhen, im eigentlichen Sinne. Das hatten wir nicht oft. Und so dachten wir auf dem Weg von Erfurt nach Halle, dass unsere Tour dann ja eigentlich doch gar nicht so schlimm und anstrengend war. Schließlich war es erst Dienstag und wir hatten gerade mal was zwischen dreißig und vierzig Stunden Arbeitszeit auf der Uhr. Um so was in fünf Tagen erdulden zu müssen, gehen andere demonstrieren.

Während ich über die Autobahn döste, fuhr ich unter einer Brücke durch, auf deren Mittelpfeiler auf der Fahrbahntrennung ich zwei große gesprayte Buchstaben lesen konnte: O und Z.

»OZ«.

Was denn?, dachte ich. Bis hierher war er auch gekommen? Ich hatte immer geglaubt, der sprühte nur in Hamburg. Hamburg ist voll mit »OZ«, da sieht man das überall und viele ärgern sich darüber. »Krank« sei der, heißt es da in Leserbriefen, und »in Sicherheitsgewahrsam« müsste man den nehmen. Vor allem wohl, weil »Sachbeschädigung« ja eine Straftat sei.

Herrje, die Sorgen der Zeitungsleser und Leserbriefschreiber möchte ich haben. Oder nee, lieber doch nicht. Was einer wie OZ macht, das können sie nicht verstehen.

»Wahrscheinlich soll das auch noch Kunst sein!«, ruft dann einer der Minderbemittelten, wobei »Kunst« genauso in Anführungszeichen gesprochen wird, als wenn der gewöhnliche Kunde sagt, man solle vorsichtig sein mit den Bildern an der Wand, die seien nämlich »Kunst«. Ironisch wird dann gezwinkert, wobei mir immer gleich klar wird, dass die Leute sich nicht trauen, zu ihrem eigenen Geschmack zu stehen, weil das ja vielleicht Kitsch sein könnte. Mann, Alter, denke ich mir dann, gib doch einfach zu, dass es dir lieb und teuer ist, weil es dir gefällt, und wenn es das nicht tut, dann bring es zum nächsten Flohmarkt. Mit der Scheißmusik in deinem Regal und deinen schlechten Büchern hast du doch auch keine Probleme.

Aber mit »Kunst« ist das eben anders. Wird wahrscheinlich entweder genauso missverstanden oder überbewertet wie so vieles.

Wenn man die Frage, was Kunst sei, sehr weit treibt, dann kann man mit der Antwort natürlich Regalwände füllen. Also halte ich mich meistens an eine einfache Antwort. Wenn mir einer mit seinem Werk die Augen öffnet (oder die Ohren), mir einen neuen Blickwinkel zeigt oder mir die Welt einmal ein klein wenig neu erklärt, wenn er mich für einen Moment einmal über alles ganz anders nachdenken macht, dann ist das dem Begriff der Kunst zumindest sehr nah. OZ hat das geschafft.

Ich bin einmal mit der Eisenbahn von Bremen nach Hamburg gekommen und stand gelangweilt und müde im Gang und sah aus dem Fenster hinaus auf ein verwirrendes Meer aus Schienen, die parallel zueinander verliefen, sich trafen, sich voneinander verabschiedeten, sich wieder trafen und neue Schienen, die aus anderer Kurve dazustießen, begrüßten. Ich fuhr durch ein riesiges Rangiergelände oder Umleitgelände oder was auch immer der Eisenbahner dazu sagen würde. Irgendwo hinter einem Damm, über dem ich die Dächer vorbeirauschender Lkw sehen konnte, standen fünfstöckige Häuser, in denen Menschen wohnten. In dem verwickelten Gemenge aus Bohlen, Steinen und Schienen, über das ich hinwegfuhr, war nirgendwo ein Mensch zu sehen. Mittendrin aber, dort wo nur Experten zu Fuß hingelangten, weil diese Umgebung kein Platz für normal Lebende war, dort war etwas zu sehen. Da stand ein Schaltkasten. Und auf diesem Schaltkasten sah ich die beiden Buchstaben. »OZ«.

Er war da gewesen. Dort, wo ich mich niemals hinzugehen trauen würde, da war er gewesen, nur um mir in langweiliger, fast einsamer Stunde etwas zuzurufen.

Manche meinen, der Mann müsse zwangstherapiert werden, andere halten ihn nicht einmal mehr für therapiefähig. Ich weiß ja nicht. Mag er ein bisschen sehr durchgeknallt sein. Immerhin hat er es geschafft, seine Kunst derartig auf zwei Buchstaben zu reduzieren, dass man sie sofort begreifen kann. Mit Absicht oder nicht. Mir doch wurst.

Wenn einer genug Geld hat, dann kann er meinen gesamten Lebensraum mit Außenwerbung zukleistern und niemand stellt sich die Frage, ob die dafür Verantwortlichen nicht vielleicht zwangstherapiert werden sollten oder ob sie überhaupt therapiefähig sind. Ich glaube ja eher nicht. Jeden Tag muss ich auf irgendwelche Bilder von Frauen blicken, die kurz vorm Orgasmus zu sein scheinen, weil sie endlich, endlich das richtige, diamantene Schmuckstück geschenkt bekommen haben oder weil ihnen endlich jemand klargemacht hat, mit welch noch geilerer Unterwäsche sie sich endlich sexy fühlen dürfen. Niemand gebietet dem Einhalt. Im Gegenteil, es werden sogar »Werbepreise« vergeben.

»Der Preis für die feuchteste und tittigste Auto-an-den-Mann-Bringerin geht dieses Jahr an die Agentur XXX!«

Ich habe Außenwerbung schon in meiner Jugend als Körperverletzung betrachtet. Später, als ich nach dem Mauerfall das erste Mal durch die Dörfer im Osten fuhr, fand ich es dort im Gegensatz zu manch anderem kein bisschen trist. Da standen vielleicht alte graue Häuser herum, aber nie fand ich, dass es nicht so bunt war wie bei uns im Westen. Es war einfach nicht so aggressiv mit Plakaten zugeschissen wie bei uns. Da konnte das Auge sich noch ausruhen. Aber wenn man ein westlich geprägter Betrachter war, dann konnte man wohl gern mal die stressgepeitschte Werbeoptik vermissen und glauben, dass das Ganze ja irgendwie öde sei. Arme Weltsicht! Es ging dann sehr schnell, dass aus einer verschlafenen Dorfansicht eine kompakte Aufforderung zu Kauf und Konsum wurde, und plötzlich standen auch überall Aldis, Lidls und Möbelmärkte herum und es war dann auch bald zum Kotzen.

Aber na ja, wenn nix beworben werden würde, dann hätten die Leute auch weniger, was ich durch die Gegend fahren könnte, ich wäre also arbeitslos.

Ar-beits-los.

Huch, welch schlimme Vorstellung!

Kauft, Leute! Kauft, kauft, kauft! Ich muss schließlich transportieren, -tieren, -tieren!

Es ist erstaunlich, wie viele Plätze in unserer Zivilisation, die uns eigentlich ein angenehmes Leben ermöglichen soll, es gibt, an denen wir nicht leben können und dürfen, an denen wir nichts zu suchen haben, ja die geradezu lebensgefährlich sind. Autobahnen, Eisenbahnstrecken, Fabriken, Bundeswehrübungsplätze, Atomkraftwerke, Flugplätze, Industriegelände und was weiß ich nicht alles. Da geht der normale Bürger nicht hin. Darf er gar nicht.

Mich würde mal interessieren, wie viel Prozent der Fläche des Landes all solche Raumbeansprucher zusammengerechnet einnehmen. Selbst in den Wohnvierteln gibt es kaum Wohn- oder Lebensraum. In Einkaufszentren, zum Beispiel, lebt ja auch keiner. Da werden die Leute nur durchgeschleust auf dem Weg, ihr Geld abzugeben.

Und wenn man draußen mal einen ruhigen Platz findet (der nicht ein ausgewiesener »Park« ist), an dem man gern mal sitzen mag, dann rücken einem die Getränkehändler auf die Pelle. Und dann stellen sie überall Tische hin und dann heißt es: »Trink und zahl und dann geh oder geh gleich!« Können die nicht warten, bis man durstig wird und zu ihnen kommt, um sich ein Getränk zu holen, mit dem man dann wieder geht, um seine Ruhe zu haben?

Du findest eine Idylle am Fluss und dann finden die noch andere und dann stehen da bald Tische, an denen du bezahlen musst, wenn du dich da aufhalten willst.

Wenn du deine Ruhe haben willst, geh nach Hause. Woanders darfst du entweder nicht hin oder du musst da arbeiten oder dein Geld ausgeben.

Von mitten aus dem Gleisgewirr heraus hat OZ mir etwas zugerufen und dafür schätze ich ihn und ich erinnerte mich gern an die Fahrt in der Bahn, als ich im Lkw auf dem Weg nach Halle seinen Ruf noch einmal vernahm. Plötzlich war ich, während ich über den Weg des Irrsinns rauschte, nicht mehr allein im Fahrerhaus. Es war jemand bei mir und das war nicht Blondie.

Hallo, OZ!

Es gibt uns.

Kapitel 19

BLUTENDE BRÖTCHEN

»Etwas erregte meine Aufmerksamkeit an diesem Hängerzug, aber was das war, das bekam ich erst mit, nachdem der Fahrer herausgesprungen war und die Plane am Hänger seines Zuges aufgezogen hatte.«

Wenn man so auf der Autobahn driftet und seine Ruhe und seinen Frieden gefunden hat, dann ist das alles schön und gut. Wenn man weiß, was am nächsten Tag alles auf einen zukommen wird, und wenn man weiß, dass das alles gar nicht so schlimm sein wird, dann kann man sich fast ein wenig entspannen. Und dann fährt man und fährt und man merkt plötzlich, dass das Leben alles in allem doch gar nicht so schlimm ist und dass man die Arbeitswoche doch eigentlich ganz entspannt hinter sich bringen kann, und dann fühlt man sich plötzlich in seinem Fahrerhaus wie zu Hause.

Bis einen mal wieder die Pkw-Fahrer überholen, die hupen und aus ihren Fenstern heraus wilde Handzeichen geben.

Ich glaube ja nicht oft an Pkw-Fahrer, aber nachdem der fünfte mit deutlichem Winken mir Zeichen gab, steuerte ich doch den nächsten Rastplatz an.

Auf der ganz linken Spur, die für Lkw reserviert und nur durch den Grünstreifen von der Bahn getrennt war, hielt ich an und sprang aus dem Wagen, um einmal mit aller Aufmerksamkeit um den Hängerzug herumzugehen. Natürlich prüfte ich als Erstes die Reifen, denn deren Missfunktion gehört am ehesten zu den unangenehmen Sachen, auf die Pkw-Fahrer mich wohl würden aufmerksam machen wollen.

Aber die Reifen waren alle okay.

Ich latschte um den Zug herum, sah mir alles an, die Container von Hänger und Lkw, prüfte die Türen und fand nichts.

Ich latschte nach hinten und sah auf die Lichtleiste. Leuchtet doch alles, dachte ich, da sah ich es: Statt des Rücklichtes brannte das Bremslicht. Das war mir noch halbwegs egal, aber ich hatte einen Verdacht. Ich latschte nach vorne. Achtzehn Meter vor dem Bremslicht öffnete ich die Tür auf der Fahrerseite. Ich wollte herausfinden, was wohl passieren würde, wenn ich auf die Bremse trat. Dazu brauchte ich eigentlich Hilfe, weil ich ja schlecht auf die Bremse treten und gleichzeitig hinten stehen konnte. Aber jetzt Blondie zu wecken, das wollte ich auf jeden Fall vermeiden. Ich stieg ins Fahrerhaus, suchte meinen Rucksack auf der Rückbank und legte ihn auf das Bremspedal. Dann latschte ich zum Ende des Hängerzugs zurück.

Aha!

Anstatt, dass jetzt das Rücklicht die Aufgabe des Bremslichts übernommen hätte, im einfachen Tausch sozusagen, leuchteten die gelben Lichter der Blinker, als meinten sie, ein Bremsmanöver anzeigen zu müssen.

Ich latschte wieder nach vorne und legte den Rückwärtsgang ein. Als ich die achtzehn Meter bis zum Ende des Hängers noch einmal hinter mich gebracht hatte, durfte ich bemerken, dass jetzt endlich auch das Rücklicht brannte. Wie ich nun aber das weiße Rückfahrlicht zum Leuchten bringen sollte, das war mir erst einmal egal.

Ich sah zur Bahn, wo all die unglaublichen Gewichte ihren unbekannten Zielen so schnell entgegenbrausten, wie ich das gern getan hätte, und sah dann zur zeitlos glücklichen Neonwelt der Tankstelle, wo Reisende, mit denen ich gern getauscht hätte, keine Sorgen zu haben schienen, und überlegte, was ich nun tun sollte.

Auch wenn ich mich mit der Elektrik von Hängerzügen nicht auskannte, kam es nicht infrage, Blondie zu wecken.

Erst einmal selbst probieren! Das hatte ich in meiner Zeit als Fahrer inzwischen gelernt. Der Pannendienst wird als Letzter gerufen.

Also was?, fragte ich mich. Ich bemerkte, dass eine einzige Birne an der Lichtleiste des Hängers nicht brannte. Aha. Hm … Birne kaputt ist gleich Sicherung knallt durch.

Aber war Sicherung durch auch gleich Lichtorgel?

Erst mal gucken. Ich latschte links nach vorn, warf die Fahrertür zu und öffnete die Beifahrertür. Am Fußraum des Beifahrers befand sich die Abdeckplatte des Sicherungskastens. Klappe ab, Sicherungen kontrollieren. Scheißunübersichtliches Schaublatt auf der Unterseite des Deckels. Aber ich fand sie, die entsprechende Sicherung für das Licht da hinten. Sie war tatsächlich durch.

Handschuhfach auf. Wühlen, Sicherung finden, weiter wühlen, nichts finden, Tür zu, zur Tanke latschen und neue Birne kaufen. Zurück, Tür auf, Rückbank hochklappen und darunter nach dem Akkuschrauber suchen. Dann nach hinten latschen und die Birne austauschen, dann neue Sicherung rein und Licht an. Das war es, was ich tat, und nachdem ich es getan hatte, hatte ich nichts erreicht. Für einen Moment leuchtete die getauschte Birne, dann knallte sie durch. Kurz darauf fing das Bremslicht an zu blinken.

Und jetzt?, fragte ich mich. Scheiß drauf!, wollte ich schon denken. Einfach weiterfahren! Aber wir hatten es nicht eilig und dass mir hinten ein übermüdeter Lohnsklave reinrauschte, weil er nicht kapierte, dass mein Blinken nach links eigentlich bedeutete, dass ich gerade eine Vollbremsung machte, das wollte ich nicht riskieren. Ich latschte wieder nach vorne, um einen weiteren ratlosen Blick auf die Sicherungen zu werfen, wofür ich die Beifahrertür öffnen musste, die ich vor meinem letzten Gang nach hinten geschlossen hatte, und das war der Moment, in dem sich Blondie meldete.

»Sag mal, was machst du da eigentlich?«

Irgendwann lernt es ein jeder, in einem fahrenden Lkw zu schlafen, und wenn er das gelernt hat, dann hat sich auch seine schlafende Wahrnehmung umgedreht. Man merkt es einfach, wenn der Wagen zu lange steht. Da stimmt dann irgendetwas nicht. Das ist genauso, als ob eine Mutter an einem Sonntagmorgen, an dem sie ausschlafen kann, nur fürchtet, dass die Kinder sie zu früh wecken, um dann im Halbschlaf festzustellen, dass absolut nichts zu hören ist, obwohl längst schon der Streit um das Fernsehprogramm zu ihr dringen müsste. Natürlich ist sie sofort hellwach.

Beim Fernfahrer kommt noch etwas anderes hinzu und das ist das Türenknallen, das Blondies Unterbewusstsein mitgeteilt hatte, dass ich nicht nur gehalten hatte, um mal eben einen Kaffee zu trinken oder Ähnliches.

»Die Lichter spinnen«, sagte ich zu ihm hinauf und deutete hilflos auf den Sicherungskasten. Eine Minute später stand Blondie mit mir am Ende unseres Zuges.

»Kanns ma Kaffee holen?«, fragte er, bevor er zu der Kabelage unter dem Hänger kroch, und ich folgte seiner Aufforderung gern, konnte ich mich doch so von unserem Desaster entfernen und mich auf eine Art nützlich machen, von der ich auch was verstand.

»Tja«, sagte er dann einige Minuten später, während er an seinem Becher nippte. Er zündete sich eine Zigarette an und schüttelte den Kopf. »Ich weiß auch nicht.«

»Und jetzt?«, fragte ich.

»Geh mal nach vorn«, sagte er. Kurz darauf saß ich am Steuer und testete alle Lichter in genau der Reihenfolge durch, die Blondie mir per Handzeichen von hinten vorgab.

Dann war ich wieder bei ihm. Er hatte die nächste Zigarette im Mundwinkel, schmiss seinen Kaffeebecher ins Gebüsch und schüttelte weiter den Kopf.

»Das ist doch alles Scheiße hier in diesem Saftladen«, sagte er und latschte nach vorne. Ich folgte ihm langsam. Im Fahrerhaus kramte er die Kreditkarte des Pannendienstes heraus und dann hatte er schon das Handy am Ohr. Kurz darauf erklärte er die Daten der Karte in den Äther und eine Stunde später traf der Pannendienst ein, der seinen Drei- oder auch Viertonner hinter unserem Zug parkte.

Und diese kleinen Wagen sind wirklich der Hammer, das nur am Rande. Da ist alles drin. Das sind wirklich mobile Werkstätten, die haben alles dabei.

Ein junger Typ sprang heraus, der mich gleich an die Art Mitschüler aus meiner Jugend erinnerte, die damals irgendwas »gemacht« haben beziehungsweise gelernt. »Elektronik« in diesem Fall oder »Elektrik« oder »Elektrotechnik« oder was auch immer. Einer von jenen eben, die niemals die ganze Woche durchgerockt hatten, einer von jenen, die wir damals überhaupt nicht gebraucht hatten, als wir nur gefeiert hatten, auf die Blondie und ich jetzt aber sehr angewiesen waren.

»Na, was gibt es?«, fragte der junge Mann, der gut gelaunt und sympathisch wirkte und der sich ungefähr genauso lange wie ein Arzt die Erklärung des Patienten anhörte, bevor er sich mit einem »Na wollen mal sehen« an die Lichtleiste machte. Wir standen daneben wie die Deppen. Mit dem gleichen Blick, den einem ein Arzt schenkt, wenn er sagt, man solle mal bitte und man möge mal eben, schickte er Blondie nach vorne ans Steuer im Fahrerhaus, um »Aaah« zu sagen, und prüfte dann das, was Blondie schon mit mir geprüft hatte. Aha!, mag er sich gedacht und mit der Formulierung einer Diagnose gewartet haben. Dann krabbelte er unter den Hänger, um nach den Kabeln zu sehen.

Kaum eine halbe Minute später war von dort ein deutliches »Mein Gott, so was habe ich ja noch nie gesehen« zu vernehmen und Blondie knirschte mit den Zähnen. Mein Blick fragte ihn.

»Das war Jan«, raunte er mir zu.

»Was?«

»Jan selbst hat repariert.«

»Und?«

»Jan kann sehr viel«, sagte Blondie, »aber von Auto-, Lkw-, oder Hängerzugelektrik sollte er wirklich die Finger lassen.« Er schüttelte noch einmal den Kopf und machte sich zur Tanke auf, um neuen Kaffee zu holen.

Drei Stunden hat der Junge vom Pannendienst sich über den Dilettantismus dessen amüsiert, der vor ihm an den Kabeln drangewesen war, dann funktionierte endlich alles wieder.

Ich machte mit ihm die Abrechnung, denn Blondie saß inzwischen genervt im Fahrerhaus und las Zeitung, bocklos, sich von einem Pannenjüngling wegen des Zustandes seines Zuges belächeln zu lassen.

»Euer Chef sollte sich mal eine andere Werkstatt suchen«, sagte der junge Fachmann und grinste mich auf enttäuschend überhebliche Art an, während er mir sein Lesegerät zur Unterschrift reichte, und ich schenkte ihm ein Lächeln, während ich unterschrieb. Ich wusste es damals noch nicht, es fällt mir erst heute auf, da ich dieses schreibe. Es war das Lächeln, das ich sonst Frauen schenkte, die glaubten, ich müsse mich freuen, dass sie sich auf einen Flirt mit mir eingelassen haben, weil sie ja sonst Besseres gewohnt waren. Eine Art Leck-mich-am-Arsch-Lächeln, das selten nur von denen verstanden wurde, denen es galt.

Und dann war es bald halb zwei und ich fragte Blondie, ob wir jetzt weiterfahren wollten.

Blondie schüttelte den Kopf. Es sei doch eh nur noch eine Stunde bis Halle, sagte er. Wozu sollten wir uns jetzt noch unsere mit »Ruhezeit« gut bemalten Tachoscheiben versauen? Da könnten wir genauso gut hier stehen bleiben und am Morgen weiterfahren.

Da hatte er recht. Was mich dabei beunruhigte, war, dass nach Mitternacht an der Autobahn kein Bier mehr verkauft wurde. Gesetzeshalber.

Das liegt an der Provinz, nicht etwa an der gewünschten Verkehrssicherheit, denn dann dürfte an der Bahn ja nie Alkohol verkauft werden. In der Provinz haben die Diskotheken immer recht früh, also gegen zwei, drei Uhr morgens, geschlossen, anstatt, wie es sich gehört, bis zum nächsten Frühstück durchzumachen.

Ich war selbst mal dabei, im Raum Ludwigsburg, in einer Nacht, in der keiner nach Hause wollte, sondern weiterfeiern. Also wohin? Klar, zum Wunnenstein, der nächsten Raste, und weitersaufen. Da hat sich dann wohl das urbane Gaststättengewerbe gemeldet und Protest angesagt, wegen Ungleichheit und so, und seitdem müssen Autobahnraststätten sich im alkoholischen Zusammenhang an die Öffnungszeiten der Provinz halten.

Blondie deutete auf die Rückbank, wo er zwei Sixpacks abgestellt hatte, während ich noch mit dem Elektrikchirurgen zu tun hatte.

Durstig riss ich ein Bier auf und prostete Blondie zu, mit dem es eigentlich hätte 'ne Party werden können, jetzt, wo wir mal Zeit hatten und uns also nett hätten unterhalten können, aber Blondie hatte schlechte Laune und vergrub sich in seiner Zeitung. Das war mir dann aber auch egal, denn lieber verbringe ich verschwiegene Zeit mit einem, den ich mag, als verschwafelte Stunden mit einem, der nur Wörter sabbert, anstatt was zu sagen.

Alle paar Minuten murmelten entweder ich oder Blondie eine kurze Bemerkung, auf die der andere mit einer ebenso kurzen Bemerkung antwortete, und das war mir genug, hatte ich doch inzwischen selbst einen Teil von Blondies Zeitung in den Fingern, den ich anfangs (bevor ich zu besoffen war) noch aufmerksam studierte, während unsere kleine wohnzimmerartige Zelle von Cannonball-Adderley-Musik, die sogar schon Punks begeistert hatte, leise beschallt wurde. Das war Musik, die sich nicht aufdrängte (»Ey, hör mal, wie toll ich bin!«), sondern ganz selbstgenügsam für sich und vor sich hin daddelte, bis man mal auf die Idee kam zuzuhören. Und dann war man gefangen. Miles Davis spielte da mit und Art Blakey – der der Welt hinlänglich bewiesen hat, welch spektakulärer Drummer er sein kann – hat sich auf diesen Aufnahmen so extrem zurückgenommen, dass die Zeitung auf meinem Schoß von allein in sich zusammenfiel und ich nur noch lauschte.

Und dann musste ich pissen.

Ich stand draußen am Busch, am Rande der Bahn, und es hatte sich was von wegen »Wohnzimmer«.

Wenn wir im Fahrerhaus des Lkws saßen, dann waren wir akustisch sehr abgeschirmt und dann konnte es vorkommen, dass wir uns fühlten wie zu Hause. Aber spring einmal hinaus aus deinem Lkw. Lärm, Lärm, Lärm. Es rauscht und knallt und dröhnt an dir vorbei. Und dann stehe ich da und plötzlich kapiere ich es: Eure Wohnzimmer zu Hause, in Suburbia, die, die so ruhig und entspannend sind, die, in denen man so richtig relaxen kann, diese Wohnzimmer sind aus Lärm gebaut.

Lärm ist es, der alle eure Heime beliefert. Alles, was in euren Heimen euer Leben komfortabel macht, wurde transportiert, über die Autobahn. Alles, was euch Entspannung bringt, lag vorher im Lkw. Und die Substanz eures Heims, eures Hauses, das Material, aus dem eure Entspannungssofas gebaut wurden, ist zehnmal hin und her kutschiert worden, bevor ihr euch darauf ausruhen könnt. Eure Ruhe ist auf Lärm gebaut, der hinter den isolierten Fenstern eurer Zellen verschwindet, die eigentlich auch nicht größer sind als unser Fahrerhaus.

»Was 'ne Scheiße!«, wollte ich murmeln, als ich ins Gebüsch neben der Bahn stolperte, aber dann stolperte ich wirklich und lag auf der Nase. Ich rappelte mich auf und pinkelte, während wenige Meter von mir entfernt ein Pkw mit drei Millionen Stundenkilometern vorbeirauschte, seinen ahnungslosen Insassen zu keinem Ziel zu befördern.

Als ich mir den Reißverschluss zugezogen und mich umgedreht hatte, hielt ein Hängerzug hinter unserem Hängerzug.

Etwas erregte meine Aufmerksamkeit an diesem Hängerzug, aber was das war, das bekam ich erst mit, nachdem der Fahrer herausgesprungen war und die Plane am Hänger seines Zuges aufgezogen hatte. Keine Ahnung, warum er das tat. Vielleicht wollte er nur mal die Tiere durchlüften, die er transportierte. Deren Weiß und Rot waren es gewesen, das meine Aufmerksamkeit erregt hatte, denn es war an allen Enden des Hängers zu sehen, ja es quoll geradezu aus ihm heraus. Blut und Federn. Truthennen waren es, die der Trucker in kleinen übereinandergestapelten Käfigen auf seinem Zug geladen hatte. Oder besser: Truthähne. Denn wenn es wirklich Hennen gewesen wären, dann hätte er pro Käfig ein Tier mehr untergebracht haben dürfen. Das erklärte er mir, als wir neben seinem Laster ins Gespräch kamen, beziehungsweise war er gekommen, denn ich stand nur und staunte, während er erzählte.

»Und dann hat mich da so ein Arsch angezeigt, heute Mittag, wegen Tierquälerei oder was. Hab ich genau gesehen. Erst ist er hinter mir gefahren, dann vor mir und immer mit Handy am Ohr und dann bin ich auch bald angehalten worden.«

»Nee«, sagte ich, gar nicht ironisch, sondern nur, um irgendetwas zu sagen, während ich über das Blut und die daran klebenden Federn an den Käfigen staunte.

»Doch«, beharrte er und von seinem Sermon über die ganzen blöden Wichser da draußen auf der Bahn, die von nichts eine Ahnung hatten, bekam ich kaum etwas mit, denn plötzlich fühlte ich mich beschissen schuldig. Ich kann nicht sagen, dass ich Truthahnbrustbrötchen jemals irgendwie besonders lecker gefunden hätte, dass sie nicht etwas wären, auf das ich spielend verzichten könnte, aber trotzdem kaufte ich die Dinger immer wieder in irgendwelchen Pausen bei irgendwelchen Bäckern und in irgendwelchen Stehcafés vom Blech weg. In irgendwelchen Pausen, in denen ich nur Hunger hatte, wobei es aber ziemlich egal war, was ich aß, in Pausen, in denen meine Gedankenlosigkeit zu diesem ganzen unnötigen Leid beitrug, dessen ich gerade ansichtig wurde. Wenn mir die Scheißtruthahnbrustbrötchen wenigstens schmackhaft gewesen wären! Aber von Geschmack konnte bei den Dingern nie die Rede sein.

Deprimiert hörte ich den Klagen des Truckers noch einen Moment lang zu, gab ihm dann den Tipp, sich nicht allzu sehr aufzuregen, und wünschte ihm eine gute Nacht, während ich dachte, dass er ein Idiot war wie alle anderen. Und ich auch. Während ich zu unserem Fahrerhaus zurückschlich, nahm ich mir vor, dem nächsten Kunden, der fragte, ob Wurstbrötchen okay seien, vorzuschlagen, doch bitte etwas Couscous bereitzustellen.

Raten Sie mal. Getan habe ich das nie.

Als ich einstieg, hielt Blondie mir einen Joint entgegen. Ich schüttelte den Kopf. »Wenn ich jetzt kiffe, drehe ich durch.«

»Was'n los?«

»Ich habe gerade sechzehn Möbelwagenmeter blutender Vögel gesehen.«

Das erste Sixpack war getrunken, das zweite halb leer, da kramte Blondie eine Flasche Rum aus seinem Gepäck. Damit hatte ich nicht gerechnet. »Mir war halt so«, sagte er auf meinen Blick hin. Gern, dachte ich. Eigentlich hatte es ein Schlummertrunk werden sollen, die paar Biere, die wir hatten, aber manchmal ist einfach Stopp. Da hat man dann drei, vier Biere drin, und dann sagt man sich: Ihr könnt mich alle. Und dann greift man zum Rum oder zu was anderem. Man hat ja noch ein paar Stunden.

Es wurde aber kein nettes Trinken. Es wurde ein stilles Einlullen. Und ein spätes.

Als ich zum ersten Mal mit fadem Geschmack im Mund die Augen öffnete, fühlte ich mich wie ein Gepäckstück, das man zwischen Blondies Reisetasche, meinem Rucksack und meinem Schlafsack auf die Rückbank geworfen hatte. Als ich das zweite Mal die Augen öffnete, begann mir langsam etwas klar zu werden, und als ich das dritte Mal die Augen öffnete, verschwand gerade Blondie aus der Beifahrertür nach draußen. Natürlich war es längst hell. Neun Uhr dreißig. Anderthalb Stunden später als wir in Halle sein sollten. Wir würden also etwa drei Stunden zu spät bei unserem Kunden sein. Eine Aussicht, die mich gern mal in Panik versetzen konnte, aber nicht, wenn ich einen derartig dicken Kopf hatte wie an diesem Morgen. Ich hatte gerade das erste Gähnen hinter mich und die erste Zigarette in meine Hand gebracht, als Blondie mit Kaffee zurück war. Er reichte mir meinen Becher, setzte sich auf den Fahrerplatz und zündete sich eine Zigarette an. Ich wühlte mich aus der Gepäckablage und setzte mich auf den Beifahrersitz.

Normalerweise hätte ich bei Verschlafen sofort angefangen zu besprechen, was als Nächstes dran sei, aber mit Blondie war das nicht nötig. Wir brauchten nicht darüber zu reden, dass wir verrissen hatten. Wir zogen an unseren Zigaretten, nippten an unseren Kaffees und während Blondie das Handy rauskramte, suchte ich nach der Nummer des Kunden im Tourplan.

Ich begann, richtig aufzuwachen, als Blondie am Handy dem Kunden erklärte, dass wir leider wegen einer Reifenpanne mit Verspätung ankommen würden. Dann verzog Blondie verwundert das Gesicht, bevor er sich verabschiedete. Er knipste das Handy aus und warf es zur Seite.

»Was?«, fragte ich.

»Komisch, wie der reagiert hat. Das wäre überhaupt nicht weiter wild, denn an der Ablade gäbe es Probleme.«

»Was für Probleme?«, fragte ich.

»Hab ich gar nicht gefragt«, sagte Blondie.

»Na, dann kann ich ja auch noch mal für kleine Möbelpacker«, sagte ich und damit meinte ich nicht, dass ich eben noch mal an die Büsche wollte. Ich brauchte Wasser ins Gesicht und, ja richtig, auf dem Weg zum Klo kam auch der Kaffee durch. Und dadurch wurde es unangenehm. Eigentlich hatte ich wirklich nur am Waschbecken im Herrenklo der Raststätte mir mal eben das Gesicht erfrischen wollen, aber dann musste ich kacken.

Ich kann in Asien auf öffentliche Klos gehen, ohne große Bedenken zu haben, denn das Übel ist nicht die Brille. Die Brille zu vermeiden gibt es Tricks. Das Problem ist ein anderes. In Asien zirkuliert die Luft. Auf deutscher Raste hängt man in schlecht belüfteter Kabine, in der sich kurz zuvor vielleicht ein ekelhafter Drecksack erleichtert hat, der den Begriff »Klobürste« nicht zu lernen brauchte, weil er noch nicht einmal vom Wort »Spülung« gehört hatte. Es kann grauenhaft sein. Und selbst wenn man eine relativ saubere Zelle erwischt, dann hängt garantiert einer in der Nachbarzelle, der hustet, spotzt und kotzt, dass es eine rechte Freude ist. Und immer stinkt es nach alten Männern, jedenfalls am Morgen. Sind ja alles durchgesoffene Trucker, die hier kacken gehen. Das ist auch genau der Grund, warum ich die Truckerduschen auf den Rastplätzen nur im schlimmsten Wird-aber-auch-wirklich-Zeit-Notfall benutze. Es reicht doch, wenn ich mein Geschäft hinter mich bringen kann, ohne zu kotzen.

Selbst die Dixis auf irgendwelchen Festivals sind besser belüftet als die Klos auf der Raste.

Mit vollen Lungenflügeln die bleischwere Luft an der Bahn einsaugend latschte ich zum Lkw zurück.

»Los, oder noch was essen?«, fragte ich Blondie.

Blondies Blick fragte zurück.

»Also los«, sagte ich. Echter Hunger würde sich wohl erst in einer Stunde einstellen und da wären wir schon in Halle, wo es ja wohl einen Bäcker geben würde, der dann auch ... oh nein, Scheiße, keine Truthahnbrustbrötchen, sondern bestimmt auch Käsebrötchen haben würde.

Kapitel 20

VIELE FÄUSTE UND KEIN HALLELUJA

»Es wurde gebrüllt, geschubst, getobt. Jedes Mitglied eines Umzugsteams versuchte, den eigenen Kollegen zu Hilfe zu eilen.«

HALLE. KEINE AHNUNG, WIE HALLE AUSSAH. Hundert Städte und Dörfer, die ich gesehen habe, lassen zwei übrig, an die ich mich erinnere, die anderen verschwinden im Vergessen. Nur die, in die ich öfter gefahren bin, die bleiben mir in der Erinnerung.

Von Halle weiß ich heute kein Bild mehr zu erinnern, außer das der Straße, in der wir abzuladen hatten. Und von dieser Straße auch nur den Ausschnitt, an dem wir zu tun hatten. Unsere Abladeadresse stellte sich als ein noch nicht komplett fertiggestellter Neubau heraus, der von einem Bauzaun eingekreist war, hinter dem sich der eine oder andere Schuttcontainer befand. Grün war natürlich noch keines um das vierstöckige Gebäude herum zu sehen und die frisch gepflasterte Einfahrt zur Tiefgarage wurde von den Transportern der Handwerker blockiert. Daneben drängten sich außerhalb des Bauzaunes vier Möbellaster auf der Straße. Etwas weiter weg stand ein Hängerzug. Die vier Laster, von denen jeder so dicht wie möglich am Eingang zu parken versucht hatte, hatten allesamt mit Umzugsgut vollgestellte Ladekanten. Zwischen den Lkw und dem Eingang bewegte sich eine unübersichtliche Menge von Möbelpackern, Handwerkern und, wahrscheinlich, Kunden hin und her und alle schienen voll aggressiver Unruhe zu sein. Die meisten redeten aufeinander ein und gestikulierten dabei unbeherrscht.

»Was ist das denn?«, murmelte Blondie, als wir langsam an dem Geschehen vorbeirollten.

»Da sind ja noch welche!«, rief ein Möbelpacker, der gerade aus dem Haus kam. »Klasse, nur zu, wir sind ja noch nicht genug!« Ob er dabei Spaß machte oder es bitterernst meinte, war ihm nicht anzusehen. Ich tauschte einen Blick mit Blondie, bevor wir unseren Lkw vor dem anderen Hängerzug abstellten. Unseren eigenen Hänger hatten wir glücklicherweise in einem Gewerbegebiet in der Nähe abgestellt.

»Jetzt bin ich ja mal gespannt«, sagte ich, als wir aus dem Fahrerhaus gesprungen waren. Und da kam uns schon ein junger Möbelpacker in Latzhose entgegen. Mit kurzen blondierten Haaren auf dem Kopf und einem Ring im Ohr grinste er uns entgegen. »Seid ihr von Verhuizer?«

»Blondie«, sagte Blondie und streckte ihm die Hand hin.

»Thomas«, sagte der Junge. »Das ist das völlige Chaos hier«, erklärte er, nachdem auch ich mich vorgestellt hatte. »Die haben sich hier gedacht, es wäre sehr praktisch, wenn jeden Tag eine andere Etage bezogen wird. Heute ist die vierte dran.«

»Was?«, fragte Blondie.

»Das war die Verwaltung«, sagte Thomas. »Die haben sich das ausgedacht.«

Blondie und ich grinsten einander an. Wir begriffen sofort. Irgendein praxisferner Sesselhengst hatte sich einen total geilen und effizienten Plan ausgedacht, wie der Neubau zu beziehen sei. Als Erstes der vierte Stock, dann der dritte, der zweite und so fort bis nach den Einzügen ins Erdgeschoss die Endreinigung hinter dem letzten Möbelpacker den finalen Besenzug führen konnte.

»Na, mal sehen«, sagte Blondie und wir machten uns auf den Weg ins Haus. Auf den Ladekanten und zwischen Lkw und Haus standen und saßen genervte Möbelpacker, die rauchend warteten, dass es weiterging.

Im Eingangsbereich zwischen Haustür und Fahrstuhl stand unübersichtlich Umzugsgut herum. Möbelpacker debattierten miteinander und mit Kunden und mit Anzugträgern, die ihrerseits miteinander debattierten. Noch schien es zu gehen, doch ein Funke, so glaubte ich, würde ausreichen, das Schwelen in einen ausgewachsenen Flächenbrand zu verwandeln, wenn nicht einfach die ganze aggressive Stimmung mit einem lauten Knall explodieren würde. Von unserem Kunden war nichts zu sehen.

»Meine Herren!«, rief ein Anzugträger zwei Möbelpackern zu, die sich vor dem Fahrstuhl heftig miteinander über die Benutzung desselben stritten. »Ich bitte Sie. Das kann man doch auch alles in Ruhe besprechen.«

»Was wollen Sie denn! Das ist doch der letzte Schwachsinn, den Sie hier veranstalten«, kam es zurück.

»Mit etwas zivilisiertem Verhalten lässt sich doch eine Einigung finden«, versuchte es der Anzug weiter.

»Zu Zivilisation gehört Intelligenz und davon kann bei Ihrer Planung ja wohl keine Rede sein.«

»Aber ...«

»Haben Sie eigentlich eine Ahnung, was der ganze Scheiß hier kostet?« Und damit meinte der Möbelpacker die ganzen Mannstunden, die hier ungenutzt vergeudet wurden, weil keiner anständig den Fahrstuhl nutzen konnte.

Ein paar Meter neben dem Fahrstuhl waren zwei Möbler kurz davor, einander an die Gurgel zu gehen.

»Ich sag's dir noch mal, Alter. Ich habe keinen Scheißkratzer in deine Scheißkommode gemacht.«

»Fass mich nicht an, du Arsch!«

»Wollen wir vor die Tür gehen? Ihr seid es doch, die hier die ganze Zeit unsere Arbeit sabotieren.«

Nahe bei der Tür stand eine Frau, die völlig aufgelöst ein Bild betrachtete, dessen Glas im Rahmen gesprungen war. Kein großer Schaden, aber unter schlimmen Umständen verlieren Leute aus ganz anderen Gründen die Nerven. Die Tränen unterdrückend, lief sie durch die Menge zur Treppe und verschwand nach oben.

»Marianne!«, rief ein junger Mann und setzte an, hinter ihr herzulaufen, als er sich noch einmal zu einem Möbelpacker umdrehte. »Das wird Folgen haben«, sagte er.

»Was soll das denn jetzt?«, fragte der Möbler. »Das ist ja wohl Ihr Vermieter, dem Sie das hier zu verdanken haben.«

Ich sah Blondie an, der seinen Blick über das Chaos schweifen ließ. Dann sah er mich an, bevor wir beide unseren Blick an Thomas richteten. Thomas grinste und kurz darauf standen wir wieder am Rande der Straße, mit dem Chaos im Rücken.

»Ich gebe einen Kaffee aus«, sagte Blondie, als wir gleichzeitig das Eiscafé auf der anderen Straßenseite entdeckten.

Wir überquerten die Fahrbahn und machten es uns auf Plastikstühlen unterm Sonnenschirm bequem, da war auch schon der Kellner da.

Ich bemerkte meinen Kater und wusste, dass ich in der nächsten Stunde kaum Gelegenheit haben würde, gegen ihn anarbeiten zu können. Ich hatte keinen Bock auf Kater. Ich hatte Bock auf Bier.

Es gibt ein altes Klischee, das sagt, Möbelpacker seien bei ihrer Arbeit gern mal betrunken. Das stimmt schon lange nicht mehr. Klar gibt es immer wieder Kollegen, die sich morgens auf Level trinken müssen, aber das ist dann das Level, bei dem sie funktionieren. Die anderen halten sich (fast immer) an die Regel, die sagt: nach der Arbeit.

Ich selbst trinke nie bei der Arbeit, vor allem, weil ich fahren muss, aber davon war ich jetzt noch sehr weit entfernt. Also habe ich drauf geschissen. Ich wusste ja noch nicht einmal, wann ich an diesem Tag wieder einfach nur schleppen können würde.

Also bestellte ich ein Hefeweizen. Blondie warf mir einen kurzen Blick zu, den ich grinsend beantwortete.

»Ich auch, bitte«, sagte Thomas. Und so bemerkte Blondie, dass wir für Kaffee noch den ganzen Tag Zeit haben würden.

»Also drei Hefe«, sagte er zu dem Kellner. »Und drei Havana Club.«

Ich sackte gemütlich auf meinem Stuhl in mich zusammen und schmunzelte in Blondies Richtung, während er sein Handy aus der Tasche zog und im Menü nach der richtigen Nummer suchte.

Ich schloss die Augen und ließ die Vormittagssonne auf mich wirken.

»Verhuizer-Umzüge«, sagte Blondie. »Moin. Wir sitzen gegenüber im Eiscafe.«

*

»Das geht hier alles auf mich«, sagte unser Kunde, nachdem er sich gesetzt und seinerseits Bier und Rum bestellt hatte. Er schüttelte den Kopf. »So was habe ich ja wohl überhaupt noch nicht erlebt.« Und als dann seine Getränke kamen, prosteten wir alle einander zu.

»Und?«, fragte Blondie. »Hat unser Chef Ihnen hier auch was versprochen, wie lange das dauern würde?«

Der Kunde grinste und roch an seinem Rum. »Die sind alle nicht ganz dicht, da drüben«, sagte er, nachdem er einen Schluck genommen hatte. »Ich hoffe, das zerstört nicht euren Zeitplan.« Inzwischen wusste er ja so ungefähr, was wir noch alles auf dem Zettel hatten. Blondie wiegte abschätzend den Kopf. »Mal sehen.«

»Ist das jetzt eigentlich Arbeitszeit?«, fragte Thomas, wobei er ein klein wenig grinste.

»Wenn du noch einen Joint baust, dann kriegst du sogar Hanfzuschlag«, sagte Blondie und Thomas lachte. »Ich hab ja nur mal doof gefragt.«

»Ich hoffe, du hast heute keine Termine mehr«, sagte ich. Aber er schüttelte den Kopf. »Heute nicht.«

Und dann bestellte unser Kunde noch eine Runde und plötzlich bemerkte ich, dass er noch gar nicht auf die Idee gekommen war zu fragen, wie es denn jetzt weitergehen würde. Es war ja eh klar. Abwarten. Was anderes ging nicht.

»In drei Wochen habe ich wieder andere Probleme«, sagte er irgendwann. Das war schön. Zu sehen, wie schnell es auch Kundschaft begreifen kann.

Auf der anderen Straßenseite schien niemand irgendetwas zu begreifen. Die Situation entspannte sich kein bisschen und keines der Möbelpackerteams, die doch da einfach nur ihren Job erledigen wollten, kam irgendwie voran.

Und dann ging es plötzlich ab.

Aus der Haustür kam ein Möbelpacker gerannt, die Hand vor dem Gesicht. Das war einer von den beiden, die sich vorher im

Haus schon fast an die Wäsche gegangen waren. Ihm dicht auf den Fersen kam der andere. Das war ein Bulle. In einer *Tom und Jerry*-Realverfilmung hätte er gut den Spike geben können. Dem Ersten lief das Blut durch die Hand. Spike hatte ihn fast erreicht, da stellte ihm ein Dritter ein Bein. Und dann drehten sie alle durch. Während der, der Spike ein Bein gestellt hatte, sich auf ihn stürzte, begriffen auch alle anderen, dass es galt, den eigenen Kollegen aus der Scheiße zu hauen. Und so begann es zwischen den Lkw vor der Haustür zu kochen. Ein paar der Proleten versuchten zu schlichten, aber die meisten gaben einfach nur dem Druck nach, der sich in den letzten Stunden aufgebaut hatte.

Ich hatte immer geglaubt, solches gäbe es nur in den alten Western. Mit einem »Yeeha!« auf den Lippen sich ins Getümmel gestürzt und eifrig draufgehauen. Aber so lustig wie in einem Streifen mit Dean Martin und John Wayne ging das Ganze da drüben auf der anderen Straßenseite nicht ab. Da floss echtes Blut und die ganze Sache sah verdammt ernst aus, auch wenn man sich derartig darüber hätte schlapplachen können, wie ich das später oft getan habe. Im Moment waren wir alle erst einmal erschrocken.

»Das kann ja wohl nicht wahr sein«, sagte unser Kunde entsetzt, als die Wolke aus Aggression langsam auf die Straße hinauswuchs.

Im Zentrum des Geschehens waren Spike und sein Kontrahent. Um die beiden herum hatte sich eine wabernde Menge eingefunden, deren Mitglieder verschiedene Ziele verfolgten. Die einen wollten ihrerseits den eigenen Zorn loswerden, die anderen versuchten zu beschwichtigen, aber dafür war es zu spät. Und so entwickelten sich immer wieder kleine neue Rangeleien am Rand des Hauptgeschehens.

Es wurde gebrüllt, geschubst, getobt. Jedes Mitglied eines Umzugsteams versuchte, den eigenen Kollegen zu Hilfe zu eilen.

»Die sollten Trikots tragen«, sagte Thomas. »Dann könnte man sie auseinanderhalten und Wetten abschließen.«

Mir gefiel sein Humor, auch wenn das alles gar nicht witzig war. Als ich auf der anderen Straßenseite eine Faust in ein Gesicht fliegen sah, glaubte ich, ein Knirschen zu hören, und mir wurde für einen Moment lang schlecht.

»Was ist da denn los?«, fragte der Kellner, der plötzlich neben uns stand und seine Arbeit komplett vergessen zu haben schien. Aber das konnte er auch, denn die anderen Gäste, die noch da waren, hatten wohl jeden Gedanken an neue Bestellungen vergessen. Alles beobachtete erstarrt das Geschehen auf der anderen Seite. Eine Zeile aus *Pidder Lüng* fiel mir ein: »In den Dünen, im Dorf rasen Messer und Mord.«

Teile der Kundschaft und Anzugträger waren nicht mehr zu sehen. Die hatten sich alle in Sicherheit gebracht. Ängstlich und entsetzt wurde aus den Fenstern geschaut und das nicht nur im neuen Haus. Die ganze Straße hinunter waren Schaulustige in den Stockwerken zu sehen.

Und dann sah ich den Ersten, der einem auf dem Boden Liegenden in die Seite trat. Es wurde kriminell. Da war kein »Yeeha!« mehr, da ging es richtig zur Sache, da war es richtig Scheiße. Aber ich sah nicht nur die Ausgeflippten, ich sah auch die Unzahl von Handys an den Wohnungsfenstern. Schon wenige Minuten später konnte ich dem Sound von Martinshörnern lauschen und ich war beruhigt.

Momente danach war die Staatsgewalt vor Ort und hatte alle Hände voll zu tun. Acht Streifenwagen erreichten die Szene und etwas später tauchten noch zwei Wannen auf.

Die meisten der ausgeflippten Möbelpacker kapierten gleich, dass nun Schluss sei, aber ein paar ließen sich nicht ohne Weiteres beruhigen. Da wurde gepöbelt und geschrien, da wurde verhaftet. Und dann wurde die gesamte Situation ganz langsam auseinandersortiert.

Ich habe nicht ganz geschnallt, wie das Ganze eingeteilt wurde, aber die Teams, die am Abladen waren, als wir ankamen, wurden alle des Platzes verwiesen. Ihre armen Kunden mussten noch Tage auf den Rest ihrer Lieferung warten. Nur wir und die, deren Hängerzug am Rand der Straße gestanden hatte, durften an diesem Tag noch abladen.

Nachdem die Ordnungsmacht die Situation unter ihre Kontrolle gebracht hatte und es absehbar war, dass nun das Schlimmste vorbei war und wieder Ruhe einkehren können würde, nachdem klar war, dass kein Möbelpacker mehr vor Ort war, der dem anderen die Arbeit im Streit um den Fahrstuhl vermiesen würde, als sozusagen der Abspann des Filmes lief, wandte sich Blondie an unseren Kunden.

»Wollen wir?« Der Kunde nickte. Blondie guckte mich an. »Ihr wartet hier«, sagte er. Ich nickte. Blondie zog die Augenbrauen zusammen. »Leck mich«, sagte ich. »Eins trinken wir noch. Länger braucht ihr ja wohl nicht.«

Blondie lächelte und ging mit dem Kunden los, um mit Einsatzleitern und Vermietern den Rest des Tages zu besprechen.

Thomas und ich genossen unser drittes Bier.

»Pass auf«, sagte ich. »Wenn wir wirklich gleich abladen können, dann geht das ohne Spaß.« Thomas guckte erwartungsvoll, als hätte ich nicht kapiert, dass er keiner ist, dem man solches extra erklären muss.

»Ich sag es nur«, sagte ich. Ich deutete zum Haus rüber. »Da drüben sind etliche Leute, die sind mit den Nerven fertig. Die brauchen heute keinen Möbelpacker, der sich amüsiert. Wir machen das ganz in Ruhe. Still. Seriös.«

Ein einziges Nicken deutete der junge Thomas an.

»Prost!«, grinste er mir zu, als hätte ich ihn wirklich nicht begriffen. Ich mochte ihn, vor allem weil er später wirklich hochprofessionell gearbeitet hat.

Blondie und der Kunde hatten sich den Einsatzleiter der Polizei und den Repräsentanten der Hausverwaltung geschnappt und denen nicht nur klargemacht, dass wir nicht nur nicht an dem ganzen Chaos von vorher beteiligt waren, sondern auch, dass wir heute noch abladen müssten.

Eine gute Stunde, nachdem Thomas und ich unser drittes Bier geleert hatten, ging es dann auch los. Den Fahrstuhl mussten wir uns mit den Kollegen aus jenem Team teilen, vor dessen Hängerzug wir vorher unseren Lkw geparkt hatten, denn auch die hatten sich herausgehalten.

Aber das klappte, denn deren Verhalten war von ausgesuchter Höflichkeit. »Möchtest du vielleicht zuerst?«

»Aber nein, ich bitte dich.« Und manchmal fuhren sogar zwei aus verschiedenen Teams zusammen im Lift, jeder mit einem oder zwei Hunden voller Kartons, bis in den vierten Stock, wo alle neuen Mieter sich auf eine Art kennenlernten, wie ich das wohl noch nie in meinem Möblerleben erlebt hatte.

Alle Wohnungstüren standen offen und alle trösteten einander und machten einander Mut und es ging ein stetiger Verkehr durch alle Wohnungen und alkoholische Getränke waren allüberall im Einsatz.

Niemand von all denen machte uns Vorwürfe, bloß weil wir Möbelpacker waren, hatte doch unser Kunde das Gerücht verbreitet, wie professionell wir seien und dass wir mit den anderen Proleten nichts gemein hätten, und mancher wünschte sich, er wäre mit uns umgezogen. Und so haben wir noch manchen Sekt im Vorbeigehen zu uns genommen.

Kennengelernt haben sich all die verschiedenen Mietparteien an diesem Abend sehr schnell und das war nicht zum Vorteil der Verwaltung, denn das, was heute passiert war, das würde bestimmt »noch ein Nachspiel haben«, dessen war man sich auf der Etage nicht nur bewusst, darüber war man sich einig.

Wir haben den Umzug erledigt, wie wir das immer machen. Irgendwann ist eben dann doch alles getan. Wir waren nicht schnell. Konnten wir ja gar nicht sein. Mussten wir uns doch den Lift mit den anderen teilen. Aber irgendwann war es geschafft. Dunkel war es draußen, als Blondie sich daranmachte, mit dem Kunden die Abrechnung zu erledigen.

Ich weiß nicht, was ich in der Zeit trieb. Einen Kaffee trank ich in der einen Wohnung, einen Sekt hatte ich in der Hand, als ich in anderer Wohnung mit schöner Frau in ihrer Küche stand, ins Gespräch vertieft über irgendetwas, das mit Liza Minnelli zu tun hatte.

Ich hätte ewig bei ihr bleiben können, bei ihr, deren Wohnung nur ein paar Schritte von der meines Kunden entfernt war. Wir führten ein nettes Gespräch und das war es, was mich hielt. Nicht etwa hätte ich gern bleiben wollen, weil sie besonders attraktiv gewesen wäre, sondern weil es so klug mit ihr zu reden ging.

Als wir uns das etlichste Mal zuprosteten, stand plötzlich Blondie neben mir. »Karsten, du hast einen im Tee.«

Normalerweise lass ich mir solches nicht sagen von Leuten, die in ein nettes Gespräch hereinbrechen, aber Blondie war ein anderer. Einer, der mir sagen und klarmachen konnte, dass ich aus einem anderen Anlass unterwegs war. Also verabschiedete ich mich herzlich von meiner Gesprächspartnerin, eilte durch Flure und Gänge, um auch allen, die ich in den letzten Stunden getroffen hatte, Tschüs zu sagen, und reichte zum Schluss unserem Kunden die Hand.

»Wo ist eigentlich Thomas?«, fragte ich, als Blondie mich zum Lkw brachte.

»Vor 'ner Stunde abgehauen.«

Und plötzlich schnallte ich was. »Tut mir leid«, sagte ich, weil mir klar wurde, dass wegen meines Alkoholpegels jetzt Blondie nach Leipzig fahren müsse, obwohl gar nicht klar war, wer von uns eigentlich der Müdere oder der Wachere gewesen wäre. Ich war egoistisch gewesen und außerdem hatte ich, völlig unprofessionell, nicht an unseren Tourplan gedacht.

»Was tut dir leid?«, fragte Blondie. Ich schwankte.

»Alles«, sagte ich. »Jetzt musst du schon wieder fahren.« Und dass ich am Ende vielleicht zu breit gewesen war für die Party da oben, im vierten Stock, darüber redete ich lieber nicht.

»Hey«, sagte Blondie, während er mich unter den Achseln fasste und gerade stellte. »Du warst gut.« Ich schielte ihn an.

»Die haben da heute Terror gehabt«, sagte Blondie. »Und dann haben sie sich alle auf ’ner Party getroffen. Und dann ist da ein Möbelpacker, der mit einer Kundin über Musik redet – das hat denen oder zumindest ihr gefallen.«

»Liza Minnelli?«, fragte ich.

»Musik«, sagte Blondie. »Und die fand das geil, dass nicht alle Möbler so sind wie das Terrorkommando vom Morgen.« Er schubste mich, fing mich auf und klatschte mir sacht auf die Wange. »Du warst gut«, sagte er. »Und jetzt lass uns los.«

Und also arbeitete ich mich in das Fahrerhaus hinein und Blondie machte sich daran, uns nach Leipzig zu bringen.

Was wir dann am nächsten Morgen in Leipzig erlebten, hätte ich normalerweise vielleicht witzig gefunden oder zumindest interessant, aber ich war verkatert und deshalb hat mich das Ganze hauptsächlich genervt.

Wir hatten zwölf Möbelwagenmeter aus dem ersten Stock abzuholen, wobei wir eine Ladehilfe hatten. Mit Blondie hatte ich einen fähigen Kollegen dabei und ich musste nicht als Packer auf dem Lkw stehen.

Ich hatte früh angefangen, das Packen zu hassen. Die Leute denken meistens, das sei der beste Job in den Möbeln, und bei vielen hat der Packer das Image des »Chefs« oder »Kolonnenführers« oder was auch immer, aber mir war das egal. Ich hatte schon Schwierigkeiten, mich selbst zu Hause zum Aufräumen zu bewegen. Den ganzen Tag auf dem Lkw zu stehen, um das, was mir Kollegen mal kompetent, mal idiotisch auf die Ladekante warfen, sauber und ordentlich wegzustauen (und das immer und ewig im Staub der alten Decken), das war nicht mein Ding. Da bekam ich schnell schlechte Laune und für idiotische Kollegen, die in idiotischer Reihenfolge heranschleppen und dabei sagen: »Ein guter Packer packt alles weg«, habe ich nur die Antwort: »Ein guter Kollege schleppt gut heran.« Aber diese Antwort nutzt bei Dilettanten selten was, denn das reine Schleppen ist ja, was den Grips anbelangt, scheinbar der einfachste Job. Nehmen und raustragen ohne nachzudenken und der Packer kann dann sehen, wie er es packt.

Wenn einer wie Blondie packte, konnte ich meinen Grips benutzen, ihm Sachen zu bringen, die er brauchte. Ab und zu einen Blick auf die verstaute Ladung werfen und die Lücken sehen. Dann aus dem Haus das Passende holen. So einfach war das und deswegen hätte das Aufladen in Leipzig auch angenehm unhektisch über die Bühne gehen können. Mit unserer Ladehilfe hätte ich in gleichmäßigem Rhythmus die Ladung aus dem ersten Stock zum Lkw bringen können und hätte dabei in aller Ruhe auskatern können, zumal keinerlei Service vorgesehen war, wir also in der Wohnung nichts zu packen oder zu montieren haben sollten.

Aber ein weiteres Mal versauten uns die Kunden den Tag. Hätte ich nicht einen dicken Kopf gehabt, dann hätte ich denen das wohl auch nicht angekreidet. So aber war ich angekotzt und fragte mich wieder einmal, ob ich es nicht einfach hinkriegen könnte, mir einen Job zu suchen, bei dem ich ganz ungestört von anderen einfach meine Arbeit erledigen könnte.

Unsere Kunden waren ein Paar Ende der Zwanziger, das sich offensichtlich in einer Krise befand. Er war ein dummer Sack, der sich bei jeder sich bietenden Gelegenheit mit zynischen Sprüchen über irgendwelche Macken seiner Frau amüsierte, und sie war eine frustrierte Alte, die den ganzen Morgen alles herunterschluckte, bis sie am frühen Nachmittag zurückschoss. In diesem Haushalt lag etwas extrem im Argen.

Als die Stimmung der beiden einen neuen miesen Höhepunkt erreichte und wir Möbler an der Ladekante bei einer Zigarette das Unwetter abwarteten, das in der Wohnung neu aufbrauste, hörten wir das Geschrei aus dem Fenster heraus. Und als nach zehn Minuten endlich wieder etwas Ruhe eingekehrt war, machten wir uns daran, diskret und still weiter aufzuladen.

Als wir in die Wohnung kamen und der Mann mit uns als Zuhörern eine abfällige Bemerkung seiner Frau gegenüber machte, fiel es mir plötzlich auf: Die beiden benutzten uns als Publikum, um die Breitseiten, die sie aufeinander abfeuerten, wirkungsvoller zu machen.

»Warum kannst du nicht einmal geschmeidig bleiben und dich entspannen?«, fragte der Mann und ich wusste, dass er sich jetzt mit den Möbelpackern, also anderen Männern, verbrüdern zu können hoffte. »Warum bist du nur immer so scheißverkrampft?« Und er dachte, wir als seine Geschlechtsgenossen würden natürlich sofort verstehen, was er meinte, und er hätte praktisch das Publikum auf seine Seite gezogen. Aber da war es schon still geworden in dem Flur. Wir hatten nicht die leiseste Ahnung, was mit diesen beiden Menschen los war, und wir wollten es auch nicht wissen, wollten nur unseren Job machen, aber in diesem Moment war keiner von uns in der Lage, sich zu bewegen. Man geht ja auch im Kino im Moment der Hochspannung nicht aufs Klo.

Sie stand bewegungslos und sah ihrem Mann in die Augen. Ihre Ausstrahlung hätte einen Hochsommertag in eine arktische Nacht verwandeln können. Langsam ließ sie den Blick an ihrem Gatten hinuntergleiten, bis sie mit der Andeutung eines Grinsens auf ihren frostigen Lippen seinen Schritt musterte. Fast unmerklich schüttelte sie den Kopf. »Wie soll ich mich bitte entspannen«, und damit hob sie den Kopf und blickte ihrem Mann wieder in die Augen, »wenn ich es nie anständig besorgt kriege?«

Und als das Selbstbewusstsein des Mannes in kleine Partikel zersplitterte und sich über den Boden des Flures verteilte, hatte sie nun zwar fast das Publikum auf ihre Seite gezogen, aber wir beeilten uns jeder, einen Karton in die Hand zu bekommen, bevor die Hitze seiner Wut die einzelnen Partikel wieder zu einer Person zusammenschmelzen konnte.

Fast hätte ich jetzt erwartet, dass diese Frau irgendwann anfangen würde, die Kraft und die Muskeln der Möbelpacker zu bewundern, wie das hin und wieder Kundinnen tun und nicht selten ihre Männer, die daraufhin mitschleppen, an ihre Bandscheibenvorfälle erinnern – was mich dann immer amüsiert und die Männer nicht. Aber jene Frauen tun das ohne Absicht und es mit Absicht jetzt zu tun, war diese Kundin nicht abgefuckt genug.

Wieder an der Ladekante, kapierten wir es weiterhin nicht. Keiner von uns hatte eine Ahnung, warum die beiden sich stritten, warum sie sich nicht trennten, was da drinnen eigentlich los war. Schon als wir am Morgen angekommen waren und die erste Begehung der Wohnung hinter uns brachten, hatte die Luft gebrannt, und nachdem die beiden sich das erste Mal angepöbelt hatten und uns allen klargeworden war, dass das hier kein einfacher Job werden würde, hatte bald die Frage im Raum gestanden: Wie hatten die beiden es geschafft, ihren Umzug so gut vorzubereiten, dass wir wirklich nur noch rauszuziehen brauchten?

Nur ein paar Bilder und eine Skulptur waren noch fachmännisch zu verpacken. Sonst war alles eins a verpackt. Erstaunlich.

Es sind immer wieder Abgründe, derer man ansichtig wird, in den Wohnungen und Heimen ganz normaler Leute. Diese beiden kamen mir irgendwann vor wie Richard Burton und Liz Taylor in *Wer hat Angst vor Virginia Woolf?* und ich wartete bald nur noch darauf, dass einer der beiden, die sich vor Publikum am besten stritten, die Trumpfkarte aus dem Ärmel zog und vom Postboten erzählte, der das Telegramm mit der Nachricht vom Tod des Sohnes gebracht hatte.

Wir rauchten eine Zigarette und Blondie erklärte uns, wie es weitergehen würde. »Wir ignorieren die ab jetzt«, sagte er. »Wir brauchen die nicht zum Aufladen. Wir ziehen raus und gut. Wir sind Möbelpacker und keine Paartherapeuten.«

Das hieß, dass wir uns in den nächsten Stunden als Publikum verweigern mussten, was nicht immer einfach war. Klar, durch einen Streit kann man mal mit einem Schrank hindurchlatschen. Als ich aber dabei war, die letzten Bilder und die Skulptur in Luftpolsterfolie zu verpacken, hatte ich plötzlich den Mann an meiner Seite und er sprach mich direkt an. Die Skulptur war etwa einsfünfzig hoch, aus Draht und Pappmaschee gebaut und schwarz lackiert. Sie stellte den Geschlechtsakt zweier kaum noch als Menschen zu erkennender Figuren dar und schien mir Afrikanisches zu imitieren. Offensichtlich war sie selbst gemacht.

»Ich geb dir fünfzig Euro, wenn du die fallen lässt«, sagte der Kunde.

»Das müssen Sie schon selbst machen«, sagte ich.

»Du bist so ein Scheißarschloch«, sagte die Gattin, die plötzlich hinter uns stand und das so mitbekommen hatte, wie es für sie bestimmt war. »Früher hat sie dir mal gefallen.«

Und während mir klar wurde, dass die Skulptur ein Geschenk der Frau an ihren Mann gewesen war, hörte ich ihn die Bemerkung murmeln, wie schnell die Zeit doch verginge. Und dann verließ er den Raum. Normalerweise hätte ich einer Kundin, der es schlecht ging, mit irgendeinem ausdruckslosen Blick zu verstehen gegeben, dass ich hier war, um einen Job zu erledigen, und dass ich das ernst nahm, dass sie sich also auf mich verlassen konnte, was ihren Umzug betraf. Aber hier ging das nicht. Hier war echtes Notstandsgebiet. Hier hatten wir uns mit allen Mitteln herauszuhalten, hatten uns gegen Vereinnahmung zu wehren.

Bei meinem ersten Umzug beim Kollektiv Ameise hatten wir der Frau, die sich heimlich von ihrem Mann trennte, vorbehaltlos zur Seite stehen können, denn sie war unsere Kundin. Hier und heute waren beide unsere Kunden. Und wenn es uns noch so seltsam erschien und wenn wir noch so sehr hätten Partei ergreifen können, wir mussten neutral bleiben. Und das einzige Mal in meinem Leben als Möbelpacker hat es mir nichts ausgemacht, ein gesichtsloser Dienstleister zu sein. Im Gegenteil. Es war hilfreich. Ohne das wären wir da nicht herausgekommen. Sind wir aber. Und als alles aufgeladen war, gab es vom Mann kein Trinkgeld, denn der dachte wohl, meine Antwort auf seinen Vorschlag, die Skulptur fallen zu lassen, könnte als eine Absage an ihn als Menschen gelesen werden. Es war die Frau, die uns noch etwas zusteckte, bevor wir davonfuhren.

Wir verabschiedeten uns von unserer Ladehilfe und fuhren Richtung Dresden, wo wir an diesem Tag noch drei Möbelwagenmeter abzuholen hatten, bevor wir damit in der Nacht nach Berlin fahren mussten. Und wieder war ich froh, dass Blondie den Lkw und den Hänger packte. Normalerweise sagen wir, auf einen Container passen acht Meter. Ich hab das mal nachgemessen. Es waren ein bisschen mehr als achteinhalb. Auf unserem Zug konnten wir also siebzehn unterbringen. Mit zwei aus Erfurt, zwölf aus Leipzig und drei aus Dresden hätten wir also genau siebzehn, aber es würde trotzdem eng werden, vor allem wegen der Ladefolge. Die zwei aus Erfurt, die wir zuerst geladen hatten, und die drei aus Dresden gingen nach Berlin, die zwölf aus Leipzig nach Hamburg. Den ersten Teil der Ladung aus Leipzig hatte Blondie einfach auf dem Lkw wegpacken können. Den zweiten Teil hatte er auf dem Hänger an der Ladung aus Erfurt vorbeipacken müssen, damit wir an die zuerst kommen konnten, wenn wir in Berlin waren. Zum Glück sollte die Ladung aus Dresden in Berlin als Erstes runter, sonst hätte es kompliziert werden können. Auf dieser Tour ging es noch. Manchmal hat man sechs oder sieben oder mehr Kunden gleichzeitig auf dem Zug und die Ladefolge war abenteuerlich. Dann muss man vielleicht auch mal umpacken und dann nervt es.

Abends um acht waren wir in Dresden und zwei Ladehilfen halfen uns, die drei Meter aus dem fünften Stock zu holen, wobei eigentlich nichts nervig war, außer dass ich mir bei den beiden nicht sicher war. Das waren sehr gute Möbelpacker, aber immer wieder dachte ich, dass diese verdammt Kurzhaarigen bestimmt Vorurteile gegenüber Ausländern hatten, während meine Vorurteile über ihre eigene Nützlichkeit nachdachten. Meine Vorurteile haben mich gewarnt, mit diesen Jungs zu freundschaftlich zu sein. Zu oft hatte ich es erlebt, dass ich mich mit jemandem gut verstand, um dann von einer gnadenlos rassistischen Äußerung enttäuscht zu werden. Diese beiden bestärkten meine Vorurteile, weil sie zwar extrem geil möbelten, aber dabei mir und Blondie gegenüber reserviert blieben. Sie hatten den Langhaarigen in mir gesehen und in Blondie erahnt. Sie strahlten Unverständnis darüber aus, dass zwei Typen wie Blondie und ich als Verantwortliche in dem Job, den auch sie beide machten, unterwegs sein konnten. Aber gesagt haben sie nichts.

Die persönliche Kommunikation ging gegen null, die professionelle hat funktioniert.

Vielleicht war es einfach mein Dresdenvorurteil, das mich diesen Abend lang misstrauisch sein lassen hatte, aber das war auch irgendwann egal. Möbelpacker waren wir alle und wir würden uns, nachdem wir unseren Job erledigt hatten, wahrscheinlich nie wiedersehen. Ich kann nicht jeden kapieren, den ich unterwegs treffe, und wenn einer der beiden vielleicht abends mit seinen Nazikumpels ein letztes Bier trinkt und denen erzählt, dass Hamburger Zecken erstaunlicherweise tatsächlich richtig malochen können, dann ist das mehr, als ich auf der anschließenden Fahrt nach Berlin denken kann, denn auf dieser Fahrt war dann wirklich ich dran. Und egal, wie wenig Bock zu fahren ich hatte, Blondie musste schlafen.

Und als wir wieder auf der Autobahn waren und Blondie im Topsleeper verschwunden war, fühlte ich keine Müdigkeit. Ich hatte den Zustand erreicht, in dem Müdigkeit keine Rolle spielte, weil es gut war, wach und klar zu sein und Zeit für mich selbst zu haben. Allein zu sein. Die Nacht schlappte vom Donnerstag in den Freitag hinein und mir war es recht, einmal ohne Kollegen durch die Nacht zu sinnieren. Allerdings war mir das nicht lange recht, denn schon bald fiel mir auf, wo ich meine Zeit verbrachte: wieder auf der Autobahn. Und wieder wusste ich nicht, wo zum Teufel mich das hinführen sollte. Ich habe an anderen Orten Momente der Einsamkeit erlebt, die sich mit denen auf der Autobahn messen konnten, aber nirgends ist die Einsamkeit so sinnlos wie auf der Bahn.

Jeder Arbeitsplatz hat seine Nachteile und nicht immer ist es schlimm, über die Autobahn zu driften, es gibt ja manchmal die Momente der Meditation. Aber nirgends, nirgends, nirgends ist empfundene Einsamkeit so schlimm wie dort. Wenn ich einsam, mit Liebeskummer in einem Park sitze oder am Ufer eines Flusses, dann bin ich zwar scheiße drauf, aber das sind Orte, die ein eigenes Leben haben.

Nachts auf der Bahn ist das nur mein Fahrerhaus auf dem Asphalt. Das ist der Ort. Das Fahrerhaus auf dem Asphalt. Alles Drumherum ist immer das Gleiche und damit ist jede Zeit auf der Bahn eine Zeit im Nirgendwo. Ohne jeden Bezug zu irgendeinem sozialen Umfeld. Rausgebeamt aus der Welt. Und da kann man sich nur freuen, dass man irgendwann wieder zu Hause ist – und das war nicht leicht für mich, denn ich hatte kein Zuhause. Ich hatte ein Sofa im Lager von Verhuizer.

Kapitel 21

DIE VERGESSENE INSEL

»Ich kann nicht jedes Mal, wenn mir die Nase von irgendeinem nicht passt, nach Hause gehen. Wir müssen den Job zusammen erledigen.«

Am Freitag die beiden Beiladungen aus Erfurt und Dresden in Berlin abzuladen hat nicht lange gedauert und war auch nicht anstrengend. Es muss ja nicht immer Scheiße sein. Die Scheiße macht auch manchmal für ein paar Stunden Pause und so war ich doch recht entspannt, als ich gegen sechzehn Uhr auf die Autobahn bog. Wenn jetzt alles glatt lief, wären wir zwischen acht und neun bei Verhuizer auf dem Hof. Abends könnte ich noch ein Bier trinken gehen. Zwar nur kurz, denn morgen waren ja noch die zwölf Meter aus Leipzig dran, aber es könnte lang genug sein, mir das Gefühl eines normalen Feierabends zu vermitteln. Blondie lag im Topsleeper, ich hatte gute Laune und das Leben schien dann doch irgendwie nicht ganz so schlimm zu sein.

Bis sich die Scheiße zurückmeldete. Das Handy piepte.

»Hi, ich bin's«, sagte Jan. »Wo seid ihr?«

»Berliner Ring.«

»Gut«, sagte Jan. »Was war da los, in Leipzig?«, fragte er dann.

»Wieso?«

»Was sind das für Leute? Machen die Stress?«

»Na ja ...«, sagte ich und dann erzählte ich ihm, was wir in Leipzig mit unserer Kundschaft erlebt hatten. Fast konnte ich Jans Kopfschütteln am anderen Ende hören.

»Die Alte hat hier angerufen. Die trennen sich.«

»Aha«, machte ich.

»Wie habt ihr das weggepackt?«

»Der Lkw ist voll, der Hänger halb.«

»Hm ...«, machte Jan.

»Was geht denn ab?«, fragte ich.

»Also der Typ zieht allein in die Wohnung und die Alte lagert bei uns ein.«

»Was, wie soll das denn gehen?«

Jan wusste, was ich meinte. Wir hatten sechzig Kubikmeter Umzugsgut auf unserem Hängerzug. Natürlich bunt durcheinander weggepackt. Wie sollten wir das auseinandersortieren?

»Die sind da morgen beide dabei«, sagte Jan. »Ihr packt erst den Hänger ab, da habt ihr Platz zu sortieren. Wenn der Typ dann alles vom Hänger hat, fangt ihr mit dem Lkw an. Alles, was der Alten gehört, könnt ihr dann auf den Hänger packen.«

»Klar«, sagte ich. »Ganz einfach.«

»Ihr kriegt zwei Leute mehr mit.« Die würden wir auch brauchen, zusätzlich zu den drei sowieso schon vorgesehenen Kollegen. Wir könnten zwar mit dem Hängerarsch rückwärts am Lkw stehen und einfach rüberreichen, was der Frau gehörte, aber dafür müsste auch jemand auf dem Hänger wegpacken, jedes Stück Umzugsgut mit einer aufgeklebten Nummer versehen und die Lagerliste ausfüllen. Der Mann würde also in der Kette fehlen.

Aber das war gar nicht das Problem. Das Problem waren die beiden Kunden, die sich, das sah ich schon voraus, permanent darüber streiten würden, wem was gehörte. Das konnte mir ja eigentlich egal sein, ich wusste aber, dass es das Abladen ekelhaft verzögern konnte.

»Ihr müsst da sehr professionell vorgehen«, sagte Jan.

»Wir sind Profis«, sagte ich.

»Ich weiß«, sagte Jan und er wusste auch, dass ich mir gerade ausrechnete, dass auch der Feierabend am Samstag nicht der werden würde, den ich mir erhofft hatte. Darum zögerte er auch mit der nächsten Frage.

»Kannst du nächste Woche fahren?«

»Och nee, ey!« Ich war davon ausgegangen, dass ich in der nächsten Woche keine Tour haben würde. Einen oder zwei Tage in der Stadt, vielleicht sogar drei, aber nicht vor Mittwoch.

»Ich habe keine anderen Fahrer.«

Ich hasse die Situationen, in denen ich nicht Nein sagen kann. Und besonders hasse ich die Situationen, wenn der andere spürt, dass ich mich gerade in solch einer Situation befinde.

»Ich brauche mal frei«, versuchte ich es schlapp.

»Nur die Tour noch«, säuselte Jan. Ja, das konnte er und nach den nächsten zwei Minuten hatte er meine Zusagen, die ich dummerweise gab, ohne zu fragen, mit wem ich fahren würde.

»Das wird noch mal eine lange Woche«, sagte Jan.

»Jaja, schon okay.« Mir war plötzlich alles egal. Ich war Möbelpacker, ich lebte im Lkw und auf den Treppen fremder Häuser. »Mit wem fahre ich?«

Jan zögerte.

»Mit wem?«

»Mit Alex.«

»Nö.«

»Karsten.«

»Nö.«

»Bitte.«

»Mann, ey!« Mir zog sich alles zusammen. Obwohl ich erst nächste Woche zu leiden haben würde, tat es jetzt schon weh.

Alex war ein »Trucker«, auf den Jan nur in Notzeiten zurückgriff. Er mochte ihn selbst nicht, aber manchmal hat der Spediteur keine Wahl.

Ich fand Alex zum Kotzen. Mit Lkw kannte er sich aus, aber in den Möbeln war er eine Null, wenn man davon absah, dass er kräftig war. Das Schlimme war, dass er selbst niemals auf die Idee gekommen wäre, dass er vielleicht irgendwann schon einmal irgendwo etwas falsch gemacht hätte. Im Gegenteil. Vom ersten Tag an hielt er sich für den besten Möbelpacker der Welt und versuchte außerdem, und das war der Hammer, solchen Genies der Möblistik wie Sunny ihr Handwerk zu erklären. Der Typ war kein wandelndes Klischee, der war schlimmer. Wann immer der das Wort »Frau« in den Mund nahm, hätte ich zur Hardcore-Lesbe werden können, aber er nahm dieses Wort nur selten in den Mund. Bei ihm ging es eigentlich nur um »Schlampen« und »Fotzen«.

»Muss das sein?«, fragte ich Jan. Aber er brauchte nicht zu antworten. Ich wusste, dass er mich nicht gefragt hätte, wenn er nicht in der Klemme wäre. »Du hast ein Scheißglück, dass ich so viel Scheißgeld brauche«, sagte ich. Manchmal führt der Weg zum nächsten ausgedehnten Urlaub an Leuten wie Alex vorbei. Man kann sich nicht immer alles aussuchen.

Nachdem ich ein paar Mal den Film *The Wild Bunch* von Sam Peckinpah gesehen hatte, war mir etwas Wesentliches aufgefallen und ich hatte etwas begriffen, das mein eigenes Leben als Möbelpacker betraf.

Nachdem der überlebende Rest der Wild Bunch aus der Stadt geflohen ist und sich am Treffpunkt, wo die frischen Pferde warten, einfindet, kommt es zum Streit über das Teilen der Beute aus dem Bankraub. Sechs Leute sind es. Dutch, Pike, Angel und Sykes stehen in der Auseinandersetzung Tector und Lyle gegenüber. Alle haben ihre Hände in der Nähe ihres Revolvers und jeder andere Western hätte jetzt eine Schießerei zwischen den Protagonisten gezeigt. Bei der Wild Bunch ist alles anders und das macht diesen Film so groß.

Die Zwänge, denen diese Outlaws ausgesetzt sind, sind stärker als jede Missstimmung, die zwischen ihnen herrschen könnte. Und nachdem sie dann die Säcke mit der Beute geöffnet und festgestellt haben, dass sie nur Unterlegscheiben anstelle von Silberdollars erbeutet haben, lachen sie sehr schnell alle zusammen darüber, wie sie verarscht wurden. Und dann lachen sie noch mehr über das eine oder andere, was passiert ist, während der Bankraub geplant wurde, und dann sind sie wieder eine Bande, die ein gemeinsames Ziel hat: fliehen und nicht erwischt werden. Wo eben noch drohte, dass man einander umbrachte, wird sich wieder zusammengerauft, denn nur gemeinsam gibt es eine Chance, und so geht es weiter durch die nächsten zwei Stunden des Films.

Ich habe das oft erlebt. Nein, ich will jetzt hier nicht meine Umzugsteams zu irgendeiner »Wild Bunch« hochstilisieren. Das Möbelschleppen ist kein Landserroman, in dem alle »so richtig zusammengeschweißt werden«. Viel eher als »Wild Bunch«

habe ich oft den Eindruck einer »Stupid Bunch«, aber es gibt Gemeinsamkeiten. Man kann es sich nicht immer aussuchen, denn man kann sich nicht alle zwei Wochen einen neuen Job suchen. Ich kann nicht jedes Mal, wenn mir die Nase von irgendeinem nicht passt, nach Hause gehen. Wir müssen den Job zusammen erledigen.

Und dann kommen diese Situationen, in denen man sich streitet, in denen man sich am liebsten an die Gurgel gehen will, und oft schon hätte ich den einen oder anderen Kollegen gern vor meinen Achtzehntonner gelegt und wäre über ihn rübergefahren. Es gibt diese Streite und den Hass und es gibt diese miese Laune und es gibt diese Dialoge eine halbe Stunde später:

»Sag mal, haben wir eigentlich noch Luftpolsterfolie auf dem Wagen?«

»Weiß nicht, guckt mal hinter den Decken.«

So ist das. Man kennt sich. Seit Jahren. Man geht abends nicht zusammen trinken und mitunter hasst man einander bei der Arbeit, aber weil man seinen Job behalten will, beugt man sich den Zwängen. Und weil man nicht immer nur wortkarg sein kann, hat man auch mal Dialoge. Und weil ein anderer Kollege vielleicht in einem Moment noch bescheuerter ist, als man das jeweils voneinander gedacht hatte, lacht man auch mal zusammen über den und dann versteht man sich plötzlich doch mit einem, mit dem man eigentlich gar nichts zu tun haben will. Und wenn das dann jahrelang so geht, dann wird es normal.

Das hat mir *The Wild Bunch* sehr schön gezeigt.

Es klappt eigentlich mit allen Kollegen.

Nur mit Alex hat das nie geklappt. Und ich wollte auch nie, dass das mit dem klappt.

Dass es dann sogar mit ihm klappen konnte, das sollte ich erst in der nächsten Woche erfahren. Davor stand noch der Samstag mit einer der miesesten Ablade-Aktionen, die ich je erlebt habe, und ein verkaterter Sonntag.

Als ich vom Horner Kreisel in die Sievekingsallee einbog und mich freute, wie pünktlich wir in Hamburg einliefen, kam Blondie aus dem Topsleeper und ich erklärte ihm, wie es beim Abladen am Samstag laufen würde.

»Das hätten die sich auch ein bisschen früher überlegen können«, sagte er. Dann hätten wir nämlich die beiden getrennt verladen. Aber, je nun, was wäre das Möblerleben, wenn einem auf dem Weg durch die Arbeit nicht ständig Knüppel zwischen die Beine geworfen würden?

Abends saß ich am Tresen, aber nur kurz. Haha! »Kurz« kann meinen, dass die Zeit rasend schnell vergeht, wenn man mal Freizeit genießen will, es kann aber auch heißen, dass nur kurzes erinnerungswürdiges Erleben dabei war, denn der Rest der Stunden verschwand im Filmriss.

Nach den ersten beiden Bieren dachte ich daran, dass Blondie ja als Nächster mit Fahren dran sei, ich also ruhig mit etwas Restalkohol zur Arbeit kommen könnte, und nach dem vierten Bier war mir sowieso alles scheißegal. Die Kunden würden andere Sorgen haben, als dass ich ihnen frisch rasiert und ohne Fahne gegenüberstehe. Und so wusste ich am Morgen auch nicht mehr, wann und wie ich auf mein Sofa im Lager gekommen war, und das war mir auch wurst, denn meine Kopfschmerzen ließen mich nur an eines denken: Wie komme ich durch den Tag? Es war klassisch: leiden bis 13 Uhr, aber dann nicht fit sein, sondern nur stark genug, den Rest des Tages ohne nennenswerte Schmerzen zu überstehen, bevor abends das nächste Bier geöffnet werden könnte.

Die Befürchtung war ja gewesen, dass die Kunden durch ihren Streit unsere Zeit bis zum Feierabend unnötig ausdehnen würden, aber das wurde dann das kleinste Problem.

In unseren Papieren war als Situation beim Abladen ein Einzelhaus angegeben, vor dem man mit einem Hängerzug parken konnte. Und eigentlich stimmte das auch. Es waren sogar zwanzig Meter

Weg von der Straße bis zum Haus vermerkt. Aber dann stimmte nichts mehr. Die zwanzig Meter waren in Wirklichkeit sechzig bis siebzig und auf diesem Weg mit Hunden entlangzurollen war nicht möglich. Am vorderen Teil des Grundstückes standen zwei Neubauten. Auf dem hinteren Teil standen zwei andere Neubauten. Einer davon war von unseren Kunden beziehungsweise von dem Mann. Der Weg dorthin war unbefestigt, führte über Sand, Schlamm (es regnete in Hamburg seit Tagen) und durch Pfützen. Alle, aber wirklich alle Möbelstücke, jedes Packstück, jeder Karton, mussten dort hingetragen werden, siebzig Meter weit. Ich habe nie Pferde kotzen sehen, aber Möbelpacker. Ein Gutes hatte die ganze Nummer mit dem Streit der Kunden: Es musste nicht alles den ganzen Weg geschleppt werden, sondern nur etwas mehr als die Hälfte.

Als Erstes erklärte Blondie den Kunden die neuen Zahlungsmodalitäten. Der Transportpreis blieb der gleiche, einen kleinen Aufpreis wegen des Weges würde es geben und weil wohl klar war, dass die beiden nicht zusammen zahlen würden, würden wir am Ende die Ladungen auseinanderdividieren, wofür Blondie, den Jan am Morgen instruiert hatte, neue Papiere mitgebracht hatte, die beide Kunden zuerst einmal unterschreiben mussten. Neue Aufträge von jedem der beiden sozusagen. Für die Frau kamen da noch Überlagernahme und Lagermiete dazu.

Als Nächstes erklärte Blondie dem Mann, dass unter den gegebenen Umständen niemand garantieren könne, dass kein Schmutz von den Möblern ins Haus getragen würde, und er nötigte ihm eine Unterschrift auf einem Papier ab, auf dem es um »Haftungsausschluss« ging. Wenn der Weg in die Wohnung mal ein wenig schmutzig ist, dann legen wir Fußbodenschoner aus, ich erwähnte das schon. Wir würden uns auch heute Mühe geben, das erklärte Blondie noch, aber bei dem langen Weg über eine Baustelle könnten wir für nichts garantieren.

Eine gute Stunde hatte das alles mit dem Papierkram gedauert, dann konnten wir anfangen. Ich blieb gleich auf dem Hänger, denn als Erstes kamen reichlich Sachen, die der Frau gehörten. Ich beklebte die Packstücke mit Nummern, führte Liste und packte weg. Erstaunlich wenig haben die beiden sich die ganze Zeit über gestritten. Das Problem war, dass der Mann die ganze Zeit an der Ladekante stehen wollte, um wirklich sicher sein zu können, dass nichts von ihm in der Ladung seiner Ex landete. Das aber machte die Arbeit für die Kollegen schwierig, die im Haus niemanden hatten, der ihnen sagte, wo sie die Möbel abstellen sollten. Nach einer nervigen Stunde protestierten sie dann auch vorsichtig.

»Ist ja auch egal«, sagte der Mann. »Stellt einfach irgendwo ab.«

Natürlich! Auch er lagerte ein. Nicht im Lager einer Spedition, sondern in dem Heim, das er und seine Frau sich hatten einrichten wollen. Jetzt waren diese Pläne geplatzt und es war ihm egal geworden, ob die Kuschelecke im Wohnzimmer gemütlich werden würde. Er hatte erst einmal das Haus an den Hacken. Sie war sozusagen sofort frei. Alle Sorgen außer denen der Trennung hatte er am Arsch. Vielleicht stimmte das nicht, aber er tat mir trotzdem plötzlich leid. In Leipzig hatte er noch wie ein Arschloch gewirkt, aber wusste ich denn, was zwischen den beiden vorgefallen war?

Ich wusste gar nichts. Ich wusste nur, dass sie sich beide beim Abladen Mühe gaben, einander nicht an die Gurgel zu gehen, und das haben sie auch geschafft. Allerdings hat dieses Bemühen all ihre Aufmerksamkeit erfordert, also war für Ideen, wie Kaffee für die Möbelpacker zu organisieren, kein Platz mehr. Das ist ja auch nicht immer schlimm, aber wenn der Tag lang wird und das nicht die Schuld der Möbler ist, dann sollte wirklich jeder mal auf die Idee kommen.

Haben Sie mal das Unterteil eines Buffets sechzig Meter über unbefestigten Weg mit seinen Löchern und Mulden getragen?

Ich will nicht, dass Sie das probieren. Lassen Sie das, es wird keine angenehme Erfahrung sein. Ich will nur, dass Sie die Arbeit derer, die das für Sie machen, anständig honorieren. Bei sieben Möbelwagenmetern, wie bei diesem Kunden, also fünfunddreißig

Kubik, sind zwanzig Euro Trinkgeld Minimum, aber natürlich gab es nichts. Die Leute hatten ja Probleme.

Ey, mal im Ernst, Leute. Eure Probleme interessieren mich doch nicht die Erbse, außer dass sie mir die Arbeit erschweren. Wer sich ein Eigenheim finanzieren kann, wer obendrein für einen Umzug um die zweitausend Euro hinlegen kann, der kann bitte auch mal hundert oder zweihundert Euro extra blättern, wenn er mit seiner Unfähigkeit, problemlos durchs Leben zu gehen, die Möbelpacker in die Scheiße reitet.

Wir sind es schließlich, die sich an den Vertrag halten. Wenn ich beschissen drauf bin, weil ich mich von meiner Frau getrennt habe, dann belastet das Ihren Umzug nicht. Wenn Sie sich allerdings mitten in diesem Ablauf von Ihrem Partner trennen, dann hänge ich in der Scheiße, obwohl ich Sie nicht mal kenne. Das ist absurd. Das sollte kosten. Trinkgeld. Aber manche kapieren es nicht und ich kapierte es auch nicht, als ich am Samstagabend durchgeholt und verbraucht schon wieder am Tresen saß, bis in den Morgen hinein.

Als ich Sonntag auf meinem Sofa im Lager erwachte, kapierte ich es noch immer nicht. Ich wollte es auch gar nicht kapieren. Ich wollte liegen bleiben, aber das ging dann auch nicht. Zu Hause liegen bleiben, das ging. Aber in einem versifften Lager auf einem versifften Sofa liegen bleiben, das will niemand. Irgendwann schreit es in dir drin nach echtem Leben und dann gehst du raus und du findest es nicht. Du bist außerhalb dessen, was gelernte Leutebetreuer eine Sozialisation nennen.

Ich begab mich in meine Restsozialisaton, soll heißen, ich besuchte Sunny. Da gab es freilich Bier und so kam es, dass ich auch den Sonntag versoff. Und ich soff gern, hatte ich doch Angst vor dem Montag, an dem ich mit dem Kollegen auf Tour musste, den ich am meisten hasste. Mit Alex.

»Du arme Sau«, lallte Sunny irgendwann am Abend und dann glotzten wir noch einen Film, in dem zahlreiche Wummen eine große Rolle spielten, und tranken noch mehr und dann war ich auch schon wieder auf meinem Sofa erwacht und schon stand sie vor mir: meine Woche mit Alex.

Aber dann doch noch nicht, jedenfalls nicht sofort.

»Du machst vorher noch einen kleinen Umzug«, sagte Jan, als ich mit flatterndem Magen im Büro erschien. Es waren nicht genug Fahrer da und so musste ich, während Alex zum Aufladen für unsere Tour fuhr, mit Hecke zusammen einen kleinen Sieben-Kubikmeter-Umzug erledigen.

»Wenn ihr fertig seid, wartest du auf Alex, dann fahrt ihr los«, sagte Jan.

Na, wenigstens musste ich nicht gleich mit Alex im Lkw sitzen, sondern konnte erst einmal aufwachen.

Dann kam der kleine Umzug. Und das war irgendwie, erst wollte ich denken komisch oder seltsam, aber eigentlich war es ergreifend.

Es sollte eine zweiundneunzigjährige Frau aus einem Altersheim ausziehen und in ein anderes Altersheim gebracht werden, weil sie inzwischen derart dement war, dass ihr nur in dem neuen Heim die richtige Pflege zuteil werden konnte, weil ein normales Heim dafür wohl nicht reichte. Irgendwie so in der Art.

Sie selbst war natürlich nicht zugegen, sondern zwei Damen, die sich um ihre Angelegenheiten kümmerten und Vollmacht hatten. Die haben nun entschieden, was aus den anderthalb Zimmern der alten Frau alles mitsollte, und das waren gerade mal fünf bis acht Kubikmeter. Eben ein paar Dinge, damit sie sich »zu Hause fühlt«, mehr oder weniger wahllos ausgesucht. Zwei, drei Möbel, ein paar Bilder, ein paar Bücher, etwas Geschirr.

Tja …

Diese alte Frau, deren Zimmer ich betrat, war offenbar zeit ihres Lebens eine Reisende gewesen, das war mir nach einer Minute klar, ich bin ja Profi. Die Bilder an den Wänden und die paar, die mitsollten, waren allesamt große Abzüge von allüberall auf der Welt selbst gemachten Fotos. Im Bücherregal fand ich Reiseführer ohne Zahl und natürlich zwei, drei Bände von Alexandra David-Néel, der französischen Orientalistin, die von 1868 bis 1969 gelebt hat und deren Reiseberichte sich in den Regalen sehr vieler Vielreisender befanden.

Und dann war da wirklich noch die Weltkarte, das wichtigste Stück des Umzugs überhaupt. Etwas größer als eine der gängigen Küchenpinnwände und auf Kork geklebt, war diese Karte über und über mit grünköpfigen Nadeln bespickt. Das waren so fünfzig bis hundert Stück über die Welt verteilt. Viel Afrika war dabei, Naher Osten, Zentralasien, China, Indien, Nepal, ja sogar Kamtschatka, Amerika, Süd und Nord, aber nicht Australien. Doch außer Australien die ganze Welt.

Und auch weil die beiden Damen uns bei dieser Karte zu besonderer Vorsicht gemahnt hatten, wurde mir klar, dass diese Karte die Autobiografie der alten Weltreisenden darstellte. Ich habe sie dann auch so genannt und die beiden Damen haben den Ausdruck übernommen.

Die Frage kam dann auf, an was sich die schwer demente alte Reisende noch erinnern könne, und keiner konnte das sagen, keiner wusste, was schon im Nebel des Vergessens verschwunden war.

Und dann kam der Hammer:

Dame eins: »Wo sind denn die anderen Nadeln?«

Dame zwei: »Die anderen?«

Dame eins: »Ja, die roten. Die haben immer gezeigt, wo sie noch hinwollte.«

Aber es waren keine roten Nadeln mehr da. Die hatte alles abgegrast und alle roten Nadeln durch grüne ersetzt. Nur eine einzige rote Nadel befand sich noch auf dieser autobiografischen Weltkarte – und die steckte auf der Osterinsel.

Das hat mich angefasst und den ganzen Tag nicht mehr losgelassen.

Also, ich weiß nicht, ich stand da in diesem Zimmer im Altersheim, um eine Kundin in ein anderes Heim zu bringen, aus dem sie wohl nie wieder ausziehen, geschweige denn irgendwohin abreisen würde, und ich sah diese eine rote Nadel.

Wenn ich wirklich Literat wäre und wirklich fette Dinger schreiben könnte, dann hätte mich das zu irgendwas inspiriert.

Das war ein Ding. Das war einfach extrem. Das war Literatur und es hat mich sehr berührt, in meinem kleinen Möbelpackerleben.

Diese Frau, die ihr ganzes Leben gereist war und nur noch den einen Reisewunsch hatte, die Osterinsel zu sehen, über diese Frau wussten auch die beiden Damen nicht zu sagen, ob sie überhaupt noch wusste, dass es die Osterinsel, ihr letztes verbliebenes Reiseziel, gab.

Es gibt Kitsch, wie Bollywood, es gibt große Musik, Sinfonien, es gibt Literatur und es gibt sogar großes Filmemachen. Es gibt Künstler, die dem, was ich fühlte, Ausdruck verleihen könnten. Als mir klar geworden war, was ich hier, in diesen zwei kleinen Räumen eines Altersheims, transportieren sollte, da klopfte das Universum an, am Fundament meiner Seele. Als ich die beiden Frauen sah, diese Betreuerinnen der alten Dame, als ich merkte, mit welcher Willkür sie die Bilder und Bücher aussuchten, die die alte Weltreisende vielleicht noch bräuchte, um in ihrer Demenz noch etwas von ihrem alten Leben zu haben, da lief irgendwo in mir drinnen eine große Träne von irgendwo nach irgendwo.

Die ganze Welt gesehen! Überall gewesen! Und dann bleibt da ein einziger Platz übrig. Ein einziger unerfüllter Traum. Weil Creutzfeld-Jakob oder irgendein anderer Scheiß dazwischenfunkt und das gesamte Leben ins Vergessen treibt.

Ich wollte da nicht mit Hecke drüber reden, er hätte es wahrscheinlich nicht kapiert. Er war zu einfach gestrickt. Mit Sunny oder Otis, vielleicht. Aber so gab ich mich als professioneller Möbelpacker und erledigte einfach meinen Job.

Wenn ich irgendeine Beziehung zu dieser alten Frau gehabt hätte, so dachte ich, dann würde ich nach ihrem Tod für ihre Einäscherung sorgen und ihre Asche auf der Osterinsel verstreuen. Aber das war auch schon wieder Kitsch, oder nicht? Vielleicht würde sie ja lieber neben dem Grab ihres Mannes bestattet werden, den sie vor zwanzig Jahren verloren hatte. Wer wusste das schon? Ich nicht. Ich wusste nur, dass mich diese ganze Nummer ganz weit drinnen sehr anfasste. Irgendwie.

Was ich außerdem noch wusste war, dass ich zwar einerseits nach diesem Erlebnis Bedenken hatte, mit einem rohen, unsympathischen Charakter wie Alex auf Tour zu gehen, denn mit ihm würde ich mich über mein Empfinden nicht austauschen wollen, andererseits aber war mir klar, dass mir mit dem Idioten in der einen Woche auch nichts mehr passieren konnte.

Irgendwo und irgendwann in diesem Universum hatte das Leben der alten Frau stattgefunden. Ich hatte Belege dafür gesehen. Ich hatte ihre Bilder gesehen, die sie zeigten, in China, Vietnam und Chile. Bilder mit weiten Himmeln und ungeahnten Horizonten. Bilder aus dem Himalaya, Bilder von grönländischem Eis. Ich hatte sie gesehen, wie sie inmitten junger Frauen in Indonesien saß.

Wenn es Leute gab, die ihre Träume in solcher Art wahr machten, dann konnte mir auf einer sieben Tage langen Möbelpacker-Tour nun wirklich nichts passieren.

Und dann glaubte ich fast doch noch an das Universum oder an Gott oder an die Kraft oder daran, dass alles gut werden könnte, als hätte ich vergessen, dass es den Weihnachtsmann nicht gab, genauso wenig wie den Osterhasen und den Klapperstorch.

Kapitel 22

AM ENDE IST ALLES SPERRMÜLL

»Entgeistert starrte ich über das Sinnbild meiner persönlichen Katastrophe, bevor ich langsam durch die Trümmer stapfte.«

Ich sitze hier an meinem Schreibtisch und denke, die Tour mit Alex würde zu den schlimmsten Sachen gehören, die ich schildern könnte, aber dann hat mir das Leben gezeigt, dass es fast noch schlimmer geht. Oder nein, vielleicht kann ich das so nicht sagen. Es hat sich nur vorgestern die Möglichkeit ergeben, etwas zu erleben, das ich noch nie erlebt hatte, und diese Gelegenheit konnte ich nicht wahrnehmen und ehrlich gesagt habe ich das auch nicht gewollt. Ich fand nur anschließend die Idee ganz interessant, wie es wohl gewesen wäre, einen Umzug innerhalb der Stadt durchzuziehen, der vierundzwanzig Stunden gedauert hätte oder mehr. Nur mal so als Experiment, wegen der Experience, wo ich doch drüber schreibe. Aber dann haben wir doch um ein Uhr nachts abgebrochen.

Das Ganze war so gewesen: Der Mann, der den Kostenvoranschlag gemacht hatte, hatte gedacht, den Umzug mit seinen fünfundsechzig Kubikmetern (die dann doch eher achtzig waren) könne man an einem Tag erledigen. Es ging aus dem vierten Stock in Winterhude raus und in den vierten Stock in Eppendorf rein. Aber was heißt »aus dem vierten raus«? Ich habe achtundachtzig Stufen gezählt. Abgesehen davon, dass die in diesem Altbau sehr steil waren, sind achtundachtzig Stufen im Neubau vielleicht eher der sechste Stock. Erst sollten wir ja nur zu siebt los, aber dann waren wir doch zu neunt und später kam dann noch ein Kollege mit einem Vier- oder Fünftonner, weil wir nicht alles auf den Achtzehntonner und den Siebeneinhalbtonner verladen bekamen. Weil direkt vor der Haustür gebaut wurde, konnten wir auch nur fünfzig Meter weit weg parken, und dieser lange Weg weichte, während es den ganzen Tag beschissen heftig regnete, den einen oder anderen Kollegen ätzend durch.

Ich hatte Glück. Jens, der Umzugsleiter, schickte mich in die Küche, wo ich den ganzen Tag Geschirr einzupacken hatte, während die Kollegen auf der Treppe starben.

Abends um neun hatten wir dann wirklich alles aufgeladen. Oder waren wir da schon an der Abladeadresse? Nachts um eins hatten wir den Siebentonner und den Viertonner leer. Also nur die Hälfte all dessen, was die Kunden besaßen. Wir hätten noch vierzig Kubikmeter abzuladen gehabt, aber damit wären wir mindestens bis morgens um sieben oder acht beschäftigt gewesen.

Wie gesagt, es wäre interessant gewesen, aber abgebrochen haben wir dann doch. Die Kunden, ein Ehepaar, dessen Bett noch nicht in der Wohnung war, quartierten sich kurzfristig bei einer Freundin ein und alle durchgeholten Kollegen waren erleichtert, dass dann jetzt doch endlich Schluss war. Wir haben den Rest zwei Tage später abgeladen.

Da habe ich beim Frühstück zu den Kunden, die uns wegen unseres Jobs bedauerten, weil sie die Disposition nicht verstanden, aber sehr zufrieden mit uns als Team waren, gesagt, dass wir ja trotz allem Glück gehabt haben. Und als sie mich fragend anguckten, sagte ich: »Es hätte auch sein können, dass wir Scheißkunden haben.« Denn die, diese beiden, die waren so was von cool, die haben mit so dermaßen guter Laune mitgemacht, dass ich es schon fast nicht fassen konnte. Und als ich noch erklärte, dass es für viel zu viele Kunden gar nicht selbstverständlich sei, uns so viele Brötchen, Pizzen, Kaffees und Getränke hinzustellen, da sagte die Kundin: »Na ja, wir haben doch auch mehr davon, wenn die Möbelpacker gute Laune haben.«

Sie hatte es geschnallt! Sie war die erste Kundin, die ich solches sagen hörte, und dabei hatte sie mein Skript noch gar nicht gelesen, denn es ist ja noch gar nicht fertig, jedenfalls nicht jetzt, wo ich an meinem Schreibtisch sitze und dieses schreibe. In diesem Moment, in dem Sie dies lesen, da ist es natürlich schon fertig, aber als wir mit dieser angenehmen Kundin beim Frühstück saßen, war es das noch nicht.

Mein Text krümmt die Raumzeit aus meiner Vergangenheit heraus in Ihre Gegenwart hinein und ich glaube nicht, dass das ein relativistischer Effekt ist, genauso wenig wie der Umstand, der meine Tourwoche mit Alex auf zwei Wochen blähte, ein relativistischer Effekt war. Der Umstand, der meine Tourwoche mit Alex auf zwei Wochen blähte, war ein ganz anderer. Das war der Umstand des kaputten Lkws.

Als wir am Donnerstag in Hof dabei waren, dreizehn Möbelwagenmeter aufzuladen, die wir am Freitag zwischen Nürnberg und München abladen würden, rief Jan uns an.

Ich war schon von Alex so sehr angekotzt, dass ich nichts mehr fühlte. Fast die ganze Woche hatte ich den Spacken schon am Arsch, da erklärte uns Jan, dass ihm ein Lkw ausgefallen sei, mit dem am Samstag und Sonntag in München ein Full-Service-Umzug nach Frankfurt aufgeladen werden sollte. Und weil der Lkw für die ganze nächste Woche eingeplant gewesen war, sollten wir dann auch noch in den Tagen nach Frankfurt die restlichen Umzüge der Tour erledigen.

Es war Alex gewesen, der mit Jan gesprochen hatte, während er wie der Chef auf der Ladekante gestanden hatte. Als ich mit einem Karton auf der Schulter und einem Stuhl in der Hand aus dem Haus kam, klickte er gerade das Handy aus. »Das war Jan«, sagte er mit unbekümmertem Gesicht. »Wir ziehen bis nächstes Wochenende durch.«

Alex hatte noch nicht begriffen, wie sehr ich ihn hasste, denn das Ganze fand zu einer Zeit statt, in der ich längst aufgegeben hatte. Ich fraß nur noch in mich rein und schluckte runter, was ich nicht ändern konnte. Und weil er es nicht nur nicht wusste, sondern auch doof oder unsensibel war, bemerkte er nicht, dass ich blass wurde und es in meiner Gurgel zuckte, weil mein Magen sich zusammenzog und aufwärts schickte. Ich starrte ihn an.

»Wieso?«

»Der Volvo ist im Arsch, die Tour müssen wir fahren.« Er grinste. »Passt ja auch, wo wir gerade in der Gegend sind.«

Er war hässlich. Seine Hose schlabberte irgendwo unter seinem Arsch, aber nicht idiotisch modern, wie bei Jugendlichen, sondern ungepflegt, wie bei einem, der es aufgegeben hat, sich um seinen Arsch zu kümmern, weil er sich ja auch keine Gedanken mehr über den Wanst machte, der sich unterm XXL-T-Shirt über den Gürtel hängte. Es gibt dicke Menschen, die schön sind und trotzdem Komplexe haben, und es gibt fette Schweine, die gar nicht merken, wie scheiße sie sind, während sie jungen Mädchen hinterherpfeifen, die zufällig am Lkw vorbeigehen, so wie Alex das jetzt gerade tat.

Ich will das nicht. Ich will nicht mit diesem Menschen assoziiert werden, nicht in eine Schublade geworfen werden mit einem, mit dem ich nur unter Zwang unterwegs bin.

Ich schluckte und schickte in den Magen zurück, was der gerade nach außen hatte senden wollen.

»Gib mal das Handy.«

Ich ging ein Stück die Straße hinunter und dann fuhr Jan am Telefon alles auf, was er an Überredungskunst aufbringen konnte, und zum Schluss war ich nur noch erschöpft und sagte ihm zu, auch die zweite Woche mit Alex zu fahren. Was hätte ich schon tun können?

Heute weiß ich es: Ich hätte Jan erklären können, dass er einen Fahrer per Bahn nach München schicken müsste, einen, der mich ablösen würde. Damals fiel mir das nicht ein. Damals war ich nicht in der Lage, klar zu denken, denn damals verabschiedete sich eine meiner positiven Seiten von dieser Welt und es hat Monate gedauert, bis sie sich wieder blicken ließ.

Der Mensch ist ein soziales Wesen und das Gesündeste für ihn ist, wenn er sich in einem sozialen Umfeld bewegt, das ihm guttut, das ihn vielleicht in seiner Entwicklung fördert. Ich hätte nicht die leiseste Idee gehabt, was an meiner Entwicklung durch das Tourfahren mit Alex gefördert werden könnte. Vielleicht das Lernen buddhistischer Gelassenheit, aber die gibt es ja gar nicht. Natürlich gibt es gelassene Buddhisten, aber das sind die, die sich ihrer Macht bewusst sind. Wer erzählt, der angebetete Buddha sei auch nur eine meditierende Form des Weihnachtsmannes, der wird so lange ausgelacht, bis er auf heiligen Boden pinkelt. Dann wird er totgeschlagen.

Konnte also nur das Stärken der Nerven sein, das ich hier zu lernen hatte, oder eher angewandter Nihilismus als Überlebensstrategie. Aber das war auch nichts, denn die Verzweiflung über unter Zwang Erlebtes lässt sich ebenso wenig negieren wie Zahnschmerzen.

Also aufbegehren. Wenn ich allerdings jetzt in den Sack haute, dann hatte Jan ein Problem und Jan war mir ein Freund. Also Zähne zusammenbeißen, durch und Erfahrungen sammeln. Klar, das war es. Ich wusste ja schon, dass ich einmal drüber schreiben wollte, und wo erlebte man Besseres, zum Schreiben Verwendbares, als wenn man mit einem Idioten wie Alex unterwegs war?

Ein paar Tage bevor wir den Umzug in Hof zu erledigen hatten, waren wir bei einer Kundin in der Nähe von Zwickau gewesen, und diese Kundin war tatsächlich eine von der sehr attraktiven Art. Außerdem war sie zwar nicht überschwänglich freundlich, aber durchaus korrekt. Zwischendurch hatte man mit ihr beim Kaffee smalltalken können, über Dinge, die mit ihrem Umzug nichts zu tun hatten, und das war durchaus angenehm, denn man selbst konnte sich als jemanden erfahren, der für die Arbeit, die er tat, geachtet und obendrein als Mensch wahrgenommen wurde, der vielleicht noch eine andere Eigenschaft hat als die, Möbelpacker zu sein.

Als ich mit Alex rauchenderweise im Treppenhaus vor ihrer Wohnungstür stand (Alex mit dem Rücken zur Tür), sagte dieser Typ mit einer Überzeugung in der Stimme, als sei er der größte Casanova Hamburgs, plötzlich: »Geile Alte, die würde ich auch nageln.«

Dass die »geile Alte« hinter ihm in der Tür aufgetaucht war, das hatte er allerdings nicht mitbekommen. Eine halbe Sekunde lang sah sie mich an, dann verschwand sie wieder in der Wohnung. Dieser Blick tat mir gut. Sie bedauerte mich, das war mir klar. Aber außerdem hatte sie auch gesehen, dass ich mich selbst mindestens genauso bedauerte. Das war schön, denn das, was ich hinterhergepfiffenen jungen Mädchen eigentlich gern immer hinterhergerufen hätte, das war hier nicht erwähnungswürdig. Sie hatte es kapiert und im Folgenden konnten wir beide uns auch weiterhin normal miteinander unterhalten. Auch mit Alex unterhielt sie sich weiter über den Umzugsablauf, allerdings hatte sie dabei eine Art von Blick drauf, mit der vielleicht Dermatologen die wundgekratzten Ekzeme ihrer Patienten betrachten.

Eigentlich auch nur eine arme Sau, der Kollege Alex.

Immer erzählte er gern Witze, die ich nie mochte, weil sie alle nie komisch waren, sondern immer nur Hass transportierten. Und die will ich hier nicht wiedergeben.

In meiner Jugend gab es den Witz mit der Frage, wie viel Juden in einem VW Käfer Platz hätten. Jaja, soundso viel auf den Sitzen, der Rest im Aschenbecher. Ätzender Witz. Fand ich als Jugendlicher immer schlimm, wenn die anderen darüber gelacht haben.

Wenn ein Bettler auf einer Bananenschale ausrutscht, lachen da nur Leute drüber, die auch Bettler aus der Innenstadt hinausprügeln würden.

Wer über den König auf der Bananenschale lacht, der lacht im Sinne von *Des Kaisers neue Kleider*.

Der eine lacht aus Hass, der andere, weil es befreit.

Alex' Witze strahlten immer nur Hass aus.

Frauen, »Neger«, Juden, »Homos«, die »Scheiß-Amis« mit ihrem Hollywood und natürlich »Kanaken«.

Ich erlebe es immer wieder. Wer malocht, wie es Möbelpacker tun, der wird sehr viel Zeit in seinem Leben körperlich misshandelt. Welche Qual es sein kann, beschissen schwere Schränke durch die Stockwerke zu bringen, das weiß nur der, der wirklich darunter leidet, andere ahnen es nur und honorieren es als Kunden vielleicht auch.

Der dumme Möbler, der während meiner zwei Wochen langen Tour neben mir im Lkw saß, der empfand es auch, irgendwo tief in seinem Inneren, aber er hatte keine Vorstellung davon, warum das so nicht in Ordnung war, wie es ablief. Nicht dass er ausgesaugt und ausgebeutet wurde, war sein Problem, sein Problem war, dass ja »die Scheißjuden« die Welt regierten, dass die »Scheißneger unsere Frauen ficken« wollten und dass wir eh zu viele »Kanaken« im Land hätten. Nach dem und nur nach dem Muster waren seine Witze gestrickt. Ich konnte nicht mitlachen. Ich konnte leiden. Zwei Wochen lang.

An einem Nachmittag mitten in der Woche standen wir auf einem der Lkw-Parkplätze auf einem Rasthof und auf der Fahrspur vor uns sahen wir aus unserem Fahrerhaus einen jungen Trucker zu seinem Lkw gehen. Ein Stück neben seinem Lkw hielt plötzlich ein Cabrio mit einer Frau am Steuer. Offensichtlich rief sie ihm etwas zu, denn er reagierte und ging zu ihr. Und dann fiel uns beiden die Kinnlade herunter, denn erst zog sie ihr Top hoch und dann ihren Rock. Während Alex fast zu sabbern angefangen hätte, erinnerte ich mich, dass ich solches in irgendeiner Frauenliteratur gelesen hatte: Die Erzählerin langweilte sich und überlegte, ob sie nicht zu einem Rastplatz fahren sollte, um »Trucker aufzureißen«.

Der junge Fahrer schien genauso zu staunen wie wir, denn die Frau sah tatsächlich sehr lecker aus. Aber er schüttelte den Kopf und machte sich auf den Weg zu seinem Laster.

»Wie ist der denn drauf?«, fragte Triebsklave Alex neben mir. Ich konnte den jungen Fahrer verstehen. Dachte ich jedenfalls. Klar, auch ich habe mal die Fantasie, dass eine Frau, die genau meiner Vorstellung entspricht, mich ganz schlicht fragt: »Hey, hallo, kommst du mit?«

Einfach so, unkompliziert. Aber genauso unkompliziert kann ich mir auch vorstellen, was passieren würde, wenn ein Mann das machen würde. »Schwanz ab!«, würde der Aufschrei lauten, wenn ein Mann auf die Art der Frau im Cabrio versuchen würde, eine

Partnerin für Sexuelles zu finden, oder haben Sie schon einmal in der Zeitung von einer Exhibitionistin gelesen?

»Also ich hätte da nicht Nein gesagt«, meinte Alex und ich fragte ihn nicht, warum er glaubte, dass sie ihn überhaupt angesprochen hätte.

Und dann kam der nächste Umzug und Alex war wieder in seinem Element, denn er konnte den Dicken machen. Fast alle Kunden, die ich auf dieser Tour sah, hinterließen bei mir den Eindruck von Verzweiflung. Verzweifelt, weil sie es nicht fassen konnten, von einem Vollidioten nicht ernst genommen zu werden. Zugegeben, es gibt Kunden, die nehmen den Möbelpacker nicht ernst, aber einem Kunden zu erklären, wie er seine Socken in Kartons zu verpacken hat, das kann man sich auch sparen. Alex hat das getan. Ich dachte schon, der Typ würde niemals irgendetwas kapieren, da kamen wir bei einem Kunden an und der hatte gleich das Steuer in der Hand und da hat Alex das erste Mal wie ein Profi reagiert, und zwar in einer Weise, wie ich das nicht gekonnt hätte. Wir waren kaum angekommen, da hatte der Kunde auch schon gesagt: »Dann will ich Ihnen mal erklären, wie wir vorgehen werden.«

Was?

Was? Was? Was?

Es gibt Situationen, in denen muss man mit Kunden den Ablauf des Umzugs besprechen, weil alles ganz anders laufen soll als normal.

Aber der Umzug, den ich jetzt meine, war ganz normal. Der Kunde wollte uns einfach nur unseren Job erklären. Das war so, als ginge man zum Schlachter und sagte: »Bitte schneiden Sie mir mal von dem Schinken vier Scheiben ab, und das machen Sie bitte folgendermaßen ...«

Der wollte uns von Anfang an erklären, wie wir Kartons tragen, wie wir Stühle tragen, wie wir vorgehen sollten. Und plötzlich machte Alex einmal etwas richtig. Richtig im Sinne von: Wie gern würde ich selbst diesem Kunden aufs Maul hauen, aber ich kann das nicht! Und auch um zivilisiert mit ihm zu reden, hätte ich gerade nicht das Vermögen.

Alex hatte.

»Ey«, sagte er. »Wenn Sie so toll wissen, wie das hier geht, warum bestellen Sie uns dann eigentlich?« Und der Kunde guckte doof, aber es hatte gewirkt, und er ließ uns in Ruhe unsere Arbeit erledigen.

Und dann griff wieder das, was ich mit der »Wild Bunch« beziehungsweise der »Stupid Bunch« gemeint habe.

Mit einem Oberarschloch wie Alex hatte ich einen gemeinsamen Feind und das brachte uns zusammen, obwohl ich das nicht mochte. Ein paar Tage später war es fast wieder genauso gut oder noch besser. Ich weiß es nicht.

Einen stressigen Umzug hatten wir, Alex war genervt und ich war genervt und angemacht hatten wir einander und bei den Kunden war auch schlechte Laune, da sind wir dann irgendwann auf den Wochenmarkt, zwecks mal 'ne Wurst essen. Auf dem Wochenmarkt war Gedränge und wir standen am Grillstand, als Alex ein Rollstuhlfahrer in die Hacken knallte. Alex fuhr herum und schrie mit extrem schlecht gelauntem Organ: »Scheiße, du Penner, kannst du vielleicht mal aufpassen!« Sofort ergriffen Zahllose für den Rollstuhlfahrer Partei.

»Na, aber hören Sie mal«, ereiferte sich eine Kundin an einem benachbarten Bio-Stand. »Der Mann ist behindert!«

»Das seh ich selber!«, schrie Alex, während er Wurstpappe mit Fleisch darauf und Cola aus der Dose an sich raffte, um sich vom Acker zu machen. »Gehbehindert ist der, aber doch nicht rollbehindert, du blöde Schlampe!« Und während ich ihm hinterhersah, mochte ich ihn noch immer nicht, aber hier hatte er einmal recht. Alle Umstehenden sahen in ihm den Üblen. Nur der Rollstuhlfahrer grinste. Endlich hatte ihn mal jemand ernst genommen.

Fast hätte ich anfangen können, mich mit Alex anzufreunden, aber dazu hatte er einfach viel zu viel Geschimpfe mit an Bord über, ich sagte es schon, »Kanaken«, Frauen, »Neger« und ich will es nicht alles wiederholen. Das ging natürlich den Rest der Tour weiter und spätestens am letzten Tag wäre ich durchgedreht, wenn nicht Sunny angerufen und mich für denselben Abend zu einem Essen bei ihm eingeladen hätte.

Sunny kann kochen, und zwar richtig. Er ist da genauso sehr Künstler, wie er das ist, wenn er einen Schrank montiert, einen Kollegen tätowiert oder ein Bild malt. Bei ihm geht es nicht um »Geil: Nudeln mit Rot«, bei ihm geht es um richtiges Essen, um den richtigen Umgang mit richtigen Gewürzen, um Komposition, um das Leben und so freute ich mich, sobald wir telefoniert hatten. Von ihm zum Essen eingeladen zu werden hieß, dass zu Hause etwas wartete, das einen die vergangenen zwei Wochen vergessen machen konnte, etwas, auf das man sich freuen konnte, während man sich langsam volllaufen ließ während der letzten Fahrschicht vor Hamburg, nachdem man das Steuer an den Kollegen übergeben hatte, nach zwei Wochen gemeinsamer Tour, kurz vor dem Wochenende, an einem Samstagabend.

Aber erst einmal mussten wir noch sieben Möbelwagenmeter aufladen, in Bremen, bei einem Kunden, der hinter einem Einkaufszentrum wohnte, wo wir nur halb schräg an der Seite einer Busspur parken konnten. Und die ganze Zeit über konnte ich von der Ladekante aus die Menschen beobachten, die in das Einkaufsparadies hineinflossen und daraus herausquollen. Sie handelten unter Zwang, sie handelten gehetzt und sie hatten alle das gleiche Gesicht, während sie im Nieselregen den Geschäften entgegeneilten. Erst wollte ich denken, ich hätte mir das nur eingebildet und die Leute sähen sich eben ähnlich, aber dann sah ich es: Sie sahen wirklich alle gleich aus und alle Mienen sagten: »Gib, gib, gib! Ich brauch, brauch, brauch, denn mein Leben ist leer.«

Spät am Abend waren wir mit dem Aufladen fertig und machten uns auf den Weg zur Autobahn. Ich dämmerte ein bisschen vor mich hin, als Alex einen Parkplatz ansteuerte, weil er mal pinkeln musste. Als er wieder einsteigen wollte, sprach ihn ein Tramper an, der genau das gleiche Gesicht hatte wie all die Einkaufszombies beim Shoppingcenter in Bremen, und das Seltsame war, dass Alex den Mann tatsächlich mitnehmen wollte. Wie ist der denn drauf?, dachte ich, denn Alex wäre der Letzte, dem ich zugetraut hätte, dass er Tramper mitnimmt. Aber ich wunderte mich nicht mehr. Der Mann nahm auf dem Beifahrersitz Platz, denn ich lag sowieso auf der Rückbank, und schon fuhren wir weiter.

Dann kam der Rastplatz Grundbergsee. Jetzt wollte ich, dass wir anhielten, denn ich brauchte Bier. Alex steuerte den Lkw auf den Parkplatz und ich sprang aus dem Laster. Auf dem Weg zur Tanke fiel mir noch auf, wie wenig los war auf dieser eigentlich immer gut besuchten Raste, da bemerkte ich, dass ich pissen musste. Ich latschte also in den Keller, pinkelte und machte mich wieder auf den Weg nach oben.

Dann stand ich in der Tanke, suchte mir Bier aus dem Kühlschrank und wunderte mich, dass ich keine Bedienung sah. Ich wartete, aber niemand kam. Ich spähte ein wenig über die Süßigkeiten, überlegte dann, ob ich noch einen Flachmann mitnehmen sollte, denn vielleicht würden zwei Bier bis Hamburg nicht reichen, und sah durch die Scheibe hinaus. Die Tankstelle war leer. Keine Leute waren da, keine Autos standen herum und Tankstellenpersonal war noch immer nicht in Sicht. Ich stellte meine Biere neben der Kasse ab und machte mich auf den Weg nach draußen. Die Autobahn war leer. Auf beiden Seiten. Kein Verkehr mehr. Unser Hängerzug war verschwunden und das Gebäude mit dem Restaurant war dunkel. Nirgendwo ein Auto oder ein Lkw. Plötzlich stand der Tramper neben mir. »Wo ist denn Alex mit dem Hängerzug?«

»Alex?«, fragte der Tramper. »Wer ist denn Alex?« Ich sah ihn verwundert an, dann bemerkte ich sein Grinsen. »Ich gehe mal was kaufen«, sagte er und verschwand in der Tankstelle. Ich blieb ratlos zurück, da bemerkte ich etwas im Augenwinkel. Auf der anderen Seite der Autobahn bewegte sich etwas. Obwohl der Rastplatz da drüben genauso ausgestorben war wie meiner hier, war da jemand unterwegs. Ich drehte mich um und schaute in die Tanke hinein, aber der Tramper war nicht zu sehen, also latschte ich über den Parkplatz, um herauszufinden, was auf der anderen Seite vor sich ging. Der andere dort drüben schien die gleiche Idee gehabt zu haben, denn wir bewegten uns aufeinander zu, wie ich jetzt feststellte. Als ich an der Leitplanke auf meiner Seite stand, stand er an der Leitplanke auf seiner Seite. Ich schaute nach links und sah dann nach rechts, die ausgestorbene Autobahn hinunter. Der andere tat das Gleiche.

»Hey!«, rief er herüber. »Merkst du was?«

»Was soll ich denn merken?«, fragte ich zurück.

»Scheißwetter!«, rief der andere.

Ich wusste nicht, was er meinte. Das Wetter war eigentlich fast hervorragend.

»Schon klar!«, rief der andere und als er sein Bein über die Leitplanke hob, tat ich es ihm gleich. Dann stand ich auf der rechten Fahrspur Richtung Hamburg und gerade als ich den anderen fragen wollte, wer er sei, hörte ich das Horn eines Trucks. Ich riss den Kopf herum und starrte nach links in das Fernlicht eines heranschnellenden Lkws.

Als ich auf der Rückbank hochschreckte, fragte Alex, was denn mit mir los sei.

»Hast schlecht geträumt, was?«

Ich murmelte irgendetwas und kramte mich auf den Beifahrersitz. Ich war nicht in der Laune, mich mit einem wie Alex in einer zwangsintimen Situation über meine Träume zu unterhalten. Ich hatte gesoffen, war eingeschlafen und wollte jetzt weitersaufen. Da kam mir das Schild, das den Rasthof Grundbergsee ankündigte, gerade recht. Und dann besorgte ich nicht zwei, sondern drei Bier und noch zwei Flachmänner und das alles würde auf jeden Fall bis Hamburg reichen. Und dann, irgendwann bei Hollenstedt, hatte ich wirklich genug einen im Tee, dass mich auch Alex' Gesabbel nicht mehr nerven konnte. Ich freute mich auf das Essen bei Sunny, wo ich dann im Kreise von Kollegen, die ich wirklich leiden konnte, ablästern können würde über diesen dummen Vollidioten, mit dem ich gezwungen gewesen war, zwei Wochen lang unterwegs zu sein. Ach, das würde schön werden. Hecke würde da sein und Otis und was weiß ich denn wer sonst noch.

Aber es kommt ja immer alles anders, als man denkt.

Es stimmt, ich hatte schwer einen im Tee, als ich endlich bei Sunny ankam, aber ich glaube nicht, dass es nicht alles anders hätte verlaufen können, obwohl ich breit war.

Das ist einfach so im Möblerleben: Wenn du dir etwas vornimmst, dann sei nicht frustriert, wenn der Job es dir versaut. Sunny war frustriert, das war sein Fehler, denn es ging nur um ein Essen mit Kollegen. Andere haben Beziehungen zu Frauen wegen ihres Jobs verloren.

Als ich zu Sunny kam, saß er breit am Esstisch und beschäftigte sich schlecht gelaunt mit dem Leeren einer Flasche Schnaps. Das Essen (Rinderbraten) dümpelte wie ein leckgeschlagenes Schiff in der Sauce im Topf auf dem Herd herum. Kartoffeln und Gemüse trockneten schicksalsergeben vor sich.

»Wo sind denn die anderen?«, fragte ich, als ich mir ein Bier schnappte und einen Schnaps einschenkte.

»Is doch scheißegal«, sagte Sunny. »Ist doch alles scheißegal, kotzt mich eh alles nur noch an.« Und während der nächsten beiden Biere konnte ich es ihm nach und nach aus der Nase ziehen. Daniel (ein netter Teilzeitmobler, der gelegentlich aushalf) hatte kommen wollen, hatte aber sehr kurzfristig abgesagt, weil er Stress mit seiner Freundin hatte. Otis und Hecke hatten kommen wollen, waren aber noch unterwegs. Das ist das Los der Möbelpacker: Irgendein Arsch von Kunde, der soundso viel Volumen Umzug in seinem Kostenvoranschlag hat, entscheidet plötzlich, dass es ja toll wäre, wenn die Möbelpacker auch noch die zehn

Kubikmeter Sperrmüll vom Dachboden entsorgen könnten, und der Chef nickt das ab.

Es ist eine Unverschämtheit sondergleichen, wie da über die Freizeit der Menschen verfügt wird.

Als ich in trunkenem Wahn Sunnys Essen in mich hineinschlang und bemerkte, dass es sehr lecker sei, hob er nicht einmal eine Augenbraue, während er mich fragte, ob ich ihn verarschen wolle. Verdorben war das Mahl wegen zu langen Warmhaltens und ich ahnte, wie aus dem Künstler, der Sunny vor Stunden noch am Herd gewesen war, ein betrunkenes, frustriertes Wrack geworden war, dem das Essen inzwischen scheißegal geworden war, denn einmal verdorben blieb verdorben.

»Scheißbeschissener Drecksjob«, kotzte er, bevor er sich an den Rest seiner Schnapsflasche machte.

Ich sagte, ausgehungert Rinderbraten schlingend, dass das Essen doch sehr lecker sei (worauf Sunny nur verächtlich grinste), und lenkte dann das Thema auf Alex, damit ich mich nach zwei Wochen endlich auskotzen konnte, aber da war ich beim endbetrunkenen Sunny an den Falschen geraten.

»Das ist doch auch nur ’ne arme Sau«, sagte er.

»Klar«, lallte ich. »Total bemitleidenswürdig, dieser scheißdumme Drecksproll.«

»Guck dich mal an«, sagte Sunny. »Was bist du denn? Bist du etwa kein Proll und nicht etwa gerade besoffen?«

»Was weiß ich denn?«, fragte ich. »Klar bin ich Möbelpacker, aber bin ich auch ein dummes Arschloch?« Ich schlang hinunter, mampfte, soff, und Sunny sah mir dabei zu.

»Klar bist du ein Arsch«, sagte er. »Du frisst ausgehungert mein Essen, als wäre es irgendeine Scheiße aus der Frittenbude, und willst mir noch erzählen, dass dieser vertrocknete Mist lecker sei.«

»Scheiße!«, rief ich jetzt. »Den ganzen Scheißrückweg auf der A1 habe ich mich gefreut auf dein Essen und jetzt bin ich der Arsch! Nimm doch hin hier, deinen Dreck!« Und so, glaube ich jedenfalls, landete der erste Teller auf Sunnys Fußboden. »Du bist doch hier die frustrierte Null, als wüsstest du nicht, dass Möbelpacker auch mal zu spät kommen!«

»Anstatt einfach zu essen!«, wollte ich noch rufen, aber da hatte ich schon Bier aus Sunnys Glas im Gesicht und warf selbst ein Glas an die Wand.

Den Rest kenne ich nur aus Erzählungen. Die Versionen gehen da weit auseinander, aber so ist die Gerüchteküche. Fakt scheint zu sein, dass Otis und Hecke, als sie dann doch noch kamen, Sunny auf den Tisch gesackt schlafend auffanden, um ihn herum ein Feld aus Scherben.

Ich war inzwischen längst weiter. Schnelle Schritte müssen mich fortgebracht haben von diesem unseligen Möblerleben in andere Zustände wie zum Beispiel das lustige Kneipenleben an fortgeschrittenem Abend. Ich weiß es nicht mehr. Bilder tauchen auf in meiner Erinnerung. Bilder meiner schnellen Füße auf dem Asphalt, Bilder von Rinderbraten, der aus meinem Hals heraus in die Büsche sich ergießt, und Bilder von Schnäpsen und Bieren, die ich nach dem Kotzen noch gekippt habe. Und Bilder eines frustrierten Malochers, der ich selbst war und der spät in der Nacht eine einsame Treppe zu einem einsamen Lager hinauftorkelt, um sich auf einem beschissenen versifften Sofa zur Nacht zu betten. Bilder eines Einsamen, der den Fehler machte, noch den Fernseher anzustellen.

Ich weiß nicht, was für schreckliche Bilder aus dem Propaganda-Apparat ich da noch über mich ergehen lassen habe. Bilder, die dem Zuschauer die Schönheit unseres Lebens im schönsten Land der Welt ins Gehirn hämmern sollten, aber irgendwann in der Nacht habe ich das Ding von seinem Tisch getreten. Es war erleichternd, am Sound des Aufpralls zu hören, dass das Gerät kaputtging, richtig im Arsch war, und das war eine Befriedigung, die mich gemütlich hat einschlafen lassen auf meinem versifften Sofa im Lager. Und geschlafen habe ich wie der Gerechte. Natürlich war es richtig gewesen, den Fernseher vom Tisch zu treten. Auf irgendeine Weise strickt sich ja noch der Hilfloseste seine kleine private Revolution zurecht. Es war also alles in Ordnung.

Bis ich aufwachte.

Als ich das erste Mal die Augen öffnete, gähnte ich kurz und drehte mich um, den Gedanken hegend, nach langer Tour endlich in aller Ruhe und ohne Sorgen ausschlafen zu können. Ich fühlte mich fast wohl, bis ich das zweite Mal die Augen öffnete und zum alten Tresen rübersah, mit dem Verdacht, etwas, irgendetwas sei gestern schiefgelaufen. Dann tauchten Bilder von Sunny und Rinderbraten auf und dann sah ich die Trümmer des Fernsehers hinter seinem Tisch liegen. Ich setzte mich auf und erblickte das Schlachtfeld, das ich im Lager hinterlassen hatte. Nicht nur den Fernseher hatte ich kleingemacht, sondern so ungefähr jedes Möbelstück, das in meiner Abteilung des Lagers abgestellt gewesen war. Entgeistert starrte ich über das Sinnbild meiner persönlichen Katastrophe, bevor ich langsam durch die Trümmer stapfte. Kein Schrank, keine Kommode war heil geblieben. Der Inhalt zahlloser Kartons, Bücher, Geschirr und Wäsche, überwucherte die zerschlagenen Möbel wie Moos. Solch ein Bild kannte ich nur von der Halde, auf der wir ab und zu Sperrmüll entsorgten. Ich muss gewütet haben wie ein Berserker auf Steroiden. Allein den Vorschlaghammer, den ich dabei benutzt haben musste, konnte ich nirgends finden. Ich hatte den Inhalt meines Lagers komplett zerstört.

So schnell war ich noch nie von irgendwo geflüchtet. Ich raffte mein Handgepäck zusammen und rief Toni gar nicht erst an. Ohne einen einzigen Kaffee floh ich in die Bahn, um ein paar Stunden später bei Toni an der Feuerstelle zusammenzubrechen.

Zwei Tage dauerte mein Kater. Zwei Tage, in denen mir klar wurde, dass ich es endgültig verrissen hatte. Absolut abgekackt.

Toni tat, was er konnte, mich am Leben zu halten, stand mir beruhigend zur Seite und ließ mich in Ruhe, wenn ich es brauchte.

Es dauerte eine halbe Woche, bis ich von dem Gedanken absah, mich in den nächsten Mähdrescher werfen zu wollen. Selbst wenn

Jan van Zaelen mich nicht totschlagen würde, würde ich Jahre brauchen, um zu bezahlen, was ich zerstört hatte.

Am Ende der Woche hatte ich mich so weit wieder im Griff, dass ich denken konnte, dass es ja auch nur Geld sei, was ich zu bezahlen hätte. So was geht immer auch auf Raten. Hundert oder zweihundert Euro weniger im Monat würden mich auch nicht umbringen. Ich hatte ja sowieso nie genug Geld, da würde etwas weniger auch nicht schaden. In spätestens fünfzehn Jahren würde ich darüber lachen.

Und so lachte ich schon am nächsten Samstagnachmittag mit Toni, als wir Bier trinkend am Feuer saßen. Natürlich würde ich mich stellen. Jan war ein Freund und mit Freunden konnte man Probleme klären.

Mir wurde gerade klar, dass ich am nächsten Montag nach Hamburg zurückfahren würde, da hielt auf der anderen Seite des Hauses ein Auto, dessen Motorensound mir bekannt vorkam. Das fand ich seltsam, aber dann wurde mir klar, dass das Unbehagen, oder die Angst gar, meine Sinne geschärft hatte und dass ich tatsächlich Jans Sprinter am Sound erkannt hatte.

Kurz darauf kam Jan um die Ecke des Hauses, sah mich und Toni am Feuer sitzen, kam und setzte sich wortlos zu uns.

»Jan«, sagte ich zu Toni.

»Toni«, sagte ich zu Jan und fragte nicht, wie er mich gefunden hatte. Der Mann hatte schließlich was drauf.

»Hi«, sagte Toni zu Jan.

»Hallo«, sagte Jan. Dann griff er in die Bierkiste, bevor er sich eine Zigarette aus der Schachtel daneben angelte. Er hielt sie ins Feuer, sie kokelte an, er zog an ihr und brachte sie in Gang. Mit einer zweiten Flasche aus der Kiste öffnete er sein Bier, dann stellte er die zweite Flasche zurück. »Prost«, sagte er in die Flammen. Er trank und wir taten es ihm gleich. Jan presste einen stillen Rülpser heraus, zog an seiner Zigarette, aschte ab und nahm einen Schluck. Dann sah er mich an. »Alles klar?«, fragte er.

»Geht so«, sagte ich, bevor ich Toni einen Blick zuwarf, wobei ich bemerkte, dass er genauso fähig war, Jan einzuschätzen, wie ich. Es sah ein bisschen missmutig aus, wie Jan in die Flammen starrte, während er trank, rauchte, abaschte und wieder trank.

»Du solltest mal Urlaub machen«, sagte er plötzlich.

»Was?«

Und dann, während er mich noch immer ansah, begann Jan van Zaelen zu grinsen. »Alter, zwei Tage lang habe ich nichts anderes gemacht, als Sperrmüll aufzuladen und wegzufahren. Alles von blöden Scheißkunden, die seit Jahren keine Miete bezahlt haben.«

Ich verstand nicht ganz, aber ich stellte keine Fragen. Jan kippte einen Schluck Bier und sein Grinsen wurde immer breiter. »Nur Schrott haben die gehabt. Nur den totalen Schrott!«

Ich begann zu begreifen und ahnte, dass Jan in den letzten Monaten schon die legalen Schritte eingeleitet haben musste, um die Kunden aus meiner Abteilung des Lagers entsorgen zu dürfen.

»Und als ich so diesen ganzen Schrott verladen hab und abgekotzt hab, habe ich überlegt, ob das nicht ein bisschen viel für dich war, in der letzten Zeit.« Er lachte, rülpste und trank. »Na ja, jetzt haben wir wieder Platz im Lager.«

Und dann tranken wir noch ein paar Stunden, im Verlaufe derer mir Jan irgendwann einen Umschlag überreichte. »Mindestens drei Monate«, sagte er und ich habe mich daran gehalten. Im Umschlag war mein Restlohn oder besser gesagt, mein Restlohn über den Daumen gepeilt. Ich habe nicht gezählt und gerechnet, aber es war mehr, offensichtlich.

Ich machte auch mehr als drei Monate daraus. Ich war sechs Monate weg. In Indien. Erst im Norden, aber dann hauptsächlich Goa. Und dort bin ich kaum herumgereist, ich hing einfach nur ab, auf der Suche nach Ruhe, und ich habe sie wirklich gefunden.

Und das hat mir verdammt gutgetan.

»MIT JEDEM KARTON AUF DER SCHULTER VERBLASSTE DIE ERINNERUNG AN DIE ANDEREN ECKEN DIESER WELT.«

EPILOG

Es tut gut, einmal ein paar Monate ganz woanders zu sein, wo alles ganz anders ist als zu Hause. Abgesehen davon, dass man in Goa gern mal wochenlang am Strand abhängen kann, ohne irgendetwas zu tun, abgesehen davon, dass man mit seinem kleinen Möbelpackerlohn dort sehr lange auskommen kann, sich um nichts kümmern muss und sich endlich einmal durch und durch entspannen kann, abgesehen von alldem kann man in Indien auch einen anderen Blick gewinnen.

Indien ist ein Kosmos für sich und man kann dort die tollsten und erstaunlichsten Dinge zu sehen bekommen. Ein großer Teil Indiens leidet aber auch unter entsetzlicher Armut. Wenn man das mitbekommt, dann relativiert man auch mal die eigene Sicht auf die Umstände zu Hause. Ich meine das nicht in dem Sinne, in dem irgendwelche doofen Eltern ihre Kinder dazu bringen wollen, sich Eisbein in Aspik reinzuzwängen (obwohl die das lieber sofort wieder auskotzen würden), weil es ja so viele Kinder auf der Welt gibt, die überhaupt nichts zu essen haben. Ich meine das auch nicht in dem Sinne, in dem die Erfolgreichen bei mir zu Hause ständig beteuern, dass es in unserer Gesellschaft ja jeder schaffen könnte, wenn er sich nur anstrengt.

Ich meine etwas ganz anderes. Es kann einem nämlich in Indien passieren, dass einem auf der Straße ein verkrüppelter Bettler entgegengekrochen kommt und dabei mehr Würde und Haltung ausstrahlt als einer jener Schlipsträger bei uns, die so sehr von sich selbst überzeugt sind. Und wenn man das einmal erlebt hat, dann braucht man eine Zeit, bis man das verarbeitet hat. Ich weiß nicht, ob ich schon so weit bin. Ich weiß aber, dass ich mit meinem kleinen doofen Job, unter dem ich auch immer wieder leide, der mich auch immer wieder ankotzt, wenigstens die Möglichkeit habe, irgendwann einmal wieder mein Heimatland zu verlassen, um mir eine ganz, ganz andere Ecke dieser Welt anzuschauen.

Und als mir dann tatsächlich irgendwann das Geld ausging und es klar wurde, dass ich zurück nach Hamburg, zurück in meinen Job müsste, da habe ich mir vorgenommen, Haltung zu wahren, wenn mich mal wieder überschwere Bücherkartons von blöden Kunden in die Knie zu zwingen drohen. Die Haltung eben, die ich brauchen würde, wenn ich wusste, dass ich nichts an den Umständen ändern kann, meinen Job aber machen will, um mit genug Geld dem Ganzen wieder entfliehen zu können. Ich würde das irgendwann können. Der Großteil der Inder wird das nie können.

So war meine Einstellung, als ich zurück war. Etwa zwei Wochen lang konnte ich sie beibehalten, dann war die Luft langsam raus.

Zwei Wochen hat der Job gebraucht, um wieder alle meine Energie zu vereinnahmen. Mit jedem Karton auf der Schulter verblasste die Erinnerung an die anderen Ecken dieser Welt. Dabei arbeitete ich nur noch vier Tage in der Woche. Andere waren da schlimmer dran. Es gibt wirklich Leute, die mindestens zweihundert Stunden im Monat schleppen müssen, um sich und ihre Familie durchzubringen. Und manche dieser Leute können dann ihren Kindern während der großen Ferien noch nicht einmal einen Urlaub an der Ostsee bieten.

An einem Tag schleppte ich mit einem sechzigjährigen Kollegen einen Schrank und dieser Fastrentner sagte: »Wie, soll ich jetzt rückwärts gehen?« (Auf der Treppe!) »Das kann ich doch gar nicht. Ich hab doch noch die Schrauben im Fuß. Na, dann mach ich das mal doch.«

Und spätestens jetzt hatte ich die Würde und die Haltung des indischen Bettlers vergessen.

Denn die Haltung und die Würde, die dieser Kollege (in den Augen unseres arroganten Kunden, der sein Sohn sein könnte, bestimmt ein gesichtsloser, ungebildeter Prolet) an den Tag legte, die hat etwas mit meinem Leben zu tun, und ist nichts, was ich als Tourist erlebe.

Bitte denken Sie daran, wenn Sie Ihre Bücherkartons packen, dass Möbelpacker zwar ihre »Technik« beim Schleppen haben, dass aber die beste »Technik« aus einem Zentner keine zwanzig Kilo machen kann!

Drei Wochen nach meiner Rückkehr hatte ich schon vergessen, dass es Indien überhaupt gibt.

Das ist natürlich Quatsch, aber fast fühlte es sich so an. Alle Euphorie über die weite Welt war verflogen, denn ich hatte nur anstrengende Jobs zu erledigen. Zwar hatte ich da noch Glück gehabt, weil die Kunden immer alle nett gewesen waren, aber meistens dauert es nicht lange, bis man wieder den ersten wirklich miesen Kunden hat.

Wir hatten eine Einlagerung auszuliefern, bei einer Familie, deren Haus renoviert worden war. Draußen stand noch das Baugerüst. Als Erstes sollten wir einen Schrank aus dem Keller in den ersten Stock bringen, der nicht über die Kellertreppe ins Erdgeschoss zu befördern war, weil es zu eng war. Also wollten wir ihn über die Außentreppe nach oben bringen, denn über die war er auch in den Keller gekommen. Allerdings hatte damals auch kein Baugerüst an der Außentreppe gestanden. Die meisten Möbelpacker hätten das nicht hingekriegt, denn das Gerüst verengte die ohnehin schon enge Situation zusätzlich. Aber wir hatten Sunny dabei und der will immer alles hinkriegen. In minutenzehrender Maßarbeit haben wir den Schrank Stufe für Stufe nach oben bewegt und ihn sich dabei kopfüber langsam nach unten neigen lassen, um ihn dann auf eine Art, deren realitätsgetreue Beschreibung mindestens eine Seite benötigen würde, nach oben zu wuchten. Es war schlimm, es war ätzend. Wir keuchten, wir schwitzten und wir wurden eingesaut von dem Baustaub, der sich im Laufe der Renovierungsarbeiten im Keller auf die Verpackungsfolie des Schrankes gelegt hatte.

Als wir das Ding nach gut fünfzehn Minuten endlich im Erdgeschoss hatten, stellten wir auf der nächsten Treppe fest, dass auch der Weg in den ersten Stock zu eng für das Möbelstück war, und das war der Moment, in dem die Kundin es sich mit mir für den Rest des Tages verscherzte. Ohne den leisesten Anflug von Bedauern in Blick und Ausdruck sagte sie, dann müsse der Schrank jetzt eben wieder in den Keller. Was wir dabei erlitten, war ihr offensichtlich völlig egal. »James, den Tee bitte im grünen Salon servieren!« Ich hätte sie schlagen können und eigentlich wäre jetzt wieder mal der Moment gewesen, den Job einfach hinzuschmeißen.

Zum Glück hatte Sunny dann die rettende Idee, es mit dem Schrank noch einmal kopfüber zu versuchen, und so gewannen wir die wichtigen Millimeter am Korpus, weil die Füße des Schrankes schon am flachen Sturz vorbei waren.

Diese Kundin, die gar nicht wahrzunehmen schien, wie sehr wir für sie keulten, fragte uns dann tatsächlich um sechzehn Uhr, nach acht Stunden Arbeit, das erste Mal, ob wir vielleicht ein Bier trinken wollten. Aber keiner von uns wollte.

Ich habe sie gesehen, wie sie die wahrscheinlich von irgendwelchen Handwerkern zurückgelassene, eingestaubte Bierkiste entdeckte und kurz grübelte. Mir war gleich klar, dass sie überlegte, wie sie die Kiste leer kriegen konnte, um an das Pfandgeld zu kommen. Außerdem war mir gleich klar, dass mein Job der letzte beschissene Job war, den man finden konnte, und ich sehnte mich zurück nach Indien.

Ein paar Tage später hatten wir eine Wohnung zu räumen, in einem Mietshaus, das saniert werden sollte. Unsere Firma räumte alle Wohnungen in diesem Haus und lagerte die Habe der Kunden ein, bis sie zurückkonnten, oder zog um in Ausweichwohnungen.

An jenem Tag war eine Wohnung im fünften Stock des Altbaus dran. Der Kunde sei nicht da, das wussten wir, und der Hausmeister würde uns aufschließen.

Als wir in der Wohnung standen, ereilte uns alle zuerst ein leichter Schock. Da war nichts vorbereitet. Klar wussten wir, dass wir Service zu erledigen haben würden, aber dass der Kunde ganz so wie jeden Morgen einfach aus der Wohnung zur Arbeit gegangen war und sich wohl gedacht hatte, die Möbelpacker würden das schon machen, das erlebten wir nicht oft. Der Typ war regelrecht vom Frühstückstisch aus losgegangen. Die leere Eierschale war noch im Becher auf dem Tisch.

Otis kotzte gleich ab. »Was für eine Unverschämtheit!«, sagte er, bevor er noch resigniert murmelte, dass das »ja wohl wieder Mitternacht« werden würde, wegen zu viel Service und so.

»Reg dich ab«, sagte Erik. »Das schaffen wir schon. Auch dieser Tag geht vorbei.«

»Klar«, knirschte Otis.

»Wir wollen das Buch nicht verbrennen, bevor wir es gelesen haben«, sagte Erik und Otis guckte doof. »Hat mein Großvater immer gesagt«, meinte Erik.

Bis abends um sieben haben wir aufgeladen, haben alles verpackt, haben runtergeschleppt, haben schmutziges Geschirr einfach so in Packseide gewickelt und waren dann auch irgendwann fertig.

Und dann ging da ein Mann in Anzug und mit Aktenmappe in der Hand die Treppen hoch, den keiner von uns richtig wahrgenommen hatte, und als wir alle an der Ladekante standen und kurz davor waren, die Türen des Containers zu schließen, stand er plötzlich neben uns.

Ich hatte es noch nie gesehen, dass einem Mann wirklich die Tasche aus der Hand fällt. Heute war das erste und letzte Mal.

»Was machen Sie denn mit meinen Sachen?«, fragte er, nachdem er die Kinnlade wieder hochgekriegt hatte, und dann hatte er schon das Handy am Ohr. Polizei und Anwalt waren gerufen, bevor wir uns noch richtig klarmachen konnten, was geschehen war.

Der Hausmeister hatte uns die falsche Wohnung aufgeschlossen.

Der Mann war noch gar nicht dran gewesen. Er war ahnungslos von der Arbeit nach Hause gekommen und hatte eine leere Wohnung vorgefunden. Als Umzugsleiter Blondie mit Bullen und Anwalt die Situation zu klären versuchte (der Kunde wurde dann eingelagert – über die zu begleichende Hotelrechnung würde sich noch zu streiten sein), musste ich hinter der nächsten Häuserecke verschwinden, um mit meinem aufkommenden hysterischen Lachanfall in der Situation nicht zu stören. Ich hing in einer Seitenstraße, die Leute guckten doof, und dann stand Otis neben mir. Er lachte nicht. Er guckte nur und wusste nichts. Nebenan war eine kleine Kneipe im Souterrain und uns beiden war klar, dass wir jetzt auf jeden Fall ein Bier trinken durften.

Es wurden dann drei. Schon nach dem ersten lachte ich nicht mehr und Otis guckte nicht mehr doof. Wir schmunzelten nur noch und grinsten.

Mir wurde klar, dass mein Job dann doch nicht immer nur scheiße war.

DER AUTOR

Karsten Wollny, 1964 geboren, lebt in Hamburg und arbeitet seit zwei Jahrzehnten als Möbelpacker. Nebenbei schreibt er Kurzgeschichten und Romane. Die zündende Idee kam ihm schließlich auf der Ladefläche eines Lkws: das, was seine Kunden ohnehin täglich bei ihm abladen, zu Papier zu bringen.

DANK

Ich bedanke mich bei den Leuten von Schwarzkopf & Schwarzkopf, besonders bei Carolin Stanneck, für die tolle Zusammenarbeit. Außerdem danke ich meinem Agenten Lars Schultze-Kossack für schnelle Vermittlung. Besonderer Dank gilt Hilmar Kook und Andreas Linder, ohne die der Weg meines Skriptes im Sande verlaufen wäre. Ich danke Marc Zimmermann und Jo Toppel für lange Jahre der Freundschaft. Ich bedanke mich bei all jenen Kollegen, die immer wieder dazu beigetragen haben, dass der Job erträglich bleibt. Ich danke David Chotjewitz für die Weigerung, mein Manuskript zu lesen. Ich danke Mehrzad Sepehry für immer gute Musik bei ihm am Tresen und überhaupt. Und dann danke ich noch Jared Diamond für seine stichhaltige Darlegung der Tatsache, dass wir alle Schimpansen und somit Affen sind.

Karsten Wollny
DAS KLAVIER IN DEN FÜNFTEN STOCK, BITTE!
Mein Leben als Möbelpacker

ISBN 978-3-86265-112-2

· Lektorat: Carolin Stanneck | Coverfoto: © Moritz Thau

KATALOG
Wir senden Ihnen gern kostenlos unseren Katalog.
Schwarzkopf & Schwarzkopf Verlag GmbH
Kastanienallee 32, 10435 Berlin
Telefon: 030 – 44 33 63 00 | Fax: 030 – 44 33 63 044

INTERNET | E-MAIL
www.schwarzkopf-schwarzkopf.de | info@schwarzkopf-schwarzkopf.de